AF549409

Ute Baur-Timmerbrink

Wir Besatzungskinder

Ute Baur-Timmerbrink

Wir Besatzungskinder

Töchter und Söhne alliierter Soldaten erzählen

Mit Beiträgen von Heide Glaesmer und Sabine Lee
sowie einem Vorwort von Mechthild Rawert

Ch. Links Verlag, Berlin

Die Deutsche Nationalbibliothek verzeichnet
diese Publikation in der Deutschen Nationalbibliografie;
detaillierte bibliografische Daten sind im Internet über
www.dnb.de abrufbar.

1. Auflage, März 2015

Schönhauser Allee 36, 10435 Berlin, Tel.: (030) 44 02 32-0
www.christoph-links-verlag.de; mail@christoph-links-verlag.de

Satz: Agentur Marina Siegemund, Berlin
Druck und Bindung: Freiburger Graphische Betriebe GmbH, Freiburg

ISBN 978-3-86153-819-6

Die ganzen Jahre war es, wie auf einem Bein zu stehen und zu versuchen, Haltung zu bewahren, wenn man nicht weiß, wo man herkommt, wer man ist.

Hans M., Besatzungskind

Man denkt, man besitzt ein Gedächtnis, doch das Gedächtnis besitzt den Menschen.

John Irving, »Owen Meany«

Inhalt

Vater gesucht – ein Tabu aus Kriegs- und Nachkriegszeiten Vorwort

Von Mechthild Rawert

Die Frage der eigenen Herkunft und Identität bewegt jeden Menschen. Während die einen mit einem sicheren Gefühl aufwachsen, da beide Elternteile bekannt sind, quälen sich andere ein Leben lang mit den existenziellen Fragen »Von wem stamme ich ab?« und »Wer bin ich?«.

In Deutschland sind zwischen 1945 und 1955 bis zu 250 000 Kinder geboren worden, die eine einheimische Frau zur Mutter und einen Besatzungssoldaten aus den USA, der Sowjetunion, Großbritannien und Frankreich zum Vater haben. In Österreich sind es mindestens 20 000 Kinder. Bei den meisten dieser Besatzungskinder steht in ihrer Geburtsurkunde »Vater unbekannt«. Ihr Schicksal war häufig mit gravierenden Tabuisierungen in ihrem familiären und sozialen Umfeld verbunden.

70 Jahre nach Beendigung des Zweiten Weltkrieges, in dessen Folge in Deutschland und Österreich Besatzungszonen eingerichtet wurden, suchen viele der heute 60- bis 70-jährigen Frauen und Männer nach ihren Vätern. Ein noch längeres Schweigen ist keine Lösung mehr. Ihr Schicksal und ihre häufig mit großen Schwierigkeiten behaftete Suche hat bei der Aufarbeitung der Kriegs- und Nachkriegsgeschichte bisher zu wenig Aufmerksamkeit bekommen.

Ich danke Ute Baur-Timmerbrink und allen von ihr porträtierten Besatzungskindern für ihren großen Mut, uns an ihrer Suche teilhaben zu lassen. Ihre Biografien decken ein Tabu der unmittelbaren Nachkriegszeit auf. Viele der belastenden Stigmata und Diskriminierungen sind nur im Kontext der historischen und politischen Rahmenbedingungen nachvollziehbar. Daher mein Dank auch an Heide Glaesmer und Sabine Lee für die aufklärenden und einordnenden Beiträge.

Nicht für jedes der Besatzungskinder erfüllt sich die Hoffnung, den Vater zu finden. Voller Hürden ist die Suche allemal. Sie wünschen vor allem einen besseren Zugang zu entsprechenden staatlichen und militärischen Archiven in den Herkunftsländern ihrer Väter sowie den Einblick beziehungsweise Erhalt der eigenen Originaldokumente hier in Deutschland.

Eine große Herausforderung ist es, das bisher vorhandene Wissen in sinnvolle politische, soziale, rechtliche und humanitäre Maßnahmen einzubinden. Die Stärkung der Rechte von Kindern einheimischer Frauen und im Land anwesender Soldaten ist angesichts gegenwärtiger Konflikte und Kriege eine deutsche, eine europäische, eine internationale Herausforderung. Gefordert wird eine Erweiterung der UN-Kinderrechtskonvention. Dafür ist eine sensibilisierte Öffentlichkeit erforderlich. Seien Sie ein Teil davon.

Wer sind die Besatzungskinder?

Nach der Kapitulation Nazideutschlands im Mai 1945 wurden Deutschland und Österreich durch die alliierten Streitkräfte besetzt und jeweils in vier Besatzungszonen geteilt; die Hauptstädte Wien und Berlin in vier Sektoren.

In allen Besatzungszonen kam es trotz des anfänglichen Fraternisierungsverbots aller alliierten Streitkräfte zu intimen Kontakten von Soldaten und einheimischen Frauen. Die ersten Besatzungskinder wurden Ende 1945/Anfang 1946 geboren. Unter diesen ersten Besatzungskindern waren auch solche, die nicht aus einer Affäre oder einem Liebesverhältnis hervorgegangen waren. Viele wurden in einer Vergewaltigung gezeugt. Das gilt insbesondere für die sowjetische Besatzungszone.

In den Nachkriegsjahren gab es keine Statistik über die Zahl der Besatzungskinder. Erst 1955, zehn Jahre nach Kriegsende, wurden die ersten Zahlen bekannt. Das Statistische Bundesamt Wiesbaden hat die Geburten von unter Vormundschaft stehenden unehelichen Kindern in den Westzonen beziehungsweise der BRD für die Jahre 1945 bis 1955 mit circa 68 000 ermittelt. Diese Zahl umfasst nur Kinder, die in Jugendamtsakten registriert sind und deren Väter als Besatzungssoldaten namentlich genannt sind. Alle anderen Kinder, die aus Vergewaltigungen entstanden sind, und die, deren Mütter den Namen des Vaters nicht angegeben haben oder die in ehelicher Gemeinschaft geboren worden sind, wurden statistisch nie erfasst. Aufgrund dieser Tatsachen wird es vermutlich eine weitaus größere Zahl von Kindern der

Ute Baur-Timmerbrink, circa 1948

alliierten Streitkräfte geben, als bis heute bekannt ist. Für Österreich geht man heute von circa 20 000, für Deutschland von circa 200 000 bis 250 000 Besatzungskindern aus, aber die wirkliche Zahl könnte noch deutlich höher liegen. Die Historikerin Silke Satjukow spricht allein von circa 100 000 Besatzungskindern sowjetischer Soldaten in der DDR.

Besatzungskinder waren wie ihre Mütter vielfach Diskriminierungen ausgesetzt. Vor allem auf dunkelhäutige Kinder wurden rassische, ideologische und moralische Vorurteile projiziert, die zum Teil auf der NS-Propaganda basierten.

Die meisten Besatzungskinder lebten jahrzehntelang mit einer schweren seelischen Last. Sie wurden gegenüber Geschwistern zurückgesetzt, fühlten sich nicht angenommen und geliebt, spürten, dass um ihre Herkunft ein Geheimnis gemacht wurde und dass man sie belog. Ängste, Hemmungen und Blockaden, Gefühle von Schuld, Zerrissenheit, Unvollkommenheit prägen ihr Leben oftmals bis in die Gegenwart.

Der Vater sei tot, hieß es manchmal, oder der Vater sei unbekannt. Oder ein anderer Mann wurde als Vater ausgegeben. Die Lüge wurde und wird nicht selten durch Zufall aufgedeckt. Und ab diesem Moment treibt sehr viele Besatzungskinder die Sehnsucht nach ihrem richtigen Vater um. Sie suchen Gewissheit über ihre Wurzeln und zugleich Geborgenheit, Sicherheit.

Manche Väter sind bereits gestorben, nicht alle Väter wollen gefunden werden und Kontakt aufnehmen. Und nicht alle Familien sind bereit, sich der Vergangenheit zu stellen. Doch manchen Betroffenen gelingt es, durch die Spurensuche und den Austausch mit den bisher unbekannten Verwandten neues Selbstvertrauen aufzubauen, freier und glücklicher zu leben.

In meinem Buch sollen Schicksale von Besatzungskindern erzählt werden, die sich mit den ungeklärten Fragen ihrer Herkunft nicht abfinden wollten. In zwölf ausgesuchten Porträts und weiteren Kapiteln wird über das schwierige Leben von Besatzungskindern nach dem Zweiten Weltkrieg in Deutschland und Österreich berichtet, über deren Leben und große Sehnsucht nach der Wahrheit. Die Reise in die Vergangenheit bringt Schmerz, Unsicherheit, aber auch Hoffnung.

Mein Buch soll den Besatzungskindern wie allen anderen Leserinnen und Lesern Mut machen, sich mit der eigenen Vergangenheit auseinanderzusetzen, damit ungeklärte Fragen oder gar Traumata nicht an nachfolgende Generationen weitergegeben werden.

Warum ich dieses Buch schreibe

Meine eigenen frühesten Erfahrungen sind: Ich bin nicht erwünscht, mit mir stimmt etwas nicht. In meinem Zuhause, als Einzelkind in einer gutbürgerlichen Familie, schien alles komplizierter als in anderen Familien, die ich kannte. Verstanden habe ich es nicht.

Ich habe mich seit meiner frühesten Kindheit mit dem Gedanken beschäftigt, dass mein Papa vielleicht gar nicht mein Vater sei. Es gab eindeutige Hinweise darauf. Ich bin 1946 in Österreich geboren. Irgendwann wurde mir beiläufig gesagt, »als der Papa aus der Kriegsgefangenschaft zurückkam, musste er sich erst an dich gewöhnen. Das war nicht leicht für ihn, und deshalb ist ihm öfter die Hand ausgerutscht.« Ich habe als kleines Mädchen Gewalt erfahren. Die Erklärung dafür, warum er mich erst mit zweieinhalb Jahren kennenlernte, bekam ich auf Nachfragen erst, als ich schon in der Pubertät war. Es hieß, er habe während der Kriegsgefangenschaft drei Tage Urlaub bekommen, und in dieser Zeit sei ich gezeugt worden. Das glaubte ich damals nicht, aber ich hatte nicht den Mut, es offen zu bezweifeln.

So habe ich über die Jahre aufmerksam beobachtet, Gesprächen freiwillig und unfreiwillig gelauscht und mir meine eigenen Gedanken gemacht. Erwähnt habe ich meinen Verdacht erst als ich älter war, aber nur gegenüber guten Freunden. Meine Eltern habe ich nie gefragt. Sie sind 1974 und 1981 gestorben. Wieder wurde ich mit ihren Lebenslügen konfrontiert. Es gab so vieles, was sie mir verheimlicht hatten. Als meine Mutter starb, beichtete mir mein Vater, sie würde nicht kirchlich bestattet werden, weil sie während der Nazizeit aus der Kirche hätten austreten müssen. Ich habe das mit dem örtlichen Pfarrer regeln können. Als mein Vater starb, fand ich in seinen Unterlagen, dass er Mitglied der NSDAP gewesen war. Danach hatte ich ihn früher mehrfach gefragt, und er hatte es immer bestritten.

Ich habe meine Eltern geliebt, bin aber ihren Ansprüchen nie gerecht geworden. Ich habe mich immer mit anderen Kindern verglichen und festgestellt: Die waren ihren Eltern viel wichtiger. Deren Eltern waren besorgt, haben sich engagiert, wollten immer nur das Beste für ihre Kinder. Das war bei mir anders. Aber ich habe gelernt, mich durchzusetzen, um nicht unterzugehen – das wollte ich nicht.

An meinem 52. Geburtstag, 1998, sprach ich mit einer Freundin über meine frühen Kindheitserlebnisse. Unsere Mütter, damals beide schon über 20 Jahre tot, waren von Jugend an befreundet gewesen. Zum ersten Mal traute ich mich, zu fragen: Ist es möglich, dass mein Vater nicht mein richtiger Vater war? Weißt du etwas darüber? Meine Frage hat sie zuerst erstaunt, das spürte ich, dann aber verneinte sie vehement. Noch am selben Abend rief sie mich an, um mir weinend zu sagen: »Du hast so oft Bemerkungen über deinen Papa gemacht. Ich habe dazu immer geschwiegen. Heute hast du mich zum ersten Mal direkt gefragt, und jetzt sage ich dir die Wahrheit. Nein, dein richtiger Vater war ein amerikanischer Soldat, mit dem deine Mutter in Österreich eine Beziehung hatte.« Sie habe damals versprechen müssen, niemals darüber zu sprechen. Jetzt wollte sie mich nicht belügen: »Du hast mich bis heute nie gefragt, alle haben die Wahrheit mit ins Grab genommen, ich kann das nicht«, sagte sie mit tränenerstickter Stimme. Der Schock über diese Nachricht war groß. Auch wenn ich es geahnt hatte: Zuerst brach eine Welt zusammen. Nichts stimmte mehr. Ich suchte weinend nach Fotos aus dieser Zeit. Es gibt nur fünf Baby-Fotos und zwei von meiner Mutter. Auf einem Bild steht sie vor einem schwarzen Mercedes und trägt offensichtlich Militärhose und -pullover. Auf dem anderen Bild sieht sie sehr elegant aus. Auf der Rückseite ihre Handschrift: September 1945, Gmunden. Diese Details fielen mir zum ersten Mal auf. Wochenlang war ich unfähig, einen klaren Gedanken zu fassen. Tag und Nacht quälte ich mich: Warum haben mich meine Eltern im Glauben gelassen, ich sei ihr gemeinsames Kind? In meine Trauer mischte sich langsam so etwas wie Erleichterung. Jahrelang hatte ich gedacht, ich tue meinen toten Eltern Unrecht, weil ich sie verdächtigte, mir etwas vorzuenthalten. Jetzt musste ich mich nicht mehr für meine Verdächtigungen schämen, mein Gefühl hatte mich nicht getäuscht, es war wahr. Das empfand ich als ungeheure Befreiung.

Meine Mutter und jener Mann, von dem ich immer geglaubt hatte, er sei mein leiblicher Vater, haben 1936 geheiratet. Mein Stiefvater, den ich zeit seines Lebens nie Stiefvater genannt habe, war seit 1929 Berufssoldat in der deutschen Reichswehr. Nach dem Anschluss Österreichs 1938 lebten sie im IX. Bezirk in Wien. 1944 geriet mein Stiefvater in jugoslawische Kriegsgefangenschaft, und meine Mutter flüchtete im Dezember 1944 aus Angst vor »den Russen« aus Wien. Im Sommer 1945 kam sie nach Attnang-Puchheim in Oberösterreich, sie konnte nicht zurück nach Wien. Im November 1946 bin ich in Vöcklabruck geboren, und in meiner Geburtsurkunde ist der Ehemann meiner Mutter als Vater eingetragen. Im Herbst 1947 wurden wir aus Österreich ausgewiesen und übersiedelten nach Bochum in Nordrhein-Westfalen. Mein Stiefvater kam nach der Entlassung aus der Kriegsgefangenschaft Anfang 1948 nach.

Meine Kindheit war mit vielen Problemen der Eltern belastet. In den ersten drei Jahren wohnten wir in einem Barackenlager in

Bochum. Es war während des Krieges ein Außenlager des KZs Buchenwald gewesen, das habe ich erst 2012 erfahren. Die Zustände dort waren bedrückend, ich erinnere mich nicht gern daran. Zwischen meinen Eltern gab es oft Streit, und eine Frage meines Stiefvaters prägte sich mir ein, die ich nicht verstand: »Und was hast du damals in Österreich gemacht?« Ich grübelte nach der Bedeutung: Was hatte meine Mutter in Österreich gemacht? Die Familie väterlicherseits, Großeltern, Tanten, Onkel und deren Kinder, alle hielten Distanz zu meiner Mutter und zu mir.

Meine Mutter schwärmte von Oberösterreich, es sei die schönste Zeit ihres Lebens gewesen. Angeblich hatte sie für die Amerikaner gearbeitet, aber Genaueres erzählte sie nie. Durch die Amerikaner habe es ihr an nichts gefehlt, sie habe eine Wohnung und viele Freunde gehabt. 1955 fuhren meine Eltern in den Sommerferien zum ersten Mal mit mir nach Oberösterreich. Ich lernte unter anderem auch eine Freundin meiner Mutter aus der Zeit in Attnang-Puchheim kennen. Ich erfuhr, dass sie meine beiden Vornamen ausgesucht hatte, mein zweiter Vorname ist der ihre. Ich liebte und bewunderte sie spontan. Sie war 15 Jahre jünger als meine Mutter und so schön, sie wurde meine Lieblingstante. Bis 1965 verlebte ich alle Sommerferien in meinem Geburtsort in Oberösterreich, und er ist für mich bis heute meine gefühlte Heimat.

Nach Schule und Berufsausbildung zog ich 1967, mit 21 Jahren, nach Stuttgart, heiratete und bekam zwei Söhne. Ich habe immer den Kontakt zu meinen Eltern gepflegt. Ich habe keine Geschwister, und meine Eltern waren mir wichtig, ich liebte sie trotz alledem. Ich habe den Beruf der Arzthelferin erlernt und in späteren Jahren, als ich meine beiden Söhne hatte, als Sekretärin gearbeitet. Seit 1996 wohne ich in Berlin. Meine Eltern haben bis zu ihrem Tod mit mir nicht über meine wahre Herkunft gesprochen.

Ute Baur-Timmerbrinks Mutter, vermutlich Herbst 1945, Oberösterreich

Nach dem Telefongespräch mit meiner Bochumer Freundin wusste ich, dass nur ein Mensch mir helfen konnte, meinen Vater zu finden – meine Tante in Oberösterreich. Sie nahm Anteil an meinem Leben, an meinen Kindern, freute sich über unsere regelmäßigen Besuche und machte uns großzügige Geschenke. Sie lebte allein, wir waren ihre Familie. Sie musste über meine Geburt und meinen Vater etwas wissen. Es lebte niemand mehr, den ich sonst hätte fragen können. Ich schrieb ihr einen Brief und erklärte ihr meine jahrelangen Zweifel, über die ich nie gesprochen hatte. Und dass ich die Wahrheit erfahren hatte. Ich bat sie um Hilfe bei der Suche nach meinem amerikanischen Vater.

Drei quälende Wochen lang wartete ich auf ihre Antwort. Ich hatte nicht den Mut, sie anzurufen. Dann endlich ihr Anruf. Aber am Apparat war nicht die liebevolle Person, die ich kannte. Ihre Stimme war verändert, ich spürte die Anspannung. Offenbar kostete es sie große Überwindung, mit mir zu sprechen. Sie bestätigte sofort: »Ja, es stimmt, dein Vater ist ein Amerikaner.« Es folgte ein wütender Ausbruch über die Person, die mir das erzählt hatte. Auf mein drängendes Fragen nach dem Namen meines Vaters sagte sie schließlich: »Er hieß Bill Knox, mehr weiß ich nicht.«

Ich glaubte ihr nicht. Ich war mir sicher, sie müsse mehr wissen. Das Telefongespräch ließ mich erschüttert und enttäuscht zurück. Warum war sie so ablehnend, so ärgerlich, so ohne Mitgefühl für mich und meine Situation?

Mehr und mehr war ich entschlossen, meinen Vater zu suchen – wie das gelingen könnte, wusste ich nicht. Im Dezember 1998 besuchte ich Verwandte meines Stiefvaters in Bochum. Auch die kannten die Wahrheit über mich, wenn auch keine Details. Ich war ein Amikind! Die Kälte, mit der mir das ins Gesicht geschleudert wurde, war kaum zu ertragen. Als Kind hatte ich gespürt, sie gingen anders mit mir um als mit den Cousinen und Cousins. Jetzt erst begriff ich, warum. Ich hatte in dieser Familie nie wirklich einen Platz gehabt.

Im Januar 1999 gab mir eine Stuttgarter Freundin die Telefonnummer eines US-Veteranen in Heidelberg. Er hatte großes Verständnis für meine Situation und sagte mir, ich müsse recherchieren, in welcher Division beziehungsweise Einheit der US-Armee Bill Knox 1945 in Österreich gewesen war. Vor allem müsste ich nach Zeitzeugen in Österreich suchen. Das Ludwig Boltzmann Institut für Kriegsfolgen-Forschung in Graz gab mir die Empfehlung, mich an den Militärhistoriker Dr. Schmiedl in Wien zu wenden. Er bot mir sofort seine Unterstützung an.

Im März 1999 plante ich eine Reise nach Oberösterreich. Vorher hatte ich mich bei den Gemeindeämtern vor Ort nach Menschen erkundigt, die sich dort aus lokalhistorischem Interesse mit der Besatzungszeit beschäftigten. Ich erhielt die Namen von zwei älteren Herren, die bereit waren, sich mit mir zu treffen. Die örtliche Tageszeitung hatte ich um einen Artikel über meine Suche gebeten. Eine Woche vor meinem Besuch erschien der Artikel: »Berlinerin sucht US-GI«. Während meines Aufenthaltes erlebte ich eine große unerwartete Hilfsbereitschaft in den Gemeindeämtern und besonders von den Menschen, die ich befragte. Die meisten hatten den Zeitungsartikel gelesen und waren vorbereitet. In der Gemeinde Attnang-Puchheim wurde die Meldekartei meine Mutter gefunden, und nun wusste ich, dass sie im August 1945 zugezogen war.

Eine alte Dame erinnerte sich besonders gut an meine Mutter und den amerikanischen Offizier mit dem schwarzen Mercedes. Sie hatte in unmittelbarer Nachbarschaft gewohnt und erzählte auch von der Freundin meiner Mutter, die sie namentlich nannte. Meine Tante. Die beiden Frauen hätten ein sehr enges Verhältnis zueinander gehabt. So erfuhr ich Tag für Tag mehr. Vieles schockierte mich, ich hatte ja eigentlich nur nach meinem Vater gesucht. Meine Tante hatte mich im Vorfeld von meinem Besuch abbringen wollen, mit der Begründung, dass niemand etwas wisse. Jeden Tag besuchte ich sie, um ihr zu berichten, was ich herausgefunden hatte. Sie wurde zunehmend nervöser, weil sie viele der Menschen kannte, die mir bereitwillig erzählt hatten. Ich aber nannte den Zeitzeugen nie den Namen meiner Tante und ließ sie im Glauben, ich sei fremd. In den Gesprächen mit meiner Tante kam ich nicht weiter, sie hatte angeblich keinerlei Erinnerungen an diese Zeit, obwohl sie 1945 knapp 20 Jahre alt gewesen war: »Das sind längst vergangene Weisen, lass die alten Geschichten«, versuchte sie mich zu überzeugen.

Nach meiner Rückkehr in Berlin rief mich meine Tante an und sagte zu meiner Überraschung, sie wolle mir die Adresse eines Amerikaners geben. Ein alter Freund, der könne mir vielleicht helfen, Bill Knox zu finden. Sie habe ihn 1945 im Büro der Militärverwaltung kennengelernt. Dieser James G.* antwortete mir auf meinen Brief umgehend schriftlich. Sein Briefkopf war beeindruckend, er war der Inhaber einer großen Rechtsanwaltskanzlei. Er bestätigte mir, mit meiner Tante befreundet zu sein, teilte mir mit, wann und mit welcher Division er 1945 nach Österreich gekommen war, und nannte als seinen damaligen Standort Grieskirchen, etwas mehr als 30 Kilometer von Attnang-Puchheim entfernt. Dort oder in Vöcklabruck sei er nicht gewesen. Meine Mutter und Bill Knox seien ihm nicht bekannt. Zuletzt wies er mich darauf hin, dass es unmöglich sei, in Amerika einen Vater zu finden. Ich solle aufhören, mich in private Familienangelegenheiten einzumischen. Ich war enttäuscht. Der US-Veteran in Heidelberg vermutete, James G. sei mein Vater und wolle mit dem Brief verhindern, dass ich weitersuchte. Bill Knox wurde nicht gefunden, obwohl sich inzwischen viele Menschen in den USA und in Österreich darum bemühten. Der amerikanische Botschafter John Kornblum in Berlin hatte sich durch die Fürsprache von Christine Rau, Ehefrau des damaligen Bundespräsidenten Johannes Rau, intensiv für die Suche nach Bill Knox eingesetzt, ohne Erfolg.

* Name geändert

Anfang 2000 schrieb ich ein zweites Mal an James G. Es kamen die gleichen, wohl gesetzten Formulierungen zurück, die mir nicht weiterhalfen. Meine Tante betonte in unseren regelmäßigen Telefonaten immer wieder, wenn sie mich nach Neuigkeiten ausfragen wollte: »James sagt, du sollst das lassen. Du wirst die Wahrheit nie erfahren.« Unser Verhältnis verschlechterte sich, ich vertraute ihr nicht mehr.

Im September 2000 entschloss ich mich, in Grieskirchen zu recherchieren, dort, wo James G. stationiert war. Ich entdeckte, dass Grieskirchen eine Außenstelle des CIC (Counter Intelligence Corps) Gmunden war. Der schwarze Mercedes auf dem Foto meiner Mutter stammte aus dem dortigen Car-Pool. Ein älterer Herr aus Grieskirchen erzählte mir, die Offiziere des CIC seien häufig zu Gast im Haus seiner Eltern gewesen. Er versprach mir Fotos, die ich auch kurze Zeit später auf dem Postweg erhielt. Eines der Bilder veränderte alles. Es ist das Porträt eines jungen Offiziers mit einer Widmung auf der Rückseite: »Christmas 1945«, von First Lt. James G. Die Ähnlichkeit mit mir und meinem jüngeren Sohn ist unübersehbar. Ein Freund verglich mittels Overlay das Foto mit Fotos von mir und meinem Sohn, das Ergebnis ist eindeutig. Ich war sicher, James war mein Vater.

Während meiner Recherchen war ich auf die US-Armee-Zeitung *Stars and Stripes* aufmerksam geworden und dort auf einen Artikel über TRACE, heute GItrace. Mein erster Ansprechpartner war ein Anwalt aus Miami, der ehrenamtlich für TRACE arbeitete. Auch er glaubte nicht an einen Bill Knox und war überzeugt, wir müssten alles über James G. erfahren: »You can catch him if you proof him.« Dr. Niels Zussblatt vom NPRC, dem National Personnel Record Center in St. Louis, recherchierte erneut. Definitiv gab es keinen Bill Knox, aber relevante Daten über James G. Noch bevor ich nach Amerika fliegen konnte, erfuhr ich Mitte September 2002, dass James nach langer Krankheit 87-jährig gestorben war. In seinem Nachruf las ich, dass er zwei Mal verheiratet war, keine Kinder hatte und ein hochgeschätzter Anwalt war. Weiter, dass er in verschiedenen Hilfsorganisationen wie zum Beispiel Amnesty International engagiert war und Dekan einer Baptistenkirche.

Meine Tante wusste bereits von seinem Tod, als ich sie darüber informieren wollte. Unser einst so liebevolles Verhältnis ist durch die Suche nach meinem Vater zerstört. Wir haben keinen Kontakt mehr zueinander, obwohl sie allein lebt und alt ist, lehnt sie mich nun ab. Warum sie so handelt, bleibt bis heute unbeantwortet.

Dann wurde ich zum Zeitpunkt des Todes meines mutmaßlichen leiblichen Vaters von GItrace gefragt, ob ich sie bei Anfragen aus Deutschland und Österreich unterstützen könnte. Ich habe diese Aufgabe spontan angenommen, auch aus Dankbarkeit gegenüber den vielen Menschen, die mich bei meiner Suche unterstützt haben. (Nähere Informationen zu GItrace im Kapitel »Die Suche nach dem Vater«.)

Seit 2003 arbeite ich nun ehrenamtlich für GItrace und helfe Besatzungskindern aus dem deutschsprachigen Raum bei der Suche nach den unbekannten Vätern. Das ist noch immer ein belastetes Kapitel in den deutsch-amerikanischen Beziehungen. Ich habe schon Dutzende Väter und Kinder zusammengeführt. Jede Suche ist eine neue Gratwanderung zwischen Hoffnung und Enttäuschung. Häufig werden dabei Wunden wieder aufgerissen, die die Zeit notdürftig geheilt hat. Niemand kann das besser nachvollziehen als ich.

Ich habe weniger Erfahrungen mit den Kindern der russischen, französischen und englischen Besatzungsmächte. Doch manchmal konnte ich in der Vergangenheit einigen helfen, ihre Väter zu finden. Die Problematik ist, dass es für die Besatzungskinder der anderen Alliierten bis heute keine offizielle Unterstützung der jeweiligen Regierungen bei der Suche nach dem Vater gibt. Allein die Regierung der USA hat sich 1990 dazu verpflichtet, wenn Sol-

Ute Baur-Timmerbrink auf dem Arm ihrer Mutter, Frühjahr 1947, Oberösterreich

daten der US Army während ihrer Auslandseinsätze Kinder hinterlassen, diesen Kindern bei der Suche nach dem leiblichen Vater zu helfen. Dazu gehören Kinder aus Europa sowie aus Korea und Vietnam. Das NPRC ist gehalten, die persönlichen Daten des Vaters freizugeben.

Ich habe im Laufe der Jahre annähernd 200 erfolgreiche Familienzusammenführungen begleitet, aber es gibt auch mindestens ebenso oft Enttäuschungen. Entweder wurde der Vater aufgrund zu geringer Informationen nicht gefunden, oder, noch tragischer für die Betroffenen, der gefundene Vater oder die Familie verweigern jeden Kontakt.

Wir haben viele Menschen glücklich gemacht, weil wir ihre Herkunft aufklären konnten – und auch viele Väter, die ihre Kinder kennenlernen konnten –, aber nicht immer gelingt das.

Besatzer, Besetzte und Besatzungskinder in Deutschland und Österreich 1945–1955

Von Sabine Lee

In der Folge des Zweiten Weltkrieges kamen in Deutschland und Österreich Zehntausende sogenannter Besatzungskinder zur Welt, Kinder von einheimischen Müttern, deren Väter Besatzungsangehörige waren. Vielfach galten sie als »Kinder des Feindes«, obwohl die Väter de jure keine Feinde mehr waren, und oftmals waren sie - wie auch ihre Mütter - unterschiedlichen Formen von Diskriminierung ausgesetzt.

Wie noch im Detail dargestellt werden wird, war das Verhältnis zwischen alliierten Truppen und einheimischer Zivilbevölkerung vielschichtig. Insbesondere die Kontakte zwischen alliierten Besatzungstruppen und einheimischen Frauen umfassten die gesamte Bandbreite von Liebesbeziehungen über praktische Dienstleistungsarrangements und Überlebensprostitution bis hin zu sexuellen Gewalttaten, die vielfach das Bild der Beziehungen im öffentlichen Bewusstsein geprägt haben. Aus einer nicht unerheblichen Zahl dieser Beziehungen sind Kinder hervorgegangen, um deren Schicksale es im vorliegenden Buch geht. Dieser einführende Beitrag soll die historischen und politischen Rahmenbedingungen darstellen, in denen sich die Beziehungen zwischen Besatzern und Besetzten zu Kriegsende und in der unmittelbaren Nachkriegszeit entwickelten und in deren Gesamtzusammenhang die Lebenswege der Besatzungskinder in Deutschland zu bewerten sind.

Von der Alliierten Militärregierung 1945 herausgegebene Karte der Besatzungszonen in Deutschland und Österreich

Schon vor Ende des Krieges, auf der Konferenz von Jalta im Februar 1945, hatten die drei Hauptalliierten, die USA, die Sowjetunion und Großbritannien, die Aufteilung Deutschlands in drei und später – nach der Einbeziehung Frankreichs – vier Besatzungszonen beschlossen. Nach der bedingungslosen Kapitulation Deutschlands im Mai 1945, die das Ende des Krieges in Europa bedeutete, einigten sich die »Big Three«, das sowjetische Staatsoberhaupt Josef W. Stalin, der amerikanische Präsident Harry S. Truman und der britische Premierminister Clement Attlee, auf die Besatzung Deutschlands, die über die Gründung der beiden deutschen Staaten im Jahr 1949 hinaus bis 1955 andauerte.

Diese Besatzung bedeute eine lange Phase der Stationierung ausländischer Soldaten auf deutschem Boden und des intensiven Kontaktes zwischen diesen ausländischen Soldaten und der einheimischen Zivilbevölkerung. Wie viele Kinder aus intimen Kontakten zwischen Besatzern und Besetzten hervorgegangen sind, wird wohl abschließend nie genau festzustellen sein. In den Westzonen Deutschlands spricht eine Analyse aus dem Jahr 1955 von mehr als 66 000 Kindern, von denen 37 000 Kinder amerikanischer Soldaten seien. Es ist unumstritten, dass diese Zahlen eine konservative Annäherung an die Realität darstellen. Die »Absorbierung« unehelicher Kinder in ihre Familien, entweder durch stillschweigende Anerkennung der Vaterschaft durch den Ehemann der Kindesmutter oder dadurch, dass die Geburtsfamilien aus unterschiedlichen Gründen die biologischen Hintergründe der Kinder nicht publik machen wollten, deutet auf eine weit höhere Zahl an Besatzungskindern hin. Seriöse Schätzungen gehen von bis zu 250 000 Kindern aus.

Für Österreich sind die Zahlen ähnlich ungenau. Nach offiziellen Statistiken wurden zwischen 1946 und 1953 8000 Kinder geboren, deren Väter ausländische Soldaten waren, aber neue Schätzungen sprechen von mindestens 20 000 solcher Kinder vor 1955.

Nicht nur die Gesamtzahl der Besatzungskinder ist unklar, sondern auch, wie viele dieser Kinder als Folge sexueller Übergriffe durch Besatzungssoldaten geboren wurden und wie viele aus einvernehmlichen oder gar Liebesbeziehungen hervorgingen. Für die Bundesrepublik Deutschland und West-Berlin belegt ein Dokument des Finanzministeriums, dass allein im Jahr 1959 6325 Anträge auf finanzielle Unterstützung durch Mütter eingereicht wurden, deren Kinder in Vergewaltigungen durch Besatzungssoldaten gezeugt worden waren. Auch hier ist es fraglich, ob die Zahlen die wirkliche Dimension des Problems akkurat reflektieren oder ob die tatsächliche Zahl nicht noch weitaus höher liegt.

Unabhängig von der Zahl der Betroffenen ist es von großer Bedeutung, die Umstände zu beleuchten, die zu den Beziehungen zwischen Soldaten und einheimischen Zivilisten geführt haben, um in der Folge die Erfahrungen der Kinder zu verstehen, die aus diesen Beziehungen hervorgegangen sind. Die historischen und politischen Hintergründe der verschiedenen Besatzungen sind ebenso vielschichtig wie die Beziehungen zwischen Besatzern und Besetzten, zwischen Befreiern und Befreiten. All diese Faktoren und ihr Verhältnis zueinander erfuhren während der letzten Kriegsmonate und in der Nachkriegszeit vielerlei Veränderungen in Abhängigkeit von den militärischen und politischen Entwicklungen der Zeit.

Die Rote Armee

Die Endphase des Krieges, als die Westalliierten und die Sowjetunion sich den Weg in das »Dritte Reich« erkämpften, wurde in ganz Europa von einer Welle von Vergewaltigungen und anderen sexuellen Übergriffen begleitet. Die Mehrzahl dieser Gewalttaten ereignete sich sowohl in Deutschland als auch in Österreich durch sowjetische Soldaten. Obwohl Schätzungen über das Ausmaß der

Übergriffe mit zwischen Zehntausenden und zwei Millionen Vergewaltigungen weit auseinanderliegen, gibt die Einschätzung eines Historikers, der vom »größten Phänomen einer Massenvergewaltigung in der Geschichte« spricht, eine grobe Vorstellung von der Dimension der Gewalttaten. Für Berlin, einen Brennpunkt der sexuellen Übergriffe, geht man von einer Vergewaltigungsquote von etwa 7 Prozent aller Frauen aus. Vergewaltigungen waren willkürlich, und unter den Opfern waren Frauen und Mädchen jeden Alters, Deutsche, befreite Opfer der Nazidiktatur und Frauen anderer Nationalitäten gleichermaßen. Viele dieser Vergewaltigungen führten zu Schwangerschaften, und obwohl die Abtreibungsquote, begünstigt durch einen Erlass vom März 1945, der Abbrüche für aus Vergewaltigungen durch sowjetische Soldaten entstandene Schwangerschaften legalisierte, nach neueren Untersuchungen gerade in Berlin und anderen Großstädten sehr hoch war, wird allgemein angenommen, dass dennoch viele Schwangerschaften ausgetragen wurden. Obwohl keine genauen Zahlen vorliegen, geht man in der Forschung davon aus, dass besonders in ländlichen Gebieten eine erhebliche Zahl an Kindern aus diesen Vergewaltigungen hervorgegangen ist.

Obwohl diese Gewalttaten das Bild des Verhältnisses zwischen sowjetischer Besatzungsmacht und Zivilbevölkerung geprägt haben, ist es wichtig festzuhalten, dass es auch zahlreiche freiwillige Verhältnisse bis hin zu Liebesbeziehungen gab, wenn nicht in der ursprünglichen Kriegs- und Befreiungsphase, dann später während der eigentlichen Besatzungszeit. Entgegen der oft geäußerten Vermutung wurde die Vergewaltigung deutscher und österreichischer Frauen durch alliierte Soldaten in der unmittelbaren Nachkriegszeit nicht totgeschwiegen. Ganz im Gegenteil, sie fand den Weg in Tagebücher, Memoiren und Romane, und die Vorkommnisse waren in dieser Zeit ein offenes Geheimnis. Im Gegensatz dazu wurden Liebesbeziehungen oft verheimlicht, nicht zuletzt weil die Frauen Stigmatisierung befürchteten, in einer Gesellschaft, in der Fraternisierung – auch mit Besatzern, die offiziell nicht länger als Feinde gelten sollten – nicht goutiert wurde. Solche Fraternisierung war nicht nur illegal, sondern erregte in der einheimischen Bevölkerung, in Familien und bei Freunden vielfach großes Misstrauen und viel Unmut. Daher ist es kaum verwunderlich, dass Kinder, die solchen freundschaftlichen und konsensuellen Beziehungen entsprangen, auf Jahrzehnte ein Tabuthema blieben. Vielfach wurde ihre biologische Herkunft geheim gehalten, und ihre sowjetischen Wurzeln blieben verborgen. Trotzdem entwickelten sich zahlreiche Liebesverhältnisse während der Besatzungszeit. Es gab nicht nur »den Russen«, vor dem sich alle fürchteten, es gab auch die freundlichen, kultivierten und hilfsbereiten russischen Soldaten oder Offiziere. Die Durchsetzung des Fraternisierungsverbotes wurde sehr unterschiedlich gehandhabt, doch in aller Regel wurden Beziehungen sowjetischerseits unterbunden. Obwohl es sowjetischen Soldaten ab 1953 offiziell möglich war, deutsche Frauen in der sowjetischen Besatzungszone zu heiraten, geschah dies in der Realität äußerst selten. Häufiger gab es tragische Liebesgeschichten, die durch Verhaftung, Verschleppung oder Hinrichtung des Soldaten ein Ende fanden. Derartige Maßnahmen sind von den anderen alliierten Streitkräften nicht bekannt.

Eine kürzlich von Kindern des Indochinakrieges produzierte Dokumentation ihrer Erfahrungen trägt – mit Hinweis auf die Ungewissheit der Kinder über die Identität ihrer Väter – den Titel: »Inconnu – présumé français«. In Anlehnung daran kann man die Situation vieler Besatzungskinder, vor allem in den sowjetischen Zonen, mit den Worten: »Unbekannt – vermutlich russisch« umschreiben. Die Kinder des Krieges waren Teil der »vaterlosen« Nachkriegsgeneration. Doch anders als bei vielen anderen Kriegskindern, deren Väter im Krieg »für das deutsche Vaterland« ihr Leben gelassen hatten, führten Fragen der Besatzungskinder nach dem Vater oft ins Leere.

Ein Rotarmist mit zwei Kindern, Mai 1945, Berlin

Die Militärregierung wusste nicht oder wollte nicht wissen, welche ihrer Soldaten in Deutschland Kinder gezeugt hatten. Und wenn sie es erfuhr, war die Reaktion vielfach die Versetzung des Vaters zurück in die Sowjetunion. Daher wuchsen die Kinder sowjetischer Soldaten in fast allen Fällen ohne ihren Vater entweder bei Großeltern, anderen Verwandten, in Pflegefamilien oder Heimen auf. Nach allen bislang verfügbaren Informationen wurden etwa zwei Drittel der mit sowjetischen Soldaten gezeugten Kinder bei ihren Müttern oder bei Verwandten groß, ein Drittel in Heimen oder bei Pflegeeltern. Vielfach wurden sie in die Familie der Mutter integriert, wussten nicht, dass der Mann, den sie als

Vater kennenlernten, nicht ihr leiblicher Vater war, und generell wuchsen sie auf in Situationen, die im Nachhinein von vielen Kindern übereinstimmend als »Wand des Schweigens« beschrieben wurden.

In Anbetracht des sich stetig verschlechternden Verhältnisses zwischen der sowjetischen Besatzungsmacht und den westlichen Alliierten und den zunehmenden Spannungen zwischen der Sowjetunion und vielen Deutschen in den besetzten Gebieten in West und Ost ist es kaum verwunderlich, dass die Stigmatisierung der Kinder sowjetischer Soldaten besonders stark ausgeprägt war. Diese Kinder stellten eine ideale Angriffsfläche für rassische, moralische und ideologische Vorurteile dar. Bis in die 1960er Jahre hinein waren »Russenbalg« oder »Russenkind« gebräuchliche Schimpfwörter. Die Angst vor Diskriminierung und Stigmatisierung führte nicht selten dazu, dass Frauen ihre Beziehungen zu sowjetischen Soldaten bzw. die Vaterschaft verheimlichten. Hinzu kam, dass die Suche nach den Vätern, die in allen Fällen mit Herausforderungen verbunden war, sich bei Kindern von Rotarmisten als besonders schwierig darstellte. Die sowjetische Antifraternisierungspolitik wurde während der gesamten Besatzungszeit zwar mir Variationen, aber insgesamt stringent angewendet, und Eheschließungen zwischen sowjetischen Soldaten und deutschen und österreichischen Frauen blieben lange Zeit untersagt. Außerdem stellte, wie oben erwähnt, die sowjetische Besatzungsmacht sicher, dass, sobald die Behörden der Vaterschaft eines Rotarmisten gewahr wurden, der betreffende Soldat versetzt wurde und alle Kontakte zwischen ihm und der Kindesmutter abgebrochen wurden. Die sowjetische Militärregierung untersagte offizielle Vaterschaftserklärungen, und somit war es den Kindesmüttern unmöglich, die Väter in die Pflicht zu nehmen, selbst in Fällen, in denen diese willens gewesen wären, ihre Kinder und deren Mütter materiell und emotional zu unterstützen. Für die Mütter bestand keine Möglichkeit zu Vaterschaftsfeststellungs- und Unterhaltsklagen nach deutschem Recht, weshalb meist keinerlei Maßnahmen zur Unterstützung der Mütter unternommen wurden. Da die Kindesväter laut des auch in der sowjetischen Besatzungszone geltenden Bürgerlichen Gesetzbuches unterhaltspflichtig waren, diese jedoch nicht für Unterhalt aufkommen wollten, konnten oder durften, waren die Mütter in aller Regel auf sich allein gestellt und lebten oft in extrem schwierigen wirtschaftlichen Verhältnissen. Erst im Rahmen des Truppenstationierungsvertrages von 1957 einigten sich die UdSSR und die DDR mit einer Regelung, dass Kinder, die nach Oktober 1955 geboren wurden, Unterhaltszahlungen erhalten sollten.

Da es aus Sicht der sowjetischen Militärbehörden das Problem Besatzungskind nicht gab, ist es zahlenmäßig noch schwieriger zu erfassen als in den Westzonen und später in der Bundesrepublik. Akten über Anfragen von Müttern bezüglich finanzieller Unterstützung an die Jugend- und Fürsorgeämter belegen eine Vielzahl von Härtefällen; desgleichen deuten auch viele Kindheits- und Jugenderinnerungen von Betroffenen auf eine außergewöhnlich starke Stigmatisierung hin. Jedoch fehlt bislang eine wissenschaftliche Aufarbeitung des Themas, die eine vergleichende Analyse über Zonengrenzen hinweg ermöglichen würde.

Als Folge der oben beschriebenen Umstände ist die Zahl der sowjetischen Besatzungskinder, die ihre Väter finden konnten, sehr gering – der Wunsch danach jedoch nach wie vor groß, unabhängig von der Art der Beziehung zwischen den Eltern. Wie es unlängst ein Besatzungskind im Rahmen der ersten wissenschaftlichen Konferenz zum Thema formulierte: Sie seien nicht nur »Strandgut eines Krieges, sondern Kinder, die ein Verlangen danach haben, ihrem Vater ein Gesicht und eine Geschichte geben zu können«.[1] Und so ist die Suche nach dem Vater für viele eine

1 www.wienerzeitung.at/themen_channel/wz_reflexionen/vermessungen/?em_cnt=486729&em_cnt_page=2 [letzter Zugriff: 3. Dezember 2014].

Lebensaufgabe, eng verwoben mit der eigenen Identität und den eigenen Wurzeln, selbst dann, wenn die Kinder als Folge einer Vergewaltigung geboren wurden.

GI-Kinder

Obwohl das Verhältnis zwischen Besatzern und Besetzten im Fall der amerikanischen Streitkräfte während und nach dem Krieg insgesamt freundlicher war, wuchsen auch Kinder dieser Besatzung vielfach ohne Detailwissen über ihre biologische Herkunft auf. Um zu verstehen, warum dies der Fall war, ist es hilfreich, sich den Hintergrund der Besatzung vor Augen zu führen. Während des Zweiten Weltkrieges selbst waren mehr als drei Millionen amerikanischer Soldaten in Vorbereitung auf die Invasion Westeuropas in Großbritannien stationiert gewesen, und ihnen ging der Ruf »Overpaid, over-fed, over-sexed and over here« voraus, in dem die Briten ihre Erfahrung und Einschätzung der »friedlichen Besatzung« ihres Landes eingängig zusammengefasst hatten.

Ähnlich stellte sich die Situation im Nachkriegsdeutschland dar. 1945 waren rund 1,6 Millionen Amerikaner auf deutschem Boden stationiert, und obwohl die Zahl sich rasch reduzierte und in der Zeit zwischen 1947 und 1950 auf etwa 135 000 sank, bevor der Koreakrieg eine erneute Aufstockung auf eine Truppenstärke von etwa 360 000 bedingte, war die Präsenz der Amerikaner in ihrer Besatzungszone allgegenwärtig.

Im Gegensatz zu Großbritannien hatte Deutschland aber bedingungslos kapituliert, und die USA versuchten zu Beginn mit einer strengen Antifraternisierungspolitik alle freundschaftlichen oder gar intimen Kontakte mit der deutschen Bevölkerung zu unterbinden. Es stellte sich jedoch binnen kürzester Zeit heraus, dass die von oben oktroyierten Verbote sich kaum durchsetzen ließen, da die Realität, die sich den Soldaten im besetzten Deutschland darstellte, keineswegs mit der Antifraternisierungspropaganda der Militärregierung übereinstimmte. Als Reaktion auf diese Undurchsetzbarkeit wurden die Bestimmungen bereits im Oktober 1945 gelockert, und Kontakte wurden fortan durchweg gestattet, mit Ausnahme der Unterbringung von Soldaten bei Deutschen oder Eheschließungen. Deutsch-amerikanischen Freundschaften begegnete man dennoch mit Misstrauen – und zwar nicht zuletzt auf amerikanischer Seite. Die meist jungen Frauen, die sich mit Soldaten anfreundeten, wurden als besonderer »Typ« porträtiert, deutsche »Fräuleins«, wie die amerikanische Presse sie titulierte. Ihre Beschreibung entwickelte sich bald zum dämonisierenden Stereotyp, das in starkem Kontrast zum angeblich naiven, heimwehgebeutelten Soldaten stand, der als Opfer der Verführung der deutschen Mädchen dargestellt wurde. Während das allgemein übliche Bild der »Good-time-girls« oder Lebedamen deren Verhalten zwar als moralisch verwerflich, aber nicht als gefährlich darstellte, trug die Verurteilung der deutschen Frauen deutlich negativere Züge.

Dass sich trotz der Stigmatisierung, derer sich die Frauen durchaus bewusst waren, dennoch zahlreiche Beziehungen entwickelten, liegt auch an der demografischen Situation im Nachkriegsdeutschland. Als Folge des Krieges gab es in der Altersgruppe zwischen 20 und 30 Jahren auf je 100 Männer etwa 167 Frauen, in der Altersgruppe zwischen 30 und 40 Jahren immerhin noch auf 100 Männer 151 Frauen. Wie bereits oben erwähnt, waren nicht alle intimen Kontakte freiwillig; ebenso waren nicht alle erzwungen, und oft waren die Übergänge hier fließend. Viele Frauen setzten ihren Körper als Teil ihrer Überlebensstrategie ein, um sich und ihre Familien zu versorgen. In diesem Sinne wurden die Beziehungen vielleicht nicht von den Soldaten erzwungen, jedoch von den Lebensumständen im besiegten und zerstörten Deutschland und in Österreich.

Nichtsdestotrotz, Vergewaltigungen waren auch in der amerikanischen Besatzungszone keine Seltenheit. Gegen Kriegsende stieg die Zahl der angezeigten Straftaten von 31 im Februar 1945 auf 402 im März und 501 im April desselben Jahres an. Auch wenn diese Zahlen ganz erheblich unter denen in der sowjetischen Besatzungszone lagen, beunruhigten sie die amerikanische Militärführung im Land, besonders in Anbetracht der Tatsache, dass man auch hier davon ausging, dass die Zahl der tatsächlichen Vergehen weit über der der angezeigten lag.

Wie oben erwähnt, gab eine Statistik der Bundesregierung im Jahr 1955 die Zahl der von GIs gezeugten Kinder mit 37 000 an, von denen etwa 4000 afroamerikanischer Herkunft waren. Diese Erhebung erklärt, warum Besatzungskinder weitgehend als amerikanisch-deutsches Problem verstanden wurden. 55 Prozent der Besatzungskinder hatten demnach einen amerikanischen Vater, was sich bis in die Mitte der 1950er Jahre mit der großen Zahl amerikanischer Soldaten in Deutschland im Vergleich zu den anderen Besatzern erklären lässt. Weniger leicht zu erklären ist, dass entgegen aller Erwartungen die Zahl der Besatzungskinder nach der Währungsreform und dem Ende der »Hungerjahre« nicht zurückging, sondern – ganz im Gegenteil – weiter anstieg, besonders die der amerikanischen Besatzungskinder, deren Anteil in den Jahren 1953/1954 sogar auf etwa 75 bis 85 Prozent kletterte.

Das Negativbild der Frauen, die intime Verhältnisse mit amerikanischen Soldaten hatten, war in Deutschland ebenso stark ausgeprägt wie in den Vereinigten Staaten, und dieses Image wurde später auf die Kinder projiziert. Sie wurden als Kinder des Feindes gesehen, und ihre Mütter, die mit der Wahl des amerikanischen Partners vermeintlich Verrat am deutschen Volk, wenn nicht sogar am deutschen Ehemann, begangen hatten, waren mit dem Makel versehen, gegen gängige Moralvorstellungen von weiblichem Gehorsam und weiblicher Treue verstoßen zu haben. Vor dem Hintergrund der nationalsozialistischen Ideologie stand die deutsche Bevölkerung besonders den afroamerikanischen Soldaten zunächst skeptisch gegenüber. Frauen, die intime Beziehungen zu afroamerikanischen Soldaten eingingen, wurden deshalb besonders diskriminiert und unter anderem als »Schokoladenhure« oder »Negerliebchen« bezeichnet. Die aus diesen Beziehungen hervorgegangenen Kinder, die sogenannten Brown Babies, wiesen äußerlich sichtbar ihre Herkunft als »fremdstämmig« aus, ähnlich wie auch die Gruppe der Kinder russischer Soldaten asiatischer Herkunft (hier als stigmatisierender Begriff: »Mongolenkinder«).

Darüber hinaus wurden die meisten der Besatzungskinder, unabhängig von Nationalität oder Herkunft der Väter, unehelich geboren. Das Heiratsverbot für amerikanische Soldaten und deutsche Frauen blieb bis Dezember 1946, also mehr als ein Jahr nach Ende des allgemeinen Fraternisierungsverbotes, bestehen. Das bedeutete, dass in den ersten 19 Monaten der Besatzungszeit, als die Mehrzahl der deutsch-amerikanischen Freundschaften geschlossen wurden, Heiraten nicht möglich waren. Die US-Militärregierung war in den Fällen, in welchen aus diesen unerwünschten Beziehungen Kinder hervorgingen, auch unnachgiebig, was die Unterstützung der betroffenen Frauen und Kinder betraf, indem sie jedwede Verantwortlichkeit für Alimente ablehnte.

Nach Aufhebung des Heiratsverbotes im Dezember 1946 schlossen tatsächlich mehrere Tausend Paare die Ehe, und Tausende deutscher Frauen folgten ihren Ehemännern in die USA. Heiratsstatistiken als solche existieren nicht, aber Zahlen der Einwanderungsbehörden zeigen, dass mehr als 14 000 deutsche »GI-brides« und 750 Kinder von Angehörigen der amerikanischen Streitkräfte in die USA einwanderten. Vielen Frauen blieb diese Möglichkeit jedoch verwehrt, entweder weil der amerikanische Vater ihrer Kinder bereits versetzt worden war, weil er keine Heiratserlaubnis erhalten hatte oder weil er aus anderen Gründen seinen Vaterpflichten nicht nachkommen konnte oder wollte. Hier ist klar

Ein afroamerikanischer US-Soldat verschenkt Süßigkeiten an deutsche Kinder, 1945

anzumerken, dass die Militärbestimmungen und -praktiken eine Entscheidung gegen Mutter und Kind erleichterten. Außerdem komplizierten die deutschen Gesetze zur Vaterschaft und zu den sozialen Verpflichtungen für uneheliche Kinder die Situation für die Besatzungskinder erheblich. Laut Gesetz waren die Kinder in der Verantwortlichkeit der Kindesmutter und ihrer Familie, aber die Mutter war nicht gesetzlicher Vormund des Kindes. Die Vormundschaft lag beim Staat, oder – im Falle verheirateter Mütter – beim Ehemann. Unabhängig von der biologischen Vaterschaft wurde der Ehemann der Mutter gesetzlicher Vater des Kindes, es sei denn, er oder die Behörden hinterfragten die Vaterschaft, was bei Mischlingskindern häufiger geschah. Mit der Vormundschaft lag auch die Unterhaltsverpflichtung beim gesetzlichen Kindsvater, eine Regelung, die jedoch die Angehörigen der Besatzungstruppen ausschloss. Erst nach der Gründung der Bundesrepublik im Jahr 1949 wurde diese Situation teilweise revidiert, indem die Vereinigten Staaten per Gesetz die deutsche Jurisdiktion in diesem Bereich auch auf Angehörige der alliierten Streitkräfte ausdehnten. Doch auch dieses Gesetz war für die Besatzungskinder und ihre Mütter enttäuschend, da es explizit Forderungen nach Vaterschaftsklagen und Alimenten der Besatzungskinder ausschloss. Und selbst nach Wiedererlangen der deutschen Souveränität im Jahre 1955 konnten Klagen deutscher Frauen gegen Väter ihrer Besatzungskinder nur dann erfolgreich ausgefochten werden, wenn die betroffenen Soldaten die Vaterschaft anerkannten oder ein amerikanisches Gericht ein diesbezügliches Urteil aussprach.

Selbst wenn Soldaten ihren Vaterschaftspflichten nachkommen wollten, erschwerten die Gesetze dies erheblich. Es war beispielsweise in den meisten Fällen amerikanischen Soldaten nicht möglich, ihre eigenen Kinder zu adoptieren, um auf diesem Wege offiziell unterhaltspflichtig zu werden. Aufgrund des juristischen Dschungels war es also selbst in Fällen, in denen beide Eltern eine gemeinsame Zukunft aufbauen wollten, durch bürokratische Hindernisse nahezu unmöglich, dies zu tun.

Aus den oben erörterten Gründen wählten viele Familien den Weg des Stillschweigens, eine Option, die den Kindern afroamerikanischer und lateinamerikanischer Väter nicht offen stand. In Deutschland, das sich der politischen und sozialen Verantwortung, die aus der mörderischen Rassenideologie des »Dritten Reiches« und deren Nachwirkungen in der Bevölkerung erwachsen war, bewusst war, fanden – auf akademischer und politischer Ebene – Diskussionen zu diesem Thema statt, und es gab Versuche, pragmatische Lösungen für das Problem der »Brown Babies« zu finden, ohne sich in Rassendiskussionen ideologischer Art verwickeln zu lassen. Die Rassentrennung in den amerikanischen Streitkräften, die es afroamerikanischen Soldaten in der Regel unmöglich machte, Genehmigungen zur Heirat ihrer deutschen Freundinnen zu bekommen, führte dazu, dass die Kinder, die diesen Beziehungen entsprangen, in jedem Fall unehelich geboren wurden. In den Fällen von verheirateten Müttern war die stillschweigende Anerkennung der Kinder durch die Ehemänner der Mütter eine seltene Ausnahme, und daher war die Einbeziehung der Behörden fast immer unumgänglich, und eine nicht unerhebliche Zahl dieser Kinder wuchs in Heimen auf.

Der behördliche Umgang mit afroamerikanischen Besatzungskindern und ihren Müttern fand auf zwei Ebenen statt. Zum einen wurden die Kinder und ihre Mütter Objekte wissenschaftlicher und speziell soziologischer Studien; zum anderen beschloss die Politik, die westdeutsche Bevölkerung anhand des Beispiels der Besatzungskinder gesamtgesellschaftlich aufzuklären. Damit sollten Diskriminierungen, vergleichbar mit denen der jüngeren Vergangenheit im Fall der »Rheinlandbastarde«, Kinder afrikanischer Kolonialtruppen während der französischen Besetzung des Rheinlandes in der Zwischenkriegszeit, verhindert werden. Hier waren in einer regelrechten Rassenhasskampagne gegen die »schwarze Schmach« Hunderte afrodeutscher Besatzungskinder zwangssterilisiert worden. Im Hinblick auf die gesamtgesellschaftlichen Aufklärungsbestrebungen ist es kaum verwunderlich, dass die ersten parlamentarischen Debatten zu diesem Thema im Jahr 1952 stattfanden, als die erste Kohorte der Besatzungskinder schulpflichtig wurde. Schwerpunkt der Diskussionen wurde die Integration der sogenannten Mischlingskinder, und die Bestrebungen gingen einher mit der Veröffentlichung des Buches »Maxi, unser Negerbub« und des Spielfilms »Toxi«, dessen Fokus auf der Situation der farbigen Besatzungskinder in der Bundesrepublik Deutschland lag. Wenn sich generell die Erforschung afrodeutscher Geschichte in einem Anfangsstadium befindet, gilt dies umso mehr für die Rekonstruktion und Sichtbarmachung der Erfahrungen schwarzer Deutscher in der DDR. Obwohl es auch in der sowjetisch besetzten Zone und später in der DDR eine nicht unerhebliche Zahl Deutscher mit afrikanischen Wurzeln gab, zu denen unter anderem auch eine Anzahl Kinder afroamerikanischer Besatzungsoldaten gehörten, wissen wir über diese Bevölkerungsgruppe nahezu nichts.

Die Mehrheit der westdeutschen Politiker befürchtete zunächst, dass die Integration der Kinder in das Deutschland der Nachkriegszeit schwierig würde, ganz gleich ob in ihren eigenen Familien, in Adoptivfamilien oder in institutioneller Obhut. Daher wurden zwei andere Modelle diskutiert, nämlich die Einrichtung separater Kinderheime für afroamerikanische Besatzungskinder oder die Adoption der Kinder in afroamerikanische Familien in den USA.

Obwohl nur etwa zwölf Prozent der Besatzungskinder in Heimen aufwuchsen, setzte sich das Bild der ungewollten Mischlingsheimkinder hartnäckig durch, nicht zuletzt geschürt durch die amerikanische Presse zwischen Ende der 1940er bis Mitte der 1950er Jahre. *Newsweek, Chicago Tribune, Pittsburgh Courier, News and World Report, Ebony,* oder *AfroAmerica* berichteten gleichermaßen über das Schicksal der farbigen Besatzungskinder. Dies führte dazu, dass – initiiert von Ethel Butler, einer pensionierten Lehrerin – die »internationale Adoptionsbürokratie« bekämpft wurde und Anfang der 1950er Jahre unter der Schirmherrschaft von Mabal Grammar ein »Brown Baby Plan« ins Leben gerufen wurde, der die Adoption mehrerer Hundert »Brown Babies« in Familien in den USA ermöglichte.

Die positive deutsche Reaktion auf die Adoptionsprogramme von Butler und Grammar zeigte, dass in weiten Kreisen die Ansicht verbreitet war, Mischlingskinder seien bei afroamerikanischen Adoptivfamilien besser aufgehoben als bei ihren leiblichen Müttern in einer zu diesem Zeitpunkt weitgehend rassenhomogenen »weißen« Umgebung. Enthusiastische Unterstützung kam von der Presse, aber auch von Politikern auf Gemeinde-, Länder- und Bundesebene, die zunächst die Ansicht vertraten, dass eine Auswanderung in das Heimatland der Väter sich als vorteilhaft erweisen könnte. Doch die Komplexität internationaler Adoptionen führte zu einer Revision dieser Einschätzung, als sich herausstellte, dass trotz einiger Hundert Adoptionen Tausende der Kinder in Deutschland bleiben würden. Es wurde klar, dass es wichtiger war, die bestmögliche Zukunft dieser Kinder im Inland und nicht im Ausland zu suchen.

Naître ennemi – die Kinder französischer Soldaten

Die Situation der französischen Besatzungskinder unterschied sich grundlegend von der in anderen Besatzungszonen. Anders als in der sowjetischen, amerikanischen oder britischen Zone verfolgten die Franzosen keine strikte Antifraternisierungspolitik. Allerdings wurde Distanz zur Bevölkerung gewünscht, die aber ebenfalls nicht durchzusetzen war. Bereits Ende 1945 wurden Kontakte während der Freizeit der Soldaten zu Tanz- und Kulturveranstaltungen in deutscher Begleitung offiziell erlaubt. Ab Februar 1947 wurden erste Heiratsanträge genehmigt, allerdings konnten die Soldaten dann nicht mehr in der Armee bleiben. Ab August 1948 wurde auch dieses Dekret aufgehoben.

Noch wichtiger für die Lebenswege der Kinder war jedoch die Tatsache, dass Frankreich ein anderes Verständnis von Rasse und Nationalität der Nachkommen ihrer Soldaten hatte – ob ehelich oder unehelich geboren und unabhängig von der Hautfarbe. Kinder der Besatzungssoldaten hatten nach französischem Verständnis Anrecht auf die französische Staatsbürgerschaft, und Frankreich wurde sogar aktiv, um diese Kinder in gewissem Rahmen »für die eigene Nation« zu gewinnen. Schon 1945 wurden Büros zur Registrierung und Verwaltung sowie zur Organisation des Transfers unehelicher Kinder der französischen Soldaten und deutscher Frauen nach Frankreich eingerichtet. Öffentliche Aufrufe in der französischen Zone animierten die Kindesmütter, ihre Kinder registrieren zu lassen, und Gerüchte über eine Zwangsverschickung der Kinder kursierten. Die deutsche Bevölkerung ging so weit, von Kindesraub zu sprechen. Ob man tatsächlich von Raub sprechen kann, soll dahingestellt bleiben, doch kann es nicht erstaunen, dass die Mütter aufgrund der sehr deutlichen Propaganda misstrauisch wurden. Im August 1946 dann eröffnete eine Verordnung den Müttern die Möglichkeit, ihre Kinder in die Obhut der französischen Behörden zu geben. Im Gegenzug mussten die Mütter jedoch jegliche Rechte bezüglich der Kinder aufgeben.[2] Es ist schwer zu sagen, ob sie glaubten, dass die Kinder in Frankreich von ihren Vätern adoptiert würden, was prinzipiell möglich war, aber in den wenigsten Fällen tatsächlich geschah. Von den geschätzten 100 000 französischen Besatzungskindern, die in Deutschland im ersten Nachkriegsjahrzehnt geboren worden sein sollen, sind insgesamt etwa 20 000 aktenkundig, die von ihren französischen Vätern nicht anerkannt, aber von ihren deutschen Müttern offiziell in die Obhut der französischen Behörden gegeben wurden. Die Mehrzahl dieser Kinder wuchs entweder in Heimen oder bei fremden Adoptivfamilien auf. In der Regel wurden sie zunächst in französischen Kinderheimen im Besatzungsgebiet, wie etwa im ehemaligen Lebensbornheim in Nordach, untergebracht. Als diese Heime mit Gründung der Bundesrepublik geschlossen wurden, kamen die Kinder nach Frankreich, wo sie der Verantwortlichkeit des Départements et territoires d'outre-mer unterstellt wurden. In Fällen, in denen die Besatzungsbehörden die Kinder nicht zur Adoption geeignet hielten, übergaben sie diese deutschen Kinderheimen.

2 Staatsarchiv Freiburg, D.SO. Generalia, 198, Dekret 9089 »Verlassene Kinder« des Badischen Ministeriums des Inneren, 27.8.1946.

Bestimmend für das Schicksal der Kinder war hier nicht, was im Interesse der Kinder, sondern was im Interesse der nationalen Politik Frankreichs lag. Es gibt keinerlei Anzeichen dafür, dass das Wohlergehen der Kinder (oder auch ihrer Mütter oder Väter) bei den Entscheidungen über deren Verbleib irgendeine Rolle gespielt hat. Den Ausschlag für die Politik gegenüber den Besatzungskindern gab offenbar, ob die Integration der Kinder der Stärkung der französischen Nation nützlich sein konnte. Wie schwierig die Situation der deutsch-französischen Besatzungskinder auf beiden Seiten der Grenze in den Nachkriegsjahren war, ist mittlerweile durch zahlreiche wissenschaftliche und populärwissenschaftliche Publikationen und biografische Beiträge bekannt. Als vermeintliche »Kinder der Schande« waren sie und ihre Mütter in vielen Fällen erheblicher Diskriminierung und Stigmatisierung ausgesetzt. Sie galten als Symbol von unerlaubten Beziehungen der »Erbfeinde«, die in der Gesellschaft vielfach nicht nur aus moralischer Perspektive, sondern auch aus nationalen Erwägungen als verwerflich galten.

Britische Besatzungskinder

Wenn Details über die Lebenswege der sowjetischen, amerikanischen und französischen Besatzungskinder oben als eher bruchstückhaft beschrieben worden sind, gilt dies umso mehr für die Kinder britischer Soldaten. Die Gründe hierfür sind vielschichtig. Zum einen waren die Schicksale noch weniger im öffentlichen Bewusstsein – britische Besatzungskinder wurden nicht für Großbritannien reklamiert, wie es in und für Frankreich geschehen war; sie waren zahlenmäßig wesentlich weniger stark vertreten als die amerikanischen Kinder; und ihre Existenz wurde weniger weitläufig debattiert, da etwa Übergriffe britischer Soldaten gegen die deutschen Frauen, dem Anschein nach, wesentlich weniger weit verbreitet waren. Sie erscheinen unter den Besatzungskindern die einzige wahrhaft »versteckte Population« zu sein. Keinerlei klare Daten existieren, aber es ist wahrscheinlich, dass ihre Zahl tatsächlich gering war. Nach einer Umfrage aus dem Jahr 1961 unter 225 Müttern, die für ihre von Besatzern gezeugten Kinder Sozialhilfe erhielten, hatten nur 3,1 Prozent der dort aufgeführten Besatzungskinder einen britischen Vater. Darüber hinaus wird in internen Kommunikationen des deutschen Innen-, Familien- und Jugendministeriums, des Finanzministeriums und des Justizministeriums klar, dass die Notwendigkeit, zu einem akzeptablen Arrangement wegen der Kostenübernahme für Besatzungskinder zu kommen, primär als ein amerikanisch-deutsches Thema gesehen wurde, was auch darauf hindeutet, dass die Zahl der (bekannten) Kinder britischer Soldaten vergleichsweise klein gewesen sein muss.

Ähnlich wie in der amerikanischen Besatzungszone gab es auch in der britischen zunächst ein Fraternisierungsverbot, das bis August 1946 Eheschließungen zwischen Besatzungstruppen und deutschen Frauen untersagte. Als Heiraten dann erlaubt wurden, galt zu Beginn eine sechsmonatige Wartezeit zwischen dem Antrag bei der zuständigen militärischen Dienststelle und der Trauung.

Daher wurde auch hier die überwiegende Zahl der Kinder britischer Soldaten unehelich geboren und wuchs in den Familien ihrer Mütter auf. Da auch hier die Kindsväter bis zum Ende der Besatzungszeit 1955 nicht dazu verpflichtet werden konnten, sich am Unterhalt für die Kinder zu beteiligen, und selbst danach in der Praxis kaum adäquate Regelungen für den Unterhalt gefunden werden konnten, lebten viele der Besatzungskinder in außerordentlich schwierigen Verhältnissen – die wirtschaftliche Situation in der britischen Besatzungszone war in der unmittelbaren Nachkriegszeit besonders angespannt. Aber es bleibt hervorzuheben, dass es nicht unbedingt im Interesse der Mütter gewesen

Britische Soldaten unterhalten sich mit deutschen Frauen, 16. Juli 1945

wäre, juristische Schritte zur Alimentezahlung zu unternehmen, denn dies hätte eine Offenlegung der Umstände der Zeugung der Kinder bedeutet, eine »Schande«, die viele Frauen sich, ihren Kindern und ihren Familien ersparen wollten.

Schluss

Das Bild der »Lebedame« war im Zusammenhang mit alleinerziehenden Frauen der Nachkriegszeit im öffentlichen Bewusstsein allzu präsent, besonders, wenn vermutet wurde, dass der Kindesvater ein ausländischer Soldat sein könnte oder tatsächlich war. »Amischickse«, »Dollarflitscherl«, »Russenhure«, »Britenschlampe«: Dies ist eine Auswahl der stigmatisierenden Schimpfwörter, denen die Mütter ausgesetzt waren, und die vermeintlichen moralischen Unzulänglichkeiten, die den Müttern vorgeworfen wurden, wurden später häufig auch auf die Kinder übertragen.

Obwohl die Nachkriegsjahre eine Vielzahl alternativer Lebensformen sahen – mit zunehmender Beteiligung der Frauen am Arbeitsprozess, steigendem Lebensstandard und immer größerer sozialer Absicherung durch den Wohlfahrtsstaat, wachsender Kontrolle der Familiengröße durch Zugang zu verlässlicheren Verhütungsmitteln –, war die unmittelbare Nachkriegszeit von konservativen und konventionellen Einstellungen zur Familie geprägt, in denen die Kernfamilie mit dem Vater als Ernährer und der Ehefrau als Hausfrau sowohl die Regel als auch das Ideal blieben. Daher ist es nicht verwunderlich, dass die Kindheits- und Jugenderfahrungen der Besatzungskinder, unabhängig von den Umständen der Zeugung, der Art der elterlichen Beziehung und sogar der Frage, ob der Vater Soldat einer Feindes- oder Freundesnation war, schwierig waren. Unter allen diesen Umständen war es gang und gäbe, dass die Kinder ohne Wissen um ihre biologische Herkunft aufwuchsen, dass sie über die Identität ihrer Väter erst im Jugend- oder Erwachsenenalter erfuhren und dass dies häufig zu psychologischen und psychosomatischen Problemen führte. Die Situation der afroamerikanischen Besatzungskinder war oft noch schwieriger, wenn auch aus anderen Gründen. Sie wussten offensichtlich um ihre Herkunft. Aber sie erfuhren zusätzlich zur Stigmatisierung, die fast alle Besatzungskinder – als uneheliche Kinder (oft) alleinerziehender Mütter, die Beziehungen mit Besatzungssoldaten gehabt hatten – erlebten, häufig auch noch rassistische Diskriminierung aufgrund ihrer afroamerikanischen Herkunft. Zweifelsohne ist die Erfahrungswelt der Kinder des Krieges bedingt durch eine komplexe Verknüpfung sozioökonomischer, psychologischer und politischer Faktoren. Solche Faktoren sind für die Entwicklung aller Kinder in einer Vielzahl unterschiedlicher Situationen von Bedeutung, aber Besatzungskinder sind in besonders vielen der aufgeführten Bereiche Widrigkeiten ausgesetzt, wie viele der von Ute Baur-Timmerbrink vorgestellten Lebensgeschichten verdeutlichen.

Amerikanische Soldaten und deutsche »Fräuleins«, undatiert, unbekannter Ort

Literatur

Drolshagen, Ebba: Wehrmachtskinder. Auf der Suche nach dem nie gekannten Vater, München 2005

Frankenstein, Luise: Soldatenkinder. Die unehelichen Kinder ausländischer Soldaten mit besonderer Berücksichtigung der Mischlinge, München u. a. 1954

Lee, Sabine: A Forgotten Legacy of the Second World War: GI children in postwar Britain and Germany, in: Contemporary European History, 20 (2011), S. 157–181

Lemke Muniz de Faria, Yara-Colette: Zwischen Fürsorge und Ausgrenzung. Afrodeutsche »Besatzungskinder« im Nachkriegsdeutschland, Berlin 2002

Lilienthal, Georg: Der Lebensborn e.V. Ein Instrument nationalsozialistischer Rassenpolitik, Frankfurt am Main 2003

Mochmann, Ingvill C. und Larsen, Stein Ugelvik: Kriegskinder in Europa, in: Aus Politik und Zeitgeschichte, 18–19 (2005), S. 34–38

Satjukow, Silke: Besatzungskinder. Nachkommen deutscher Frauen und alliierter Soldaten seit 1945, in: Geschichte und Gesellschaft, 37 (2011), S. 559–591

Virgili, Fabrice: Naître ennemi, Paris 2009

Westerlund, Lars (Hg.): Children of German Soldiers: Children of Foreign Soldiers in Finland 1940–1948, Vol. 1, Helsinki 2011

Westerlund, Lars (Hg.): The Children of Foreign Soldiers in Finland, Norway, Denmark, Austria, Poland and Occupied Soviet Karelia: Children of Foreign Soldiers in Finland 1940–1948, Vol. 2, Helsinki 2011

Die Mütter – »Amiliebchen«, »Russenhure«, »Britenschlampe«?

Die Grundlage der Scham ist nicht irgend ein persönlicher Fehler, sondern die Schande, die Erniedrigung, die wir empfinden, dass wir sein müssen, was wir sind, ohne dass wir es uns so ausgesucht haben, und es ist das unerträgliche Gefühl, dass diese Erniedrigung von überall zu sehen ist.

Milan Kundera, »Die Unsterblichkeit«

In allen vier Besatzungszonen in Deutschland und Österreich haben sich nach Ende des Zweiten Weltkrieges einheimische Frauen mit den Soldaten der Siegermächte freiwillig oder auch notgedrungen auf Beziehungen eingelassen. Manchmal nur für ein paar Stunden oder einen Tag, oftmals aber auch länger. Für manche jungen Frauen war es nicht nur der erste sexuelle Kontakt in ihrem Leben, es war häufig auch die erste Liebe, die sie nie vergessen konnten. Dass sie sich dadurch den Hass, die Schmähungen und die Verurteilung in ihrem Umfeld zuziehen könnten, haben sie oftmals nicht bedacht. Umso schlimmer muss es für sie gewesen sein, wenn sie als »Hure«, »Flittchen« oder als Verräterin beschimpft und ausgegrenzt wurden. Eine Schwangerschaft steigerte diese Ausgrenzung noch einmal. Mitgefühl für ihre teilweise aussichtslose Situation konnten sie von keiner Seite erwarten, oft nicht einmal von der eigenen Familie. Während viele Männer noch in Kriegsgefangenschaft waren oder als vermisst galten, unterstellte man den Frauen, sie hätten sich leichtfertig den Feinden an den Hals geworfen und damit die deutsche Ehre verletzt. Das betraf ganz besonders diejenigen Frauen, die sich mit einem farbigen Soldaten einließen. Die Stigmatisierung machte es den Frauen oft noch Jahre später schwer, wieder in der Gesellschaft integriert zu werden.

Selbst vergewaltigte Frauen konnten häufig kein Mitgefühl erwarten, selbst dann nicht, wenn sie eine Schwangerschaft bis zur Geburt austragen mussten, weil es zuvor keine Hilfe für sie gegeben hatte. Sie versuchten oft jahrzehntelang, diese Ausgrenzung und ihre leidvollen Erfahrungen zu verdrängen. Die wenigsten haben sich jemandem anvertraut. Die Angst vor erneuter Verurteilung ist noch heute bei den inzwischen alten Müttern spürbar. Sie hüllen sich daher meist in Schweigen und wollen auch mit ihren Kindern nicht über das Vergangene sprechen. Wir Besatzungskinder sind meist rücksichtsvoll im Hinblick auf das hohe Alter unserer Mütter und können nur raten, was sich hinter dem Schweigen verbirgt.

Haben sich unsere Mütter zu schnell und leichtfertig auf eine Beziehung mit einem fremden Soldaten eingelassen, in deren Folge wir dann geboren wurden? Die Erfahrungen der Besatzungskinder und das Wenige, was ihnen aus Erzählungen ihrer Mütter bekannt ist, zeichnen ein ganz anderes Bild.

Unmittelbar nach Ende des Zweiten Weltkrieges befand sich die überwiegende Zahl der Menschen in Deutschland und Österreich in einer existenziellen Notlage. Um diese zu bewältigen, suchten viele Frauen eine Arbeit. Die jeweiligen Besatzungsmächte waren wichtige Arbeitgeber, es wurden in den Militärverwaltungen Sekretärinnen, Fremdsprachenkorrespondentinnen und Bürokräfte gesucht. Andere Frauen fanden in den Kasernen Arbeit, in den Küchen und Kasinos. Hier entstanden wie von selbst die ersten Kontakte zu einem Offizier oder Soldaten. Erna Z. aus Oberbayern erzählt: »In unserem Dorf waren nur ein paar schwarze GIs in einem Bauernhaus untergebracht, und die wollten, dass wir ihre Hemden waschen und bügeln. Das haben wir natürlich gemacht, denn dafür gab es ja Zigaretten und Kaffee. Damit konnte man was anfangen.« Die Mutter von Horst E. hat ihrem Sohn immer wieder erzählt: »Meine Nähmaschine hat uns gerettet.« Damit meinte sie, dass sie für die am Ort stationierten Soldaten jede Art von Näharbeiten annahm und dafür bezahlt wurde.

Bestimmt haben die meisten Frauen nicht an Liebesabenteuer gedacht, wenn sie bei den Militärbehörden arbeiten konnten, aber dass es sich ergab, war sowohl für die Frauen als auch die Soldaten oft zwangsläufig. Die jungen Menschen hatten schreckliche Kriegserlebnisse hinter sich, und in dem Glücksgefühl, dass der Krieg endlich zu Ende war, kamen sie sich näher. Darf man in solchen Zusammenhängen vorschnell von Beschaffungsprostitution sprechen, wie es manchmal leichtfertig getan wird?

Die Mütter der Besatzungskinder stammten meistens aus den Jahrgängen von 1920 bis 1930. Sie selbst hatten in ihrer Kindheit häufig sehr schwierige Zeiten erlebt. Es war ebenfalls eine Nachkriegszeit gewesen, es gab eine hohe Arbeitslosigkeit und große wirtschaftliche Not. Die Lebensumstände, in denen die Mütter der Besatzungskinder aufwuchsen, waren vielfach sehr bescheiden oder arm. Mädchen erhielten meist keine Berufsausbildung, und nur wenige hatten die Möglichkeit, nach acht Jahren Volksschule vielleicht noch auf eine höhere Handelsschule zu gehen.

Viele der Mütter haben während des Zweiten Weltkrieges großes Leid erfahren. In jeder Familie trauerte man um Väter, Verlobte, Ehemänner oder Brüder, die den Krieg nicht überlebt hatten, und dann verloren viele durch Flucht und Vertreibung auch noch ihre Heimat. Auf den jungen Frauen lastete oft eine große Verantwortung: für kleine Kinder, für die Großeltern oder die jüngeren Geschwister. Davon erzählen viele Frauen, die den Krieg überlebt haben.

Meine Mutter hat immer wieder von ihren traumatischen Erlebnissen auf der Flucht vor der Roten Armee erzählt: Heute habe ich dafür Verständnis und Mitgefühl. Als Kind war ich damit überfordert, mir vorzustellen, was es wirklich bedeutet hat, innerhalb einer halben Stunde den Mut aufzubringen, alles hinter sich zu lassen.

Meine Mutter lebte nach dem Anschluss Österreichs an das Deutsche Reich 1938 mit ihrem Ehemann, der bei der Wehrmacht war, in Wien. Ihr Mann war ab Anfang 1944 in Jugoslawien, das im Herbst des Jahres überstürzt von der durch die Rote Armee und verbündete Streitkräfte bedrängten Wehrmacht geräumt wurde. Wann er und meine Mutter sich zum letzten Mal getroffen haben, weiß ich nicht. Sie hat erzählt, dass er sie in seinen Briefen gedrängt habe, Wien zu verlassen, falls »der Russe« die Stadt erreichen sollte. Im Dezember 1944 wurde die Lage in Wien wirklich bedrohlich. Die alliierten Luftangriffe auf Österreich hatten im Frühjahr 1944 eingesetzt, im Sommer und Herbst war zum ersten Mal auch Wien massiv von Flächenbombardements betroffen. Der Vormarsch der Alliierten in Italien und auf dem Balkan ließ den Krieg zusätzlich immer näher heranrücken. Im direkten Umfeld meiner Mutter hatten einige »reichsdeutsche« Frauen die Stadt schon verlassen. »Reichsdeutsch« war eine umgangssprachliche Bezeichnung für aus dem Deutschen Reich vor der Annexion Österreichs stammende Deutsche. Meine Mutter konnte sich nicht zur Flucht entschließen. Sie wusste nicht wohin. Ihre Mutter war ein Jahr zuvor in einer Bombennacht im Ruhrgebiet verstorben, ihr Vater wohnte seitdem in einem Bunker, Geschwister hatte sie keine. Doch die Angst vor den näher rückenden Sowjetsoldaten wuchs von Tag zu Tag. Sie erzählte mir, dass sie an einem kalten Wintertag Ende 1944 vor ihrem Haus im IX. Bezirk von einem deutschen Soldaten um eine Zigarette gebeten wurde. Er war der Fahrer eines Lazarettbusses, der verwundete Soldaten Richtung Westen brachte. Meine Mutter erzählte von ihrer Angst und dass sie nicht wüsste, wie sie Wien verlassen sollte. Der Fahrer machte ihr das Angebot, sie versteckt im Bus mitzunehmen, allerdings müsste sie in einer halben Stunde wieder da sein. Sie rannte in die Wohnung, packte einen kleinen Koffer voll mit Zigaretten. Für wärmere Kleidung war kein Platz mehr. Sie verließ Wien im Lazarettbus. Wie die Flucht genau verlief, weiß ich nicht. Sie war eine Odyssee. Im Februar 1945 überlebte meine Mutter die verheerenden Luftangriffe auf Dresden, bei denen große Teile der Stadt in Trümmer gelegt wurden und Zehntausende starben, im dortigen Bahnhof. Dann ging es weiter über die Elbe gen Westen – nur nicht den Russen in die Hände fallen! Sie hatte von den massenhaften Vergewaltigungen der sowjetischen Soldaten auf ihrem Vormarsch Richtung Westen gehört, die nationalsozialistische Propaganda tat ihr Übriges. Von den anderen alliierten Soldaten waren Gewalttaten in einem solchen Ausmaß nicht bekannt.

Meine Mutter erreichte im April 1945 das Ruhrgebiet und fand ihren Vater, aber sie konnte nicht bleiben und bekam auch keine Aufenthaltsgenehmigung, weil in ihren Papieren immer noch Wien als Wohnort genannt war. Sie musste zurück. Im August 1945 ist sie in der oberösterreichischen Gemeinde Attnang-Puchheim, etwa auf halbem Weg zwischen Salzburg und Linz, gemeldet. Neun Monate hatte sie seit ihrer Flucht aus Wien auf der Straße gelebt, allein, ohne Wissen von ihrem Mann und in ständiger Angst vor Vergewaltigungen. Das hat sie mir immer und immer wieder erzählt.

Meinen leiblichen Vater, einen amerikanischen Offizier, muss sie in Salzburg getroffen haben. Sie hat mir gegenüber nie von einem bestimmten Mann gesprochen, sondern immer nur allgemein von amerikanischen Soldaten, die sie entkräftet am Salzburger Bahnhof fanden und mit nach Oberösterreich nahmen. Wahrscheinlich begann die Beziehung aber schon in Salzburg, denn in dem völlig zerstörten Attnang-Puchheim, das noch am

21. April 1945 einen dramatischen Luftangriff der Amerikaner erlebte, hätte sie auf sich allein gestellt keine Wohnung gefunden. Sie wurde durch die US-Militärregierung in die Wohnung einer ortsansässigen Familie eingewiesen, die nach dem Bombenangriff im April schon Verwandte aufgenommen und kaum Platz für sich selbst hatte. Doch US-Soldaten und Offiziere beschlagnahmten den wenigen noch verbliebenen Wohnraum für ihre Zwecke. Und meine Mutter stand offenbar unter deren Schutz. Im November 1946 wurde ich dort geboren. Mein Vater war schon im Frühjahr 1946 in die USA zurückgekehrt. Als Deutsche musste meine Mutter mit mir Ende 1947 Oberösterreich verlassen.

Aus den vielen Erzählungen anderer Besatzungskinder weiß ich heute, dass meine Mutter ihr Schicksal mit vielen Frauen teilte. Hundertausende Menschen waren 1945 teilweise monatelang auf der Flucht beziehungsweise auf der Suche nach einem neuen Heim. Anna P. wurde im Mai 1945 aus dem nun wieder tschechoslowakischen Sudetenland mit der ganzen Familie vertrieben, mit drei kleinen Kindern, zwei jüngeren Schwestern und den alten Eltern. Monatelang war die Familie unterwegs, bis sie im Spätsommer 1945 in der Nähe von Kassel eine Bleibe fand. Um die Familie mit dem Notdürftigsten zu versorgen, suchte sie Arbeit bei den in der Nähe stationierten Amerikanern. Sie half in der Küche und verliebte sich in einen jungen GI. Bevor sie noch von ihrer Schwangerschaft wusste, war der junge Soldat schon versetzt. Sie kannte nur seinen Namen und hörte nie wieder von ihm.

Das anfängliche Feindbild von den Deutschen hielt nach Kriegsende nicht lange. Die Besatzungssoldaten empfanden Mitleid mit den hungernden Frauen und Kindern in den zerstörten Städten und Gemeinden. Beziehungen zwischen Soldaten und einheimischen Frauen in Deutschland wie in Österreich entstanden in allen Besatzungszonen, insbesondere zu einquartierten alliierten Soldaten. Durch die räumliche Nähe, im selben Haus oder in der

Nachbarschaft, kam es zwangsläufig zu mehr oder weniger intensiven Kontakten, auch wenn das die Militärregierungen überwiegend zu Anfang durch Fraternisierungsverbote beziehungsweise eine konsequente Antifraternisierungspolitik zu verhindern suchten (siehe den Beitrag von Sabine Lee).

Die ältere Bevölkerung verhielt sich generell abweisender gegenüber den Soldaten. Die Jüngeren hatten weniger Scheu. Hier waren beide Seiten eher neugierig aufeinander und hatten lange die Nähe zum anderen Geschlecht entbehrt. Die Sprachbarriere spielte kaum eine Rolle, man verstand sich auch ohne Worte. Schon bald nach Kriegsende gab es die ersten Tanzveranstaltungen, zu denen die Frauen anfangs zögernd, aber dann zunehmend begeistert gingen. Der Swing der amerikanischen Big Bands half, die Scheu zu überwinden. Endlich konnten sie wieder Mensch sein, konnten mit allen Bedürfnissen, und dazu gehörten auch die sexuellen Wünsche, in die Normalität zurückkehren. Zuhause wurden die Kontakte anfangs nicht gern gesehen, aber auch diese Abneigung legte sich, und die Soldaten wurden, wenn sie Freundschaft geschlossen hatten, nach Hause eingeladen.

Viele Frauen hatten traumatische Erfahrungen gemacht, die sie für ihr ganzes weiteres Leben prägten. »Zukunft« war für diese Frauen, wie für den überwiegenden Teil der Bevölkerung, in den ersten Nachkriegsmonaten ein überflüssiges Wort. Wichtig waren nur der nächste und übernächste Tag; ob man etwas zu essen hatte und vielleicht noch etwas zum Heizen, denn der Winter 1945/1946 war bitterkalt.

Es fehlte an allem. Unter diesen Umständen hatten viele Frauen ein wenig Glück und Zuneigung gesucht, hatten vielleicht gehofft, es könne bleiben, nur um dann umso bitterer das Gegenteil zu erfahren. Es gab in der deutschen und österreichischen Nachkriegsgesellschaft in allen vier Besatzungszonen nicht das geringste Verständnis dafür, dass diese Frauen sich nach allem, was sie erlitten hatten, für ein paar Stunden in den Armen eines jungen, sympathischen Soldaten hatten ausruhen und vergessen wollen, ohne sich über die eventuellen Folgen Gedanken zu machen. In ihrem Umfeld wurden sie verurteilt. Sie hatten sich durch die »Liebelei« doch selbst in diese Lage gebracht. Da wurde schnell vergessen, dass von den geschenkten Waren wie Kaffee, Zigaretten und Seidenstrümpfen zuvor vielleicht die ganze Familie profitiert hatte. Kam ein Kind, wollte man davon häufig nichts mehr wissen. Jetzt hatte eine solche Frau Schande über die Familie gebracht.

In ihrer existenziellen Not gaben viele dieser Mütter ihre neugeborenen Kinder in andere Hände. Wenn es eine Großmutter gab, war das trotz aller Konflikte meist noch der für das Kind beste Weg. Aber wenn die Frauen Flucht und Vertreibung allein überlebt hatten und am Ende ihrer Kräfte waren, blieben nur noch ein Heim oder eine andere Familie. Im Badischen geschehen, Anfang 1946: Eine junge Mutter bringt wenige Wochen nach der Geburt ihres kleinen Jungen diesen Sohn in ein Heim und stirbt selbst kurze Zeit danach. Ihr Sohn erfährt später, dass seine Mutter verhungerte und ihrem Baby das gleiche Schicksal ersparen wollte. Was muss diese junge Frau erlitten haben?

In einem anderen Fall strandet eine 22-jährige Frau im Januar 1946 ohne Familienangehörige nach der Flucht aus Königsberg im bayerischen Ansbach. Sie findet Arbeit in einer amerikanischen Kaserne und verliebt sich in einen jungen farbigen GI. Die Beziehung bleibt nicht ohne Folgen, und im September 1947 wird ihre kleine Tochter geboren. Der Soldat ist zu diesem Zeitpunkt schon wieder zurück in Amerika. Er schickt Pakete, schreibt Briefe, er will sie heiraten, aber er bekommt keine Heiratsgenehmigung. Die junge Frau stirbt 1955 an Multipler Sklerose, ihr Kind wird 1957 von einem afroamerikanischen Ehepaar in den USA adoptiert.

An den genannten Beispielen möchte ich deutlich machen, in welchen schwierigen, manchmal ausweglosen Situationen sich die Mütter der Besatzungskinder befanden. Sie hatten in ihrer Jugend viel Krieg und Leid erfahren und bisher wenig vom Leben gehabt und vielleicht die Hoffnung, nun mit einem geliebten Menschen gemeinsam ein neues Leben beginnen zu können. Diese Hoffnung ging fast nie in Erfüllung. Entweder kamen die versprochenen Briefe nicht, oder sie wurden von den Familienangehörigen unterschlagen. Das ist im Übrigen im umgekehrten Fall auch in Amerika mit Briefen aus Deutschland oder Österreich geschehen und häufig – wenn überhaupt – erst Jahrzehnte später ans Licht gekommen, wenn etwa Briefe oder Fotos des »Girlfriends« mit und ohne Baby im Nachlass vor allem der Mutter des GIs gefunden wurden. Die Söhne waren wohlbehalten aus dem Krieg zurückgekehrt, eine Schwiegertochter aus Europa war nicht erwünscht.

Doch selbst wenn einer jungen Mutter mit ihrem Besatzungskind der Sprung in die Heimat des Kindsvaters gelang, war das Glück alles andere als vorprogrammiert. Eine junge Frau, 1924 in Ungarn geboren und als Flüchtling mit der Familie Ende 1945 in Oberösterreich angekommen, verliebte sich in einen jungen GI, den sie in der Kaserne, in der sie als Küchenhilfe arbeitete, kennengelernt hatte. Als sie schwanger wurde, beantragte der Soldat bei der Militärregierung die Heirat. Es dauerte Monate, bis die notwendigen Papiere zur Heirat und Einreise vorhanden waren. Das war 1948, das Fraternisierungsverbot war schon Jahre aufgehoben worden, aber es galt trotzdem viele bürokratische Hürden zu überwinden. Gegen den Wunsch ihrer Eltern reiste die junge Frau mit dem Baby, das im Dezember 1947 geboren worden war, ihrem Mann in die Staaten nach. Sie war eine von etwa 14 000 »Kriegsbräuten« in Deutschland und 4000 bis 5000 in Österreich, die sich zwischen 1947 und 1950 in Amerika ein besseres Leben erhofften und nicht selten ein böses Erwachen erlebten. Die Ankunft auf der Farm in Missouri wurde für die junge Frau zum Albtraum. Es gab kein fließendes Wasser, das Haus der Familie glich eher einer Hütte, das Baby wurde ihr von der amerikanischen Großmutter entfremdet, weil sie keinen Moment der Ruhe für ihr

Kind aufbringen konnte. Sie wurde zum Baumwollpflücken auf den Feldern eingeteilt. Vom Ehemann und dessen Brüdern wurde sie geschlagen, wenn sie die Arbeit nicht zu deren Zufriedenheit erledigte, und dabei schwer verletzt. Sie durfte nicht einmal am Sonntag in die Kirche zum Gottesdienst. Es gab keinen Weg zurück, sie hatte kein Geld und ließ ihre Eltern in Österreich im Glauben, sie hätte alles so wunderbar vorgefunden wie erwartet.

Erst 50 Jahre später offenbart sie sich ihrer amerikanischen Enkelin. Diese versteht nun, warum die Großmutter ein Leben lang so unnahbar war, eine eiskalte, energische Person. Sie war keine Oma gewesen, die man liebhaben konnte. Erst der Enkelin gelang es, mit ihrer Sensibilität die Großmutter zum Sprechen zu bringen.

Rückblickend darf man vor dem Hintergrund solcher Erfahrungen sagen: Es war in den vielen Fällen gut und vernünftig, in Deutschland oder Österreich zu bleiben und nicht den Weg zum Kindsvater zu suchen.

Wurden die Soldaten versetzt und suchten die jungen Frauen ihre Freunde, gab es keine Möglichkeit, über die jeweilige Militärbehörde den Aufenthaltsort des Soldaten zu erfahren. Auch wenn sie schwanger waren und um Hilfe baten, wurden sie abgewiesen. Das war in allen vier Besatzungszonen gleich. Dann standen sie vor fast unüberwindlichen Problemen. Was sollten sie tun – schwanger, mittellos und von der Familie oftmals verachtet? Das geborene Kind bekam auf der Geburtsurkunde vermerkt: »Vater unbekannt«. Selbst wenn die Frauen den Namen des Vaters kannten, verschwiegen sie ihn meistens. Viele Frauen hatten Angst davor, dass ihnen das Kind vom Jugendamt weggenommen werden könnte. Waren sie nicht volljährig, also über 21 Jahre alt, erhielt das Kind einen Vormund und wurde als uneheliches Besatzungskind registriert. Das konnte man nur umgehen, indem bei nicht volljährigen Müttern die eigenen Eltern, sprich Großeltern, die Vormundschaft übernahmen. Dann aber konnte es zu anderen Konflikten kommen: Die Mütter hatten keine Möglichkeit, sich gegen die Eltern beziehungsweise Großeltern durchzusetzen, und verloren häufig ihren Einfluss auf das Kind und dessen weitere Entwicklung. Der einzige Ausweg schien für viele, rasch einen Mann zu finden, der sie heiratete. Dabei haben Eltern und Verwandte eine nicht unerhebliche Rolle gespielt, sie drängten oftmals auf eine Heirat.

Manchmal blieben die Besatzungskinder nach so einer Eheschließung dennoch bei den Großeltern und fanden lebenslang keine emotionale Bindung mehr zu ihrer eigenen Mutter. Wenn sie in die neue Familie der Mutter kamen, manchmal auch gegen ihren Willen, waren zwei Erfahrungen möglich: Entweder wurde der neue Mann zu einem echten Vater, der sich bemühte, das uneheliche Kind seiner Frau anzunehmen. Oder aber er wurde zum ungeliebten Stiefvater, der das uneheliche Kind immer spüren ließ, dass es nicht dazugehörte. Dieses Gefühl wurde durch jüngere Geschwister häufig verstärkt. Sehr viele Besatzungskinder berichten davon.

Die Mütter waren in ständigen Auseinandersetzungen hin- und hergerissen. Sie konnten sich nur schlecht wehren, sie mussten froh sein, endlich den Ruf als leichtes Mädchen, als Flittchen mit der Heirat abgelegt zu haben. Von glücklichen Ehen der Eltern erzählt kaum ein Besatzungskind, eher vom Gegenteil. Viele Besatzungskinder erlebten männliche Gewalt gegen die Mutter und auch gegen sich, nicht selten in Verbindung mit Alkoholmissbrauch. In den Nachkriegsjahren hatten Frauen generell weniger Möglichkeiten, sich dagegen zu wehren. Eine Ehe schien immer die beste Lösung, auf jeden Fall das kleinere Übel zu sein. Zweckehen, wie man sie nennen möchte, waren an der Tagesordnung.

Viele Mütter von Besatzungskindern sind auch nie wieder eine dauerhafte Beziehung eingegangen. Warum sind sie mit der Ver-

Zwei russische Soldaten belästigen eine Frau, Leipzig, 1945/1946

Afroamerikanische Soldaten und deutsche Frauen. Aus dem Fotoalbum eines nach Kriegsende in Berlin stationierten GIs. Bildunterschrift im Original: »A Group from the SkyLiner«

antwortung für das Kind und sich selbst lieber allein geblieben? Wollten sie dem Kind einen Stiefvater nicht zumuten und haben es deshalb vorgezogen, das weitere Leben allein zu meistern? Vermutlich waren sie auch als »Heiratskandidatin« aufgrund ihrer Vorgeschichte in den Augen vieler Männer und deren Familien nicht attraktiv. Für die alleinerziehenden Mütter war es ein besonderer Kraftakt, sich und das Kind durchzubringen. Sie mussten für den Lebensunterhalt sorgen und waren gleichzeitig allein für die Betreuung des Kindes verantwortlich.

Wenn es keine Hilfe vonseiten der Familie gab, beispielsweise weil keine Familie da war, mussten ihre Kinder notgedrungen in einem Kinderheim untergebracht oder zumindest tagsüber bei Nachbarn oder Bekannten in Pflege gegeben werden. Der tägliche Kampf ums Überleben hat sehr viele dieser Frauen hart werden lassen. Das erklärt vielleicht ihr Schweigen gegenüber den Kindern über den wahren Vater.

Übrig blieben die Erinnerungen an einen Mann, oft der erste in ihrem Leben. Viele Mütter aber wollten vergessen, was passiert war, viele wurden dazu gezwungen. Von ihren Ehemännern wurden manche genötigt, das wenige, was sie als Erinnerung besaßen, wie Fotos oder Briefe, zu vernichten. Manchmal konnten sie das umgehen und haben ihren Kindern mehr oder weniger freiwillig solche Erinnerungsstücke hinterlassen. Oder sie haben diese Dinge gehütet und versteckt. Solche »Schätze« werden nach dem Tod der Mutter nicht selten in Schränken, Kisten oder alten Taschen gefunden. Für das jeweilige Besatzungskind eine Chance, den unbekannten Vater zu finden. Dann stellt es sich die Frage: Hat meine Mutter das für mich aufgehoben? Warum hat sie es mir nicht selbst gegeben, wenn ich sie nach meinem Vater gefragt habe? Hatte sie es vielleicht längst vergessen? Auf diese Fragen gibt es keine Antwort mehr.

Die erste Gruppe deutscher Frauen, die sich mit britischen Soldaten verlobt hatten, treffen in England ein, Croydon bei London, 14. Juni 1947

Bis heute verweigern viele noch lebende Mütter ihrem Besatzungskind die Antwort auf die Frage nach dem Vater. Sie sind inzwischen hochbetagt, Ende 80 oder Anfang 90, sie behaupten oft, keine Erinnerung an damals zu haben. Doch wenn ein Kind ohne ihre Hilfe den Vater oder Halbgeschwister gefunden hat, dann öffnen sich Herz und Mund, dann sind angeblich vergessene Erinnerungen sehr präsent. Auf einmal erzählen viele bereitwillig von der allerersten Begegnung, wie verliebt man ineinander war, was man sich alles versprochen hatte. Es kann auch für die Mütter eine Erlösung sein, das selbstauferlegte Schweigen und Verdrängen aufgeben zu können.

So ist nach vielen Jahren zwischen Mutter und Kind noch eine Annäherung möglich. Viele Besatzungskinder haben die Liebe und Zuneigung der Mutter immer gesucht und sich deren Distanz lange nicht erklären können. Wenn sie aber die genauen Umstände der Zeit und Begegnung mit ihrem leiblichen Vater erzählt bekommen, haben sie alle Verständnis für ihre Mütter.

Die Väter – Besatzungssoldaten in Deutschland und Österreich

Wir wissen über die Väter, die Besatzungssoldaten, nur wenig. Die meisten von ihnen sind inzwischen tot. Finden Besatzungskinder noch ihre Väter, sind diese oft schon um die 90 Jahre alt. Über ihre Kriegserlebnisse und auch über ihr Leben unmittelbar nach dem Krieg wollten und wollen sie meist nicht sprechen. Das deckt sich mit dem Verhalten der deutschen Wehrmachtsväter.

Für viele Menschen in Deutschland und Österreich kamen die Besatzungsmächte als Befreier vom Naziregime, aber die Mehrzahl der Bevölkerung sah in ihnen Feinde. Oft waren die alliierten Truppen betroffen von dem Ausmaß der Zerstörung, die ihre jahrelangen Luftangriffe angerichtet hatten. Sie hatten, mit Ausnahme der Amerikaner, im eigenen Land Krieg und Besatzung der deutschen Wehrmacht erlebt, und viele der alliierten Soldaten hatten Verluste in der eigenen Familie zu beklagen. Sie waren von ihren Regierungen in den Krieg geschickt worden, um dem Hitlerregime ein Ende zu machen, und häufig waren sie zu Beginn voller Hass und Wut auf alles, was deutsch war.

Als die alliierten Truppen 1945 vorrückten beziehungsweise dann nach Kriegsende als Besatzungsarmeen stationiert wurden, musste für die Unterbringung einer sehr großen Zahl von Soldaten gesorgt werden. Es fehlten zu diesem Zeitpunkt bei den Besatzungsmächten Strukturen für die Unterbringung ihrer Truppen. Die deutschen Wehrmachtskasernen standen nicht sofort zur Verfügung. So wurden Häuser, Wohnungen, Hotels und Gast-

Rotarmist (l.) und GI in Berlin, vermutlich 1945

Ein sowjetischer Soldat versucht, einer Frau ihr Fahrrad abzunehmen, Berlin, Mai/Juni 1945

häuser beschlagnahmt, ohne Rücksicht auf die darin wohnenden Menschen. Besonders in den zerstörten Städten, in denen nur noch ein Bruchteil der Häuser bewohnbar war und die mit zurückkehrenden Evakuierten und Flüchtlingen restlos überfüllt waren, fiel es schwer, die überfallähnlichen Räumungen der Sieger zu ertragen. Offiziere suchten sich die Villen aus, und die Soldaten machten sich auf die Suche nach Wohnungen. Zeitzeugen beschreiben, mit welcher Gewalt die Soldaten zum Teil ihre Quartiere in Beschlag nahmen und nach Wochen oder Monaten häufig verwüstet wieder verlassen haben. Die Bewohner mussten innerhalb von Minuten oder Stunden alles zurücklassen und wurden oft obdachlos. Insbesondere in der SBZ und dem sowjetischen Sektor von Berlin waren die Verhältnisse vor der Kasernierung der sowjetischen Soldaten 1947 sehr schwierig.

Kontakte entstanden unter anderem dadurch, dass alliierte Soldaten von deutschen oder österreichischen Frauen verlangten, ihre Wäsche zu waschen, zu bügeln, auszubessern und teilweise auch für sie zu kochen. Das war für viele Frauen eine Möglichkeit, die eigene Notlage, sei es mit Seife und Waschmitteln, aber auch mit Nahrungsmitteln zu verbessern. Zusätzlich gab es als Bezahlung unter anderem Zigaretten, Kaffee oder Schokolade. Besonders die amerikanischen GIs waren großzügig und besonders beliebt und suchten den Kontakt. Diese jungen, gut aussehenden Männer mit ihrem amerikanischen Slang und den lässigen Bewegungen wurden von den jungen deutschen und österreichischen Mädchen und Frauen bewundert, wenn sie sich in ihrer Freizeit auf Entdeckungsreise an ihren Standorten machten. Bald schon hatte jeder sein »Fräulein«. Wer sich mit ihnen anfreundete, dem war es bald möglich, mit Geschenken wie Zigaretten, Kaffee und Seidenstrümpfen als Währung für sich und die Familie die Notlage zu verbessern. Die anderen Besatzungssoldaten hatten das meistens nicht zu bieten. Auch vor den afroamerikanischen GIs verlor die Bevölkerung schnell die anfängliche Scheu. Für viele Menschen war es das erste Mal, dass sie einen »Neger« sahen, aber gerade die waren besonders freundlich, vor allem an Kinder verschenkten sie großzügig Schokolade und Kaugummi.

Die Besatzungssoldaten waren unübersehbar und prägten in jeder Stadt und in allen Regionen das Bild. In den Besatzungszonen wurde alles von den Militärregierungen bestimmt. Die einheimische Bevölkerung hatte zunehmend Vorteile durch sie, und die Alliierten waren auf ihre Mithilfe, Unterstützung und ihre Fähigkeiten angewiesen. Männer und Frauen arbeiteten für die Militärregierungen als Dolmetscher, Bürokräfte, Küchenhilfen, Fahrer, Mechaniker, in den Clubs als Bedienung und auch als Musiker. Offiziere konnten ihre Frauen und Kinder nachholen, und es entstanden meistens in besten Wohnlagen neue Häuser, die nur für die Offiziersfamilien der Besatzungsmächte vorgesehen waren. Die Militärregierungen mussten in Städten und Gemeinden die Infrastruktur wieder aufbauen, sie brauchten Politiker und Mitarbeiter im öffentlichen Dienst, die politisch unbelastet waren. Es wurden neue Rundfunkstationen eingerichtet und bald auch die ersten Zeitungen gedruckt. So verbesserte sich die Gesamtlage der Not leidenden Zivilbevölkerung im Westen zusehends.

Alle Militärregierungen richteten sehr schnell zur Unterhaltung ihrer Soldaten Clubs ein, in denen es Musik und Tanz gab. Die ersten Tanzveranstaltungen gab es unmittelbar nach der Kapitulation überall im besetzten Deutschland und in Österreich. Einheimische Frauen waren bei den Soldaten und Offizieren beliebt und willkommen. Die Clubs wurden gesondert geführt für Offiziere, Unteroffiziere und Mannschaften, und es gab eine strikte Trennung zwischen weißen und afroamerikanischen Soldaten. Auch amerikanische Soldaten aus Puerto Rico hatten ihre eigenen Clubs. Die öffentlichen Gaststätten und Tanzlokale wurden von den meisten alliierten Soldaten jedoch lieber besucht. Sie boten eine größere Freiheit, um Frauen kennenzulernen, und es entstanden Freundschaften auch zu jungen einheimischen Männern, die meist nicht Soldat gewesen sein konnten.

Wahrscheinlich erlebten die Besatzungssoldaten nach dem Krieg ihre Stationierung in Deutschland und Österreich bis zu einem gewissen Grad als Erholung. Die meisten waren zum ersten Mal in einem fremden Land. Es ergaben sich viele Gelegenheiten, Einheimische kennenzulernen. Ehen wurden geschlossen, Kinder geboren und Freundschaften geschmiedet, die oft lebenslang Bestand hatten. Die persönlichen Begegnungen der einst so verfeindeten Nationen haben nach Kriegsende zu einer Vermischung von Menschen geführt, die vorher undenkbar war. Bob F., bei Kriegsende ein 19-jähriger GI, hat mir von seinen deutschen Freunden erzählt, die er 1945 fand, als er in Kempten im Allgäu stationiert war. Diese Freundschaft wurde von beiden Seiten über Jahrzehnte gepflegt. Noch bis Anfang 2000 besuchte Bob mit seiner Frau regelmäßig Deutschland und freute sich über den Gegenbesuch seiner Allgäuer Freunde, die mit Kindern und Enkelkindern mehrfach in seinem Haus in Ohio zu Gast waren. Ähnliche Erfahrungen haben sicherlich nicht wenige Soldaten der alliierten Besatzungstruppen gemacht, insbesondere Amerikaner. US-Veteranenverbände besuchen häufig ihre ehemaligen Standorte in Deutschland und Österreich, die sie meist in guter Erinnerung haben.

Die afroamerikanischen Soldaten der US-Armee, innerhalb der Armee streng getrennt von ihren weißen Kameraden, erlebten in Europa ein Maß an Freiheit, das in ihrem eigenen Land undenkbar war. Hier konnten sie sich frei bewegen und ohne Strafandrohung auch zu weißen Frauen eine Beziehung haben. In Amerika war es ihnen nicht erlaubt, sich mit einer weißen Frau öffentlich zu zeigen, und eine Eheschließung zwischen gemischten Paaren war strafbar. Der deutsch-amerikanische Dokumentarfilm »Ein Hauch von Freiheit«, im Dezember 2014 im Fernsehen auf ARTE gesendet, führt die Anfänge der amerikanischen Freiheitsbewegung sogar auf die Erfahrungen der afroamerikanischen GIs während ihrer Dienstzeit zurück, als sie in Europa als gleichberechtigte Menschen leben konnten. Der ehemalige US-Außenminister Collin Powell sagt in dem Film, dass es ihm unvergesslich sei, wie er als junger GI in Deutschland unbehelligt in einem Postamt Briefmarken kaufen konnte.

Wie sich die Lebensläufe der Besatzungssoldaten nach dem Krieg entwickelten, nachdem sie in ihre Heimat zurückgekehrt waren, darüber wissen wir kaum Genaues und Allgemeinverbindliches. Aus den wenigen Informationen der gefundenen Besatzungsväter wird aber deutlich, wie schwierig das Leben nach dem Krieg im eigenen Land für viele ehemalige Soldaten, darunter auch die Väter der Besatzungskinder, war. Viele dieser Männer waren ohne Berufsausbildung sehr jung Soldaten geworden und mussten sich nach der Entlassung aus der Armee unter großen Schwierigkeiten Arbeit suchen. Die wirtschaftlichen Voraussetzungen waren in den anderen europäischen Ländern kurz nach dem Krieg oft so schlecht wie in Deutschland. Und selbst in den USA, die den Krieg im eigenen Land nicht erlebt hatten, meldeten sich viele junge Soldaten nach dem Ende ihrer Dienstzeit erneut freiwillig zur Army, weil sie keine Arbeit fanden. Oft war das mit der Hoffnung verbunden, nach Deutschland oder Österreich zurückkehren zu können. Zum Teil gelang ihnen das, doch viele wurden stattdessen in den Koreakrieg geschickt.

Man muss davon ausgehen, dass sehr viele der Besatzungsväter nicht wussten, dass sie ein Kind zurückließen. Entsprechend schwierig ist es, sie Jahrzehnte später über einen Sohn oder eine Tochter zu informieren. Manche lehnen es rundweg ab, diese Möglichkeit in Betracht zu ziehen. Andere wussten zwar von ihren Kindern, verdrängten diese Tatsache aber und sind im hohen Alter nur schwer dazu zu bewegen, diese Haltung noch einmal zu ändern. Christa S. aus Österreich beispielsweise hat viele Versuche unternommen, ihren amerikanischen Vater davon zu überzeugen, dass sie seine Tochter ist. Ihre Briefe wurden nicht beantwortet. 2005 flog sie in die USA nach Tennessee, um ihren Vater persönlich zu sprechen. Sie reiste unverrichteter Dinge wieder ab. Ein Jahr später konnte sie eine Halbschwester über das Internet kontaktieren, die den Vater dazu bewegte, sich der Vergangenheit zu stellen. 2006 konnte Christa ihm persönlich begegnen. Er hatte Österreich verlassen, als Christas Mutter hochschwanger war, und wusste also von dem Kind, wollte sich aber im Alter von 88 Jahren damit nicht mehr auseinandersetzen. Christa ist froh, dass ihre jahrzehntelange Suche ein Ende gefunden hat, eine wirkliche Nähe zum Vater fand sie nicht.

Aber es gibt auch ganz andere Erfahrungen, Besatzungsväter, die sich um ihre Kinder kümmern wollten, es aber aus unterschiedlichen Gründen nicht konnten: Ein amerikanischer Soldat etwa erhielt nach großem Bemühen endlich die Heiratspapiere für seine Geliebte in Österreich und die Einreisegenehmigung für sie und das inzwischen geborene Kind. Aber er wartete vergeblich auf sie. Seine Briefe wurden nicht mehr beantwortet. Eine Schwester der Geliebten hatte den entscheidenden Brief samt den Flugtickets abgefangen und zerrissen, was sie Jahrzehnte später gestand. Sie wollte die Übersiedlung in die USA verhindern. Die Geliebte wartete mehrere Jahre auf Nachrichten aus Amerika. Dann heiratete sie einen anderen Mann, um ihrer Tochter ein gutes Zuhause zu geben. Ellen, die Tochter, fand ihre Halbgeschwister 2013. Alle hatten von ihr gewusst. Der inzwischen verstorbene Vater hatte seine unglückliche Liebe in Oberösterreich nie vergessen und seinen Kindern davon erzählt.

Ein russischer Soldat, 1945 bis 1947 in Berlin stationiert, hat seiner Familie in St. Petersburg immer von seiner großen Liebe zu einer deutschen Frau namens Maria erzählt und von ihrem gemeinsamen Kind. Er versuchte offenbar, mit ihr in Kontakt zu bleiben, warum das nicht gelang, bleibt ungewiss. Seit Anfang 2014 versucht seine Enkelin, die heute in Erfurt lebt, dieses deutsche Kind ihres Großvaters zu finden. Die gesamt Familie in St. Petersburg hofft, dass es gelingt.

Die Kinder – Das schwierige Leben ohne oder mit dem »falschen« Vater

Es gehört zu den schwersten seelischen Traumata, wenn Kinder über ihre wahre Herkunft getäuscht werden. Es ist ein Grundrecht jedes Kindes, zu wissen, woher es kommt. Das Wissen, wer unsere Eltern sind, bildet die Grundlage unserer Identität. Die Frage nach der eigenen Identität – »Wer bin ich?« – findet ihre erste Antwort in der Beantwortung der Frage: »Wer sind meine Eltern? Wo komme ich her?« Denn die Eltern verbinden uns mit der Generationsfolge. Wenn ich weiß, wer meine Eltern sind, weiß ich, dass ich Vorfahren habe.

Victor Chu, Arzt und Diplompsychologe, in seinem Buch »Lebenslügen und Familiengeheimnisse«, S. 178

Das Leben ohne Vater

Die Besatzungskinder standen am Rand der Nachkriegsgesellschaft, weil um ihre Herkunft ein Geheimnis gemacht wurde. Sie fühlten sich weniger akzeptiert, innerhalb und außerhalb der Familie. Im Umgang mit anderen Menschen waren sie oft zurückhaltender und scheuer als gleichaltrige Kinder. Warum das so war, konnten sie sich häufig selbst lange nicht erklären; bis zur Entdeckung, aus einer nichtehelichen Beziehung zu stammen und einen »Besatzungsvater« zu haben.

Das Urvertrauen, das für jedes Kind eine wesentliche Basis für das spätere Leben ist, wurde den meisten Besatzungskindern nicht vermittelt. Sie haben sich um Selbstvertrauen bemüht und sind doch oft gescheitert. Das hat Spuren hinterlassen, die teilweise ein Leben lang nachwirkten, und ist unbewusst auf die nachfolgende Generation, die Kinder der Besatzungskinder, übertragen worden.

Kinder brauchen für ihre Entwicklung eine Mutter und einen Vater. Ohne Vater oder mit einem Stiefvater sind Tausende von Kindern nach dem Krieg aufgewachsen. Besonders war die Situation der Besatzungskinder insofern, als ihre Väter schlicht nicht existierten. Väter, die gefallen waren, vermisst wurden oder sich noch in Kriegsgefangenschaft befanden, waren trotz ihrer Abwesenheit präsent. Die Kinder trugen ihre Namen, es gab Fotos. Vor allem wurde in der Familie vom Vater erzählt. Oftmals voller Stolz und Liebe. Über die Besatzungsväter dagegen wurde in den allermeisten Fällen geschwiegen. Sie hatten keinen Namen und kein Gesicht. Die wenigsten Besatzungskinder hatten den Mut, die Mutter oder andere Familienangehörige nach dem Vater zu fragen. In Gedanken haben sich viele aber von klein auf unentwegt mit dem Vater beschäftigt. Viele Besatzungskinder erzählen, dass sie sich in der Schule und auch noch im späteren Berufsleben davor fürchteten, nach ihrem Vater gefragt zu werden. Jeder hat doch einen Vater. Manche Besatzungskinder haben selbst ihren späteren Ehepartnern und Kindern ihre Gefühle, Gedanken und Vermutungen zum Vater verheimlicht.

»Es ist ein ontologisches Gesetz, das die Abstammung von einer Mutter und einem Vater sich in unserem Bewusstsein festschreibt und unsere Stellung in der Welt unbewusst begleitet. Daher gehört das Wissen über unsere Abstammung zum Beweis unserer Existenz. Nur so erklärt sich die starke Sehnsucht nach dem Vater.« (Der Psychoanalytiker Horst Petri über die »Seelischen Folgen der Vaterentbehrung und ihre Verarbeitung bei Frauen«, in dem Buch »Vatersuche« von Ingeborg Bellmann und Brigitte Biermann, S. 49.)

Gerade in den letzten Jahren wurden viele Besatzungskinder durch Zeitungsartikel oder Fernsehberichte auf das jahrzehntelang verschwiegene Thema und ihr eigenes Schicksal aufmerksam gemacht. Sie fanden in den Berichten anderer immer wieder Parallelen zu ihren eigenen schmerzvollen Erfahrungen. Alle Besatzungskinder sprechen davon, dass es eine Befreiung war, zu erkennen, dass sie mit ihrer Geschichte nicht allein waren. Hinzu kam die Hoffnung, es könnte nun möglich sein, die eigene Herkunft aufzuklären. Mit der Suche und dem Finden des Vaters ist immer auch die Erwartung verbunden, sich endlich von belastenden Familiengeheimnissen zu befreien. Viele Besatzungskinder hatten und haben die Hoffnung, dass sie ihre Identitätsprobleme mit dem Auffinden des Vaters besser bewältigen könnten.

Margot J. beispielsweise wurde es erst in der Schule so richtig bewusst, dass sie keinen Vater hatte. Sie wuchs mit der Mutter und der Großmutter auf. Beide Frauen verloren über den Vater nie ein Wort. Margot beneidete die Schulkameraden um ihre Familien, die eigene schien ihr nicht vollständig. Sie sagt nachdenklich: »Vielleicht war ich deshalb so schüchtern. Ich habe mich nie getraut, mich zu wehren. Ich habe immer alles als gegeben hingenommen und wollte nicht auffallen und wollte es immer allen recht machen. Aber ich war oft sehr traurig und wusste damals gar nicht so richtig, warum. Meine Mutter und Oma waren gut zu mir und haben mich, so weit es ihnen möglich war, verwöhnt. Trotzdem war ich nicht glücklich und habe mir immer viele Gedanken gemacht, auf die ich als Kind keine Antwort wusste.«

Was ist mit den Menschen, die bis heute, im Rentenalter, nicht einmal wissen, dass ihr Vater ein alliierter Soldat war? Es gibt Fälle, in denen Kinder erst nach dem Tod der Mutter von ihrer wahren Identität erfahren. Briefe, amtliche Dokumente oder Fotos, die über 60 Jahre versteckt wurden, werden bei der Haushaltsauflösung im Nachlass der Mutter gefunden. Manchmal sind

Margot Jung (l., Biografie ab S. 148), Mitte der 1950er Jahre

es auch Verwandte, die nach dem Tod der Mutter eher beiläufig von diesem Vater erzählen. Für viele Betroffene bricht eine Welt zusammen, das bisher gelebte Leben erscheint in einem völlig anderen Licht. Nichts scheint mehr zu stimmen. War das ganze Leben eine Lüge? Ich habe das selbst so erlebt, als eine Freundin mir an meinem 52. Geburtstag die Wahrheit über meinen amerikanischen Vater sagte, von dem ich bis dahin nichts gewusst hatte. Inzwischen kenne ich viele Besatzungskinder, denen es ebenso erging. Wie viele Menschen wird es geben, die bis heute noch nicht ihre wahre Herkunft kennen, die vielleicht nur erahnen, dass etwas in ihrer Herkunft nicht stimmen könnte?

Die alleinerziehenden Mütter brachten große Opfer für ihre Kinder. Sie mussten nicht nur allein für sie sorgen, sie waren auch häufig von der eigenen Familie ausgestoßen worden. Ein Besatzungskind erzählt davon, dass ihre Großmutter erst nach monatelangem Ringen mit ihrem Ehemann erreichte, die Tochter mit dem Baby wieder bei sich aufnehmen zu dürfen. Zuvor hatte der Ehemann die schwangere Tochter ohne Mitgefühl aus dem Haus gewiesen.

Die Mütter brauchten dringend eine Tagesbetreuung für ihre Kinder, damit sie arbeiten konnten. Wenn es in der Familie keine Unterstützung gab, blieben nur ein Kinderheim, ein Platz bei Pflegeeltern oder bei Nachbarn. In manchen Erzählungen ist es eine Familie, in der es auf ein weiteres Kind nicht ankam. Das war allerdings nicht kostenlos, die Mütter haben für die Betreuung meist bezahlen müssen. Helga H. etwa lebte mit ihrer Mutter und Oma zusammen. Ihre Mutter arbeitete in einer Fabrik und bestritt den Lebensunterhalt. Die ersten Jahre waren für die junge Frau besonders schwer, weil Helga ein »Brown Baby«, also die Tochter eines afroamerikanischen GIs war. In dem kleinen oberbayerischen Ort war die Mutter lange Zeit eine Außenseiterin. Mehrfach scheiterten Beziehungen, weil die Männer von ihr verlangten, sich von Helga zu trennen. Sie wollten kein farbiges Kind mitheiraten. Erst nach Helgas Heirat heiratete auch ihre Mutter.

In einem Fall war ein älteres Ehepaar hilfsbereit. Ihre Söhne waren im Krieg gefallen, und sie nahmen gern das kleine Mädchen der jungen Nachbarin tagsüber in Obhut. Vielleicht tröstete es sie etwas über den Verlust der eigenen Kinder hinweg. Irene S. erzählt: »Ich habe sogar Omi und Opi zu ihnen gesagt. Und einmal habe ich gebettelt, behaltet mich doch, mich will doch niemand.« Irene war damals fünf Jahre alt. Brigitte M. berichtet: »Ich lebte von Anfang an bei Nachbarn. Das waren für mich meine Großeltern, obwohl ich immer wusste, sie waren es nicht wirklich. Sie hatten meine Mutter und ihre Schwester als Flüchtlinge aufgenommen, beide ganz junge Mädchen, und als meine Mutter schwanger wurde, war klar, sie würden sich auch um das Baby kümmern. Zu meiner Mutter hatte ich nie eine Bindung, sie hat sich kaum um mich gekümmert. Die falschen Großeltern habe ich bis zu deren Tod geliebt. Sie waren in meine eigene Familie integriert und auch für meine Kinder ganz wichtig.«

Die Bindung zur alleinerziehenden Mutter wird von den Besatzungskindern unterschiedlich erzählt. Erich H.s Mutter arbeitete in der Küche einer amerikanischen Kaserne und kam am Abend todmüde nach Hause, aber Erich erinnert sich voller Dankbarkeit daran, dass sie dann noch für ihn kochte und Zeit fand, mit ihm zu reden oder zu spielen. Horst E. erinnert sich, dass seine Mutter bis spät in der Nacht an der Nähmaschine saß, um sich und ihren Sohn durchzubringen. Sie blieb bis zu ihrem Tod seine wichtigste Bezugsperson. Das Gleiche erzählt Reiner B. Die Bindung zu seiner Mutter war so intensiv, dass er nach ihrem Tod in eine Lebenskrise geriet. Seine Worte waren: »Ich hatte schon keinen Vater, und jetzt hatte ich auch keine Mutter mehr.« Es scheint, dass die Bindung der Jungen zu ihren alleinerziehenden Müttern intensiver war als die der Töchter. Die Jungen übernahmen oft früh die Beschützerrolle. Entsprechend groß war oft die Wut auf den Vater, der Mutter und Kind so verantwortungslos allein gelassen hatte. Solche Männer haben später oft versucht, ihren eigenen Kindern alles zu geben und zu ermöglichen, was sie selbst in der eigenen Kindheit vermisst hatten. Die Frauen erzählen durchweg mehr von der Sehnsucht nach einem Vater, als es die männlichen Besatzungskinder tun.

Das Leben mit dem »falschen« Vater

Manche alleinerziehende Mutter eines Besatzungskindes heiratete sehr schnell, auch unter dem Druck ihrer Familie. Viele Besatzungskinder erzählen davon, dass die Ehen ihrer Mütter nicht glücklich waren. Und sie haben sich oft gefragt, warum die Mutter in so einer Beziehung blieb. Verheiratete Frauen waren in der Nachkriegszeit selten berufstätig und für Haus und Herd zuständig, so, wie es auch die damalige Politik für richtig hielt. Eine Namensgebung für das in die Ehe mitgebrachte Kind war üblich, eine Adoption seltener. Der gemeinsame Familienname war für die Öffentlichkeit, wie Schule und Nachbarschaft, von großer Bedeutung, um keine Gelegenheit für Gerede zu geben.

Es wurde für die unehelichen Besatzungskinder immer schwierig, wenn in der neuen Ehe weitere Kinder geboren wurden. Diese hatten meist von Anfang an einen anderen Stellenwert in der Familie. Selbst wenn den unehelich Geborenen die Familienverhältnisse gar nicht bekannt waren, spürten sie doch ihre Außenseiterrolle. Sie spürten: Ich bin hier nicht gewünscht. Die jüngeren Geschwister erfuhren mehr Aufmerksamkeit im täglichen Zusammenleben, sie wurden weniger oft kritisiert und durchliefen später häufig die bessere Schul- und Berufsausbildung als die Stiefkinder.

Viele Besatzungskinder, die entdeckten, dass der Mann, den sie für ihren Vater hielten, gar nicht ihr leiblicher Vater war, gerieten wie schon erwähnt in eine Lebenskrise. Manche erzählen, sie hätten das alles immer schon geahnt, aber nicht nachgefragt, vielleicht nichts wissen wollen. Die Frauen schildern einen ungeheuren Schmerz, verbunden mit großer Trauer. Die Männer hingegen sprechen mehr von Wut und Hass und projizieren diese Gefühle auf den unbekannten leiblichen Vater, der sich nicht um sie gekümmert hat.

Hans M., geboren 1946, schilderte seine Kindheit mit drei jüngeren Brüdern als dramatisch. Er diente für alles als Sündenbock. Er bekam die Schläge, die seine Geschwister verdient hätten. Er erhielt von keiner Seite, auch nicht von der Mutter, die geringste Unterstützung. Seinen eigenen Kindern und Enkelkindern war er ein vorbildlicher Vater. Sein großer Wunsch, den amerikanischen Vater zu finden, ging nur zum Teil in Erfüllung, sein Vater war viele Jahre zuvor gestorben. Aber die Frau seines Vaters schenkte ihm Mitgefühl und Verständnis. Sie erzählte ihm bereitwillig aus dessen Leben. Hans M. drückte damals seine Gefühle folgendermaßen aus: »Die ganzen Jahre war es, wie auf einem Bein zu stehen und zu versuchen, Haltung zu bewahren, wenn man nicht weiß, wo man herkommt, wer man ist. Jetzt kann ich endlich auf beiden Beinen stehen, seit ich weiß, wer mein Vater war. Ich bin so stolz auf ihn.«

Manfred P. dagegen berichtet von einer sehr glücklichen Kindheit und von liebevollen Eltern. Er ist überrascht, als sie ihn an seinem 18. Geburtstag die Wahrheit wissen lassen: Sein Vater hat ihn mit drei Jahren adoptiert, sein leiblicher Vater war ein amerikanischer Soldat, mit dem seine Mutter eine Liebesbeziehung hatte. Sie erzählen ihm die ganze Wahrheit, nämlich dass dieser Amerikaner noch vor Manfreds Geburt in die Staaten zurück musste und sich entgegen seinem Versprechen nie mehr gemeldet hat. Manfred erinnert sich, dass ihn das damals gar nicht weiter interessierte und sein inniges Verhältnis zu den Eltern in keiner Weise dadurch beeinträchtigt wurde. Sein Vater war sein

Vorbild, und er sagt: »Ich hätte mir keinen besseren Vater wünschen können. Er hat mich geprägt, und ich habe ihm alles, was ich geworden bin, zu verdanken.«

Manfred hat keine Geschwister, vielleicht hat das sein Leben einfacher gemacht, als wenn er mit Halbgeschwistern hätte konkurrieren müssen. Monika G. erzählt: »Ich habe nicht verstanden, warum ich immer die Böse war. Warum die Verwandten mich kaum beachteten und meine beiden Schwestern mehr Geschenke bekamen als ich.« Als sie etwas älter war, sie glaubt damals elf oder zwölf Jahre gewesen zu sein, hörte sie in einem Gespräch der Erwachsenen die Bemerkung: Sie sieht dem ja sehr ähnlich. Sie fragte sich: Wen meinen die? Den Verdacht, nicht »richtig« in der eigenen Familie zu sein, hatte sie schon länger. Von da an suchte sie, wenn die Eltern nicht zuhause waren, in den persönlichen Papieren ihrer Eltern nach einem Hinweis, vergeblich. Mit 16 Jahren, sie machte nach der Volksschule eine Lehre als Verkäuferin, kam es zu einem Streit mit den Eltern, weil sie nicht pünktlich nach Hause gekommen war. In dieser Auseinandersetzung brüllte ihr Vater die Mutter an, er wolle nichts mehr mit Monika zu tun haben, sie sei nicht sein Kind und solle so bald wie möglich ausziehen. Wer ihr richtiger Vater war, wusste sie immer noch nicht. In ihrer Verzweiflung bat sie ihre Großmutter um die Wahrheit, und diese erzählte ihr, dass ihr richtiger Vater ein amerikanischer Soldat gewesen sei, der aber von ihr gar nichts wüsste, weil er schon vor ihrer Geburt verschwunden sei. Wahrscheinlich sei er zurück nach Amerika. Als sie ihre Mutter zur Rede stellte, sagte die: »Das geht dich nichts an, was früher war.« Kurze Zeit später, sie hatte die Lehre noch nicht beendet, zog sie von zuhause aus. Niemand, auch nicht ihre Schwestern, hielten sie zurück. Heute sagt sie: »Die waren froh, dass sie mich endlich loshatten.«

Hildegard N. hat da wiederum ganz andere, glücklichere Erfahrungen gemacht und nur Gutes aus ihrer Kindheit zu erzäh-

Ausriss aus einem größeren Bild, das Charles Reese (Biografie ab S. 190) zeigt, circa 1947

len, und dass, obwohl sie ein sogenanntes Brown Baby ist. Ihre Mutter war verheiratet und hatte zwei Kinder, ihr Ehemann war noch nicht aus dem Krieg zurück, als sie sich in einen farbigen Amerikaner verliebte. In dem Dorf nahe Salzburg hatten im Sommer 1945 nur ein paar GIs in den umliegenden Häusern privat gewohnt. So auch in dem Haus von Hildegards Mutter. Sicher war sie erschrocken, als sie die Schwangerschaft bemerkte und ihr Liebhaber schon fort war, aber sie brachte die kleine Hildegard zur Welt und alle, ihre Kinder und ihre Eltern, die ganz in der Nähe wohnten, verliebten sich sofort in das kleine braune Baby. Doch was würde ihr Mann sagen, wenn er, wie sie hoffte, aus der Kriegsgefangenschaft zurückkehrte? Die Sorge und die Angst davor waren unbegründet. Das Glück des Wiedersehens und die Freude darüber, unbeschadet aus dem Krieg zurückgekehrt zu sein, bestimmten die Gefühle ihres Mannes. Er hat ihr nie einen Vorwurf wegen dieser kurzen Beziehung gemacht, er konnte ohne Wenn und Aber verzeihen, und die kleine Hildegard liebte er zeitlebens ebenso wie seine eigenen Kinder. Hildegard betont: »Ich habe nie gespürt, dass ich anders behandelt wurde als meine älteren Geschwister, und durch den Halt in meiner Familie habe ich auch nie unter meiner anderen Hautfarbe gelitten. Es war alles so selbstverständlich bei uns.«

Renate H. war sehr unglücklich, als die Mutter von der geplanten Heirat mit ihrem Freund sprach. Es wurde ein Haus gekauft, und Renate war sich darüber klar, dass sie dort mit einziehen musste, aber sie hatte keine Nähe zu dem neuen Mann ihrer Mutter. Zehn Jahre hatte sie seit ihrer Geburt mit der Mutter im Hause der Großeltern gelebt und dort eine glückliche Kindheit gehabt. Nun sollte sie diesen liebgewordenen Ort verlassen müssen. Sie vertraute sich der Großmutter an, fragte sie nach ihrem richtigen Vater. Bisher hatte es sie nie belastet, keinen Vater zu haben, sie hatte Opa. Oma erzählte Renate zum ersten Mal von ihrem amerikanischen Vater, aber dass er eben nach Amerika zurück sei, ohne sich um die Mutter und Renate gekümmert zu haben. Sie tröstete sie, dass sie ja weiterhin immer zu ihnen kommen könne. Durch die Heirat der Mutter erhielt Renate auch den Namen des Vaters, es war kurz vor dem Wechsel aufs Gymnasium. Mitschüler und Lehrer sollten nichts zu reden haben. Sie fügte sich notgedrungen in alles. Ab dieser Zeit hatte Renate häufig gesundheitliche Probleme, die erst besser wurden, als sie selbst heiratete und das Zuhause, welches nie ihres geworden war, verlassen konnte.

Die Besatzungskinder haben im Laufe ihres Lebens trotz fehlenden oder falschen Vaters oft gelernt, mit dem Verlust umzugehen. Die allermeisten blicken inzwischen ohne Zorn oder Wut zurück. Die Sehnsucht, die Wahrheit zu erfahren, aber bleibt. Sie haben sich zwar meist damit abgefunden, dass es Ereignisse im Leben gibt, die man nicht ändern kann, und dass auch andere Kinder vaterlos aufgewachsen sind. Trotzdem empfinden sie ihre Situation als schmerzvoll. Die Lebenssituationen haben sich verbessert, aber die Frage nach der Identität bleibt.

Immer mehr nimmt auch die Enkelgeneration Anteil an der Vatersuche und sucht im Internet nach Möglichkeiten, der Mutter oder dem Vater zu helfen. Auch sie wollen über ihre Abstammung Genaueres wissen. Ein Beispiel ist der 18-jährige Gymnasiast Mike G. Er drängte seine Oma, ihm alles von damals zu erzählen, er wollte seinen Großvater finden. Mikes Vater zeigte kein Interesse an dem eigenen Vater und weigert sich bis heute, über ihn zu sprechen. Der amerikanische Opa wurde gefunden, allerdings war er vor Jahren gestorben. Mike bat seine Oma um eine Reise in die USA, um die Stadt und das Grab des Großvaters zu besuchen. Sie reisten gemeinsam 2013 dorthin.

Heiko M. wollte den Wunsch seines schwerkranken Vaters unbedingt erfüllen und dessen amerikanischen Vater finden. Heiko surfte im Internet, und nach vielen vergeblichen Versuchen wurde mit unserer Hilfe ein Cousin in Amerika gefunden, der bereit war, vom Gesuchten zu erzählen, der schon viele Jahre tot war. Er schickte das sehnlich gewünschte Foto des Vaters.

Eine Wienerin hatte nach einer Familienfeier in der Steiermark den Entschluss gefasst, ihrem Vater zu helfen. Er hatte früher manchmal seinen unbekannten englischen Vater erwähnt, aber erst jetzt wurde ihr bewusst, wie groß seine Sehnsucht offenbar war. Meine englische Freundin Sally Vincent fand die Familie innerhalb weniger Wochen, weil Name, Geburtsdatum und Wohnort des Vaters bekannt waren. Sie hat auch die ersten Kontakte zur Familie hergestellt. Der gesuchte Vater ist mit 88 Jahren noch bei guter Gesundheit, und die österreichische und die englische Familie sind glücklich. 67 Jahre hatten Vater und Sohn den Wunsch, sich zu finden, aber keine Möglichkeit gehabt, diesen zu realisieren.

Aus meiner Erfahrung ist die Suche nach dem unbekannten Vater, selbst wenn es zu keiner Familienzusammenführung kommt, ein entscheidender Schritt, sich mit der Vergangenheit zu versöhnen. Sie führt zu mehr Ruhe und Gelassenheit in der Gegenwart. Die Suche nach dem Vater kann ein Weg sein, eigene traumatische Erlebnisse zu überwinden.

Die Besatzungskinder in Deutschland nach dem Zweiten Weltkrieg aus psychosozialer Perspektive

Von Heide Glaesmer

Der Zweite Weltkrieg war das wohl erschütterndste und schwerwiegendste zeitgeschichtliche Ereignis des letzten Jahrhunderts, welches mit den weiteren Verbrechen des nationalsozialistischen »Dritten Reiches« 55 Millionen Todesopfer forderte. Der Krieg ging mit einem globalen Ausmaß traumatischer Erfahrungen einher und stellt eine wesentliche generationentypische Entwicklungsbedingung der heutigen älteren Bevölkerung in Deutschland, aber auch in den anderen an diesem Krieg beteiligten Ländern dar. Die öffentliche Auseinandersetzung mit den psychosozialen Folgen des Zweiten Weltkrieges in Deutschland war lange Zeit tabuisiert. Etwa die Hälfte der heute noch Lebenden der deutschen Kriegsgeneration berichten über traumatische Erfahrungen, die häufig auch über 60 Jahre nach Kriegsende mit psychischen und körperlichen Belastungen assoziiert sind (Glaesmer, 2014). Die traumatischen Erfahrungen reichen von Ausbombung über Vertreibung, das direkte Erleben von Kriegshandlungen bis hin zu Vergewaltigungen. Aus psychologischer Perspektive stellen Vergewaltigungen neben Folterungen die folgenschwersten traumatischen Ereignisse dar. Am Ende des Zweiten Weltkrieges wurden in Deutschland schätzungsweise 1,9 Millionen Frauen Opfer von Vergewaltigungen (Johr, 1995).

In einer Studie an der Universität Greifswald wurden 2009/2010 die psychischen Folgen der Vergewaltigungen am Ende des Zweiten Weltkrieges in Deutschland untersucht. Dazu wurden 27 betroffene Frauen interviewt. Jede Fünfte berichtete auch Jahrzehnte nach der Vergewaltigung von Symptomen einer Posttraumatischen Belastungsstörung. Wenn man auch leichtere Symptome mit einbezieht, war jede Zweite der befragten Frauen auch Jahrzehnte später noch deutlich psychisch belastet (Eichhorn, Kuwert, 2011; Kuwert et al., 2014). Schätzungsweise 200 000 Frauen haben sich im Anschluss an die Vergewaltigungen bei Kriegsende in Deutschland das Leben genommen (Messerschmidt, 2006). Zahlen zu den vielfach vorgenommenen Abtreibungen sind weitaus schwerer zu schätzen, da einige der Kinder auch nach der Geburt starben oder getötet wurden (Johr, 1995). Inzwischen sind die betroffenen Frauen oft schon sehr alt oder bereits verstorben, so dass eine weitere Aufarbeitung durch direkte Befragung der Betroffenen bald unmöglich wird. Die aus den Vergewaltigungen am Ende des Zweiten Weltkrieges entstandenen Kinder gehören zu den sogenannten Kindern des Krieges (»Children born of war«). Deren Thematik wurde zwar in den letzten Jahren von Historikern und Sozialwissenschaftlern zunehmend untersucht (Lee, 2012; Mochmann, Lee, Stelzl-Marx, 2009), Forschungen zu psychosozialen Aspekten fehlten jedoch bislang weitestgehend, sowohl international wie im Besonderen auch in Deutschland.

Die Besatzungskinder des Zweiten Weltkrieges in Deutschland

In der Geschichte kriegerischer Auseinandersetzungen sind schon immer Kinder geboren worden, die von ausländischen Soldaten mit einheimischen Müttern gezeugt wurden. Es gibt jedoch nur wenige Themen im Kontext des Zweiten Weltkrieges, über die so weitreichend geschwiegen wurde wie über diese Kinder des Krieges. Zu dieser Gruppe zählen sowohl Kinder, die aus Vergewaltigungen hervorgingen (»Children born of rape«), als auch solche, die aus mehr oder weniger freiwilligen Beziehungen mit Besatzungssoldaten (»Children born of occupation«) entstanden sind. Die wenigen international verfügbaren Studien dazu haben sich eher einseitig auf Kinder von Vergewaltigungsopfern beschränkt. In den letzten Jahren wurde jedoch mehr und mehr auch die Problematik der Kinder, deren Eltern freundschaftliche oder Liebesbeziehungen hatten, in der kulturwissenschaftlichen und zeitgeschichtlichen Forschung adressiert (Lee, 2011).

Die Besatzungskinder des Zweiten Weltkrieges sind Kinder, die von Soldaten der Besatzungsarmeen mit deutschen Frauen gezeugt wurden. Da in Konflikt- und Postkonfliktszenarien das Verhältnis zwischen Soldaten und der Zivilbevölkerung nicht immer klaren Mustern folgt, gestaltet sich die exakte Einordnung oft schwierig, zudem im Bereich der sogenannten Liebesverhältnisse von einer breiten Grauzone mehr oder weniger offener Abhängigkeitsbeziehungen ausgegangen werden muss. Oft existieren verschiedene Beziehungsmuster neben- oder nacheinander. Die Beziehungen der Mütter zu den biologischen Vätern können von Liebesbeziehungen über freundschaftliche »Business arrangements«, Prostitution oder Zwangsprostitution bis hin zu (systematischem) gewalttätigem Missbrauch der weiblichen Bevölkerung reichen (Lee, 2012). In Deutschland spielen als potenzielle Väter im Zweiten Weltkrieg sowohl die westlichen Alliierten (Franzosen, Briten und Amerikaner) als auch die Soldaten der Roten Armee eine Rolle (Mochmann et al., 2009).

Auch wenn es keine genauen Angaben zur Zahl der Kinder des Zweiten Weltkrieges gibt, machen die verfügbaren, eher konservativen Schätzungen deutlich, dass Hunderttausende Kinder des Krieges geboren wurden. Eine schon an anderer Stelle in diesem Buch zitierte Untersuchung aus dem Jahr 1955 berichtete von 66 730 Kindern von westlichen Besatzungssoldaten in Deutschland, davon hatten etwa 37 000 Kinder amerikanische Soldaten als Väter, 4000 Kinder hatten afroamerikanische Väter (Lee, 2011). Die Zahl der Kinder von russischen Soldaten in Deutschland kann bislang nur geschätzt werden. Mitunter kursierten Zahlen von mindestens 100 000 Kindern. Unbekannt wird vor allem die Zahl der Kinder aus Vergewaltigungen bleiben, weil die Mütter die Vergewaltigung oft verheimlichten beziehungsweise »Vater unbekannt« angaben (Stelzl-Marx, 2009). Insgesamt wird heute in konservativen Schätzungen von mindestens 200 000 lebenden Kindern des Krieges in Deutschland ausgegangen (Satjukow, 2009).

Aufwachsensbedingungen der Besatzungskinder

Die Aufwachsensbedingungen der Besatzungskinder waren in vielen Fällen ausgesprochen schwierig. Ein wichtiger Grund dafür ist die Tatsache, dass Besatzungskinder fast alle ohne ihre biologischen Väter aufgewachsen sind. Die Mütter hatten keine Möglichkeit, eine Vaterschaftsanerkennung zu erwirken oder gar Unterhalt für die Kinder von den Vätern zu erhalten. Die wirtschaftliche Not der überwiegend alleinerziehenden Mütter, aber auch die Ausgrenzung und Diskriminierung der Mütter und Kinder spielen dabei eine wesentliche Rolle. Dennoch gab es im Nachkriegsdeutschland Unterschiede zwischen der sowjetischen Besatzungszone und den westlichen Besatzungszonen und zudem unterschiedliche politische und soziale Bedingungen in den verschiedenen Phasen der Nachkriegszeit. (Die historischen Hintergründe werden im Beitrag von Sabine Lee dargestellt.)

Zusammenfassend lässt sich sagen, dass die Lebensbedingungen der Besatzungskinder nach dem Zweiten Weltkrieg und ihrer Mütter sowohl in der sowjetischen Besatzungszone als auch in den westlichen Besatzungszonen durch soziale und wirtschaftliche Not, durch Stigmatisierung und Diskriminierung gekennzeichnet waren. Zudem war die väterliche Identität bei den Kindern aus Vergewaltigungen fast immer ungeklärt, aber auch im

Falle von Liebesbeziehungen kam es häufig zu einem Vaterverlust durch Rückkehr des Vaters in die Heimatnation, wenn der Militärdienst beendet war, oder durch seine Versetzung. Die politischen und rechtlichen Hintergründe führten dazu, dass den Müttern sehr wenig Entscheidungsmöglichkeiten und Rechte eingeräumt wurden. Gerade die Stigmatisierung der Mütter und ihrer Kinder dürfte dazu geführt haben, dass ein relevanter Anteil von Müttern die Beziehungen zu den Besatzungssoldaten und/ oder deren Vaterschaft verheimlichte, um der Diskriminierung zu entgehen.

Im Jahr 2013 wurde von den Universitäten Leipzig und Greifswald das Projekt »Besatzungskinder: Identitätsentwicklung, Stigmatisierung und psychosoziale Konsequenzen des Aufwachsens als Besatzungskind in Deutschland« initiiert. Zwischen März und November 2013 wurden Besatzungskinder, die sich auf einen Studienaufruf meldeten, mit einem Fragebogen befragt. (Eine detaillierte Darstellung des methodischen Vorgehens in der Studie findet sich bei Kaiser et al. im Druck). Weit mehr als die Hälfte der 146 Befragten waren Frauen (63 Prozent), ein Viertel der Befragten stammt von Soldaten der Roten Armee, drei Viertel von amerikanischen, britischen oder französischen Soldaten. 110 Teilnehmer stammen aus freiwilligen Beziehungen oder Kontakten, 26 Teilnehmer konnten dazu keine Angaben machen, und zehn Studienteilnehmer gaben an, durch eine Vergewaltigung gezeugt worden zu sein. Alle Studienteilnehmer sind ohne ihre biologischen Väter aufgewachsen, erlebten häufig Umzüge und Bezugspersonenwechsel. Die Detailauswertungen der Studie laufen aktuell noch. Erste Ergebnisse aus dem aktuellen Projekt zu den deutschen Besatzungskindern werden kurz referiert.

Die Besatzungskinder aus psychosozialer Perspektive

Bei der Betrachtung des Aufwachsens als Besatzungskind aus psychosozialer Perspektive sind drei Aspekte von zentraler Bedeutung: *Identitätsentwicklung, Stigmatisierung/Diskriminierung* und *Missbrauchs- und Vernachlässigungserfahrungen in der Kindheit* (vgl. Glaesmer et al., 2012). Auf die einzelnen Aspekte wird im Weiteren genauer eingegangen.

Identität und Identitätsentwicklung der Besatzungskinder

Über verschiedene Fachdisziplinen hinweg findet sich bislang keine einheitliche Definition dessen, was unter Identität verstanden wird. Der Soziologe Heinz Abels (2010) beschreibt Identität als »... das Bewusstsein, ein unverwechselbares Individuum mit einer eigenen Lebensgeschichte zu sein, in seinem Handeln eine gewisse Konsequenz zu zeigen und in der Auseinandersetzung mit anderen eine Balance zwischen individuellen Ansprüchen und sozialen Erwartungen gefunden zu haben«. Für die Besatzungskinder lassen sich mit Blick auf den Aspekt der Identität zwei wichtige Punkte unterscheiden. Zum einen ist es für die Identitätsentwicklung ausgesprochen förderlich, wenn man seine biologischen Eltern kennt. Zum anderen führt das Wissen um die eigene Herkunft bei den Besatzungskindern zu einer Auseinandersetzung, die im positiven Fall zu einer gelungenen und konstruktiven Integration dieses Wissens in die eigene Identitätsbildung führt.

Die biologische, hier speziell väterliche Herkunft und die Wahrnehmung und Bewertung dieser durch das soziale Umfeld und die Gesellschaft stellen wichtige Größen bei der Herausbildung der eigenen Identität dar. Für die Besatzungskinder ist zunächst von zentraler Bedeutung, ob ihnen bekannt war beziehungsweise ist (oder später bekannt wurde), unter welchen Umständen sie gezeugt wurden und wer ihr Vater ist. Sowohl aufgrund von Tabuisierung als auch zur Vermeidung von Stigmatisierung und Diskriminierung wurde die Herkunft der Kinder durch die Mütter zum Teil verschwiegen – nicht nur bei Kindern aus Vergewaltigungen, sondern auch bei Kindern aus anderen Beziehungen zu Besatzungssoldaten. Dabei gibt es Mütter, die es ihrer Kernfamilie offenbart haben, aber dem weiteren sozialen Umfeld nicht. In kleineren Gemeinden lassen sich die Umstände häufig nicht gut verheimlichen und sind Gegenstand von Mutmaßungen und Gesprächen. Viele der Kinder waren nicht von Anbeginn ihres Lebens ihrer Herkunft gewahr, sondern wurden erst später in der Kindheit oder zum Teil auch erst weit im Erwachsenenalter von ihren Müttern in Kenntnis gesetzt. Traumatisch sind insbesondere die Fallgeschichten, in denen die Betroffenen durch andere Personen mehr oder weniger zufällig von ihrer Herkunft erfuhren.

Das Wissen um die eigene Herkunft stellt einen wichtigen Baustein für die eigene Identitätsentwicklung dar, und damit spielt die Suche nach dem Vater oder nach Informationen über ihn für die meisten Besatzungskinder eine zentrale Rolle. Leider gestaltet sich die Suche meist sehr schwierig und ist oft nicht erfolgreich. Oft liegen den Besatzungskindern wenige oder fast keine Informationen über den Vater vor, was die Nachforschung extrem erschwert (siehe Kapitel »Die Suche nach dem Vater«).

Bei Besatzungskindern, die in Adoptiv- oder Pflegefamilien und Kinderheimen aufgewachsen sind, gestaltet sich die Aufklärung der Herkunft oft noch schwieriger, insbesondere weil in den Wirren der Nachkriegszeit Unterlagen zum Teil verloren gingen. Von den betroffenen Kindern, die erst später über ihre Herkunft erfuhren, wird häufig berichtet, dass sie schon lange Zeit das Gefühl hatten, dass etwas nicht stimmt, und sie mehr oder weniger unbewusst mit dem Geheimnis ihrer Herkunft gerungen haben, ohne genau zu wissen, wonach sie suchen. Die Offenbarung der Herkunft stellte dann häufig eine Entlastung dar. Auch wenn die Kinder über ihre Herkunft informiert waren, wussten die meisten wenig über ihre Väter und beschreiben häufig das unbestimmte Gefühl, dass ein entscheidendes Identitätsfragment von ihnen fehlt (Lee, 2009).

Ein wichtiger Punkt für die Identität der Kinder ist zudem die Art der Beziehung ihrer biologischen Eltern. Die Kinder, die bei Vergewaltigungen gezeugt wurden, stehen meist in einem besonderen Spannungsfeld, als »Produkt einer Gewalttat« und »Nachkomme des Täters« (vgl. van Ee, 2012; van Ee, 2013).

Neuere wissenschaftliche Studien, etwa zu Mädchen, die infolge von Vergewaltigungen im Bosnienkrieg geboren wurden (Erjavec, Volcic, 2010a; Erjavec, Volcic, 2010b), machen deutlich, dass es ganz verschiedene Konstruktionen von Identität im Kontext einer Zeugung durch Vergewaltigung im Krieg geben kann. Mit Blick auf die deutschen Verhältnisse am Ende des Zweiten Weltkrieges ist zu berücksichtigen, dass die Herkunft des Vaters eine Rolle spielte. Während in der sowjetischen Besatzungszone und der späteren DDR die sowjetischen Soldaten von offizieller Seite zu Befreiern und Freunden erklärt wurden, waren die Ressentiments gegen die »Russen«, die tief in der nationalsozialistischen Ideologie verwurzelt waren, noch lange existent. Im Gegensatz dazu wurden die amerikanischen Soldaten und die amerikanische Kultur schnell vom Besatzer zum Befreier umgedeutet, und die Identität der Besatzungskinder mit einem amerikanischen Vater ist damit in einen anderen Kontext zu stellen.

In der aktuellen Studie zu den deutschen Besatzungskindern wurden die Teilnehmer gebeten, ihre Sicht auf sich als Besatzungskind zu beschreiben. Die Texte wurden einer inhaltsanalytischen Auswertung unterzogen und fünf prototypische Identitätsbeschreibungen herausgearbeitet: »Außenseiter«, »Überlebenskünstler«, »Kämpfer«, »Opfer negativer Erfahrungen« und »Unbelastete« (Kunitz, 2014). »Außenseiter« nehmen sich abseits der Gesellschaft und als nicht zugehörig wahr, weil sie sich fremd und anders fühlen. »Überlebenskünstler« charakterisieren sich dadurch, dass sie sich durch viel Anpassung und Leistung den Zugang zu Akzeptanz in der Gesellschaft erarbeiten. »Kämpfer« behaupten sich eher aktiv, um teilzuhaben, als dass sie sich anpassen würden. Die »Opfer negativer Erfahrungen« scheinen sich selbst als Sündenbock wahrzunehmen und haben oft negative Erfahrungen aufgrund ihrer Herkunft gemacht. Die »Unbelasteten« beschreiben sich als wenig belastet von ihrem Status als Besatzungskind, mit einer gleichwertigen Stellung in der Gesellschaft und einer unbeschwerten Kindheit (Kunitz, 2014). Diese Beschreibungen stellen typische Verarbeitungsmuster dar und zeigen die Vielfalt des Umgangs mit der Tatsache, ein Besatzungskind zu sein.

Stigmatisierung/Diskriminierung

Persönliche Berichte von Betroffenen und die zeitgeschichtliche Forschung weisen darauf hin, dass mehr oder weniger offene oder verdeckte Stigmatisierung und Diskriminierung zu den prägenden Erfahrungen der Besatzungskinder gehörten. Sie trugen meist ein doppeltes Schicksal als »uneheliche Kinder« und »Kinder des Feindes« (Satjukow, 2009). Dies äußerte sich in häufig benutzten Schimpfworten wie »Russenbalg« etc., aber auch in offen erlebter Gewalt und Ausgrenzung in der Schule, aber auch im Wohnumfeld. Diskriminierung konnten die Kinder auch innerhalb der Familie erleben.

In der aktuellen Studie zu den deutschen Besatzungskindern berichtet etwas mehr als die Hälfte (54,6 Prozent), selbst Erfahrungen mit Vorurteilen gemacht zu haben. Dabei spielen verschiedene Aspekte als Ursachen eine Rolle, zum Beispiel »der Fakt, dass sich Mutter mit einem Besatzungssoldaten eingelassen hat«, die Herkunft des Vaters, ererbte äußere Merkmale, die sie als Besatzungskinder kennzeichneten (zum Beispiel dunklere Hautfarbe), aber auch der Fakt, unehelich geboren zu sein, oder die sozialen

Verhältnisse, in denen man aufwuchs (Aßmann et al., im Druck). Die Erfahrungen wurden sowohl im direkten sozialen Umfeld (Dorfgemeinschaft, Nachbarschaft, Bekanntenkreis) als auch in öffentlichen Einrichtungen und Institutionen (zum Beispiel Schule, Kirchgemeinde) sowie in der eigenen Familie (zum Beispiel Stiefvater, Großeltern) gemacht (Aßmann et al., im Druck). Die Studienteilnehmer wurden auch nach ihren Strategien im Umgang mit diesen Erfahrungen gefragt. Die Antworten lassen sich in drei große Gruppen zusammenfassen: Rückzug, Vermeidung und aktive Auseinandersetzung. Rückzug bedeutet, dass die Betroffenen defensiv mit der Tatsache umgegangen sind, versucht haben, es mit sich allein auszumachen, und nicht darüber gesprochen haben. Vermeidung meint, dass die Betroffenen bestrebt waren, keine Probleme zu bereiten und immer freundlich und konstruktiv aufzutreten, um keinen Anlass für Ärger zu liefern. Die Besatzungskinder mit einer aktiven Auseinandersetzung als Strategie berichten, immer wieder konstruktiv, sachlich und ruhig das Gespräch gesucht zu haben (Aßmann et al., im Druck).

Als Ursachen für die Vorurteile und Diskriminierungen benannten die Befragten »Auswirkungen der Kränkung durch den verlorenen Krieg«, »Rassismus und Nachwirkungen der nationalsozialistischen Ideologie«, aber auch ihren unehelichen Status (Aßmann et al., im Druck).

Missbrauchs- und Vernachlässigungserfahrungen in der Kindheit

Viele der Kinder des Krieges berichteten über Missbrauchs- und Vernachlässigungserfahrungen in der Kindheit und Jugend bis hin zu Traumatisierungen. Die Quellen dieser Erfahrungen sind dabei vielfältig. Gerade die Kinder, die bei Vergewaltigungen gezeugt wurden, erlebten häufig (jedoch nicht immer) schwierige Entwicklungsbedingungen in der Familie, wenn sie bei ihren Müttern oder nahen Verwandten aufwuchsen. Diese konnten von emotionaler Vernachlässigung und emotionalem Missbrauch bis hin zu körperlicher Vernachlässigung und körperlichem Missbrauch reichen. Sie waren möglicherweise Ausdruck einer Ambivalenz der Mütter gegenüber den Kindern, die über die Existenz des Kindes an das eigene Vergewaltigungstrauma erinnert wurden, aber auch einer Überforderung der Mütter durch die schwierigen Lebensbedingungen und im Umgang mit den eigenen traumatischen Erfahrungen und deren Folgen (vgl. van Ee, 2012).

Ein Teil der Kinder des Krieges wuchs in Heimen auf oder wurde zur Adoption freigegeben. In den letzten Jahren werden die Bedingungen in den Kinderheimen der Nachkriegszeit kritisch diskutiert, und es ist davon auszugehen, dass viele der Kinder, die in Heimen aufwuchsen, Opfer von Missbrauch und erheblicher Vernachlässigung wurden.

In der aktuellen Studie zu den deutschen Besatzungskindern wurden diese auch nach Missbrauchs- und Vernachlässigungserfahrungen befragt. Die Befunde wurden mit einer bevölkerungsbasierten Stichprobe gleicher Geburtsjahrgänge verglichen. Die befragten Besatzungskinder berichten deutlich häufiger Missbrauchs- und Vernachlässigungserfahrungen als die Bevölkerungsvergleichsgruppe.

Heutiges Befinden der Besatzungskinder

Es ist davon auszugehen, dass die drei beschriebenen Aspekte mit dem psychischen Befinden der Besatzungskinder auch zum heutigen Zeitpunkt zusammenhängen. Aus diesem Grund wurden in der Studie zu den deutschen Besatzungskindern auch Fragen zum aktuellen psychischen Befinden der Teilnehmer gestellt. Die Ergebnisse wurden wieder denen einer Bevölkerungsvergleichsgruppe mit gleichen Geburtsjahrgängen gegenübergestellt. Die teilnehmenden Besatzungskinder der Studie berichten deutlich häufiger Symptome verschiedener psychischer Störungen wie Depressionen, Posttraumatische Belastungsstörungen, aber auch körperliche Beschwerden (Kaiser et al., eingereicht). Auch wenn sich das Befinden der Studienteilnehmer nicht nur auf ihre Erfahrungen als Besatzungskind zurückführen lässt, finden sich viele Risikofaktoren für die Entwicklung und Aufrechterhaltung psychischer Beschwerden, zum Beispiel häufige Bezugspersonenwechsel, soziale Notlagen, Missbrauchs- und Vernachlässigungserfahrungen, Stigmatisierungs- und Diskriminierungserfahrungen. Wie diese verschiedenen Faktoren zusammenwirken, muss noch genauer untersucht werden.

Zusammenfassung und Ausblick

Auch wenn in allen Kriegen Kinder des Krieges geboren werden, wurde diese Gruppe bislang kaum wissenschaftlich untersucht, insbesondere aus psychosozialer Perspektive. Am Ende des Zweiten Weltkrieges und in der Nachkriegszeit wurden Schätzungen zufolge mindestens 200 000 Besatzungskinder in Deutschland geboren. Aus psychosozialer Perspektive sind deren spezifische Aufwachsensbedingungen, ihre Identitätsentwicklung als Besatzungskind, ihre Stigmatisierungs- und Diskriminierungserfahrungen, mögliche Erfahrungen mit Missbrauch und Vernachlässigung in der Kindheit und die Auswirkungen der genannten Faktoren auf das psychische Befinden von besonderem Interesse. Eine aktuelle Studie mit deutschen Besatzungskindern liefert erste empirisch fundierte Belege zu den genannten Aspekten. Es wird deutlich, dass ein großer Teil der Befragten belastende Erfahrungen gemacht hat und zum Teil auch heute psychisch belastet ist. Auf der anderen Seite gibt es aber glücklicherweise auch Besatzungskinder, die keine nachhaltig negativen Erfahrungen gemacht haben und/oder sich als nicht belastet beschreiben.

Bei den Besatzungskindern des Zweiten Weltkrieges haben wir es mit einer besonderen Gruppe von Kriegskindern zu tun, da wir diese zum heutigen Zeitpunkt, fast 70 Jahre nach Kriegsende, mit einer Lebensspannenperspektive betrachten müssen. Nach ihrer Kindheit und Jugend als Besatzungskind haben viele von ihnen einen großen Teil ihres Erwachsenenlebens selbst gestaltet und wie andere ihrer Generation auch positive und negative Erfahrungen gemacht. Welche spezifischen Konstellationen zu positiven oder negativen Konsequenzen führten, muss noch genauer untersucht werden. Es soll jedoch ausdrücklich betont werden, dass die Tatsache, als Besatzungskind geboren und aufgewachsen zu sein, nicht zwangsläufig mit Belastungen und langfristigen Folgen für die psychische Gesundheit einhergeht. Vielmehr sind es die spezifischen Erfahrungen, die einige (aber nicht alle) Besatzungskinder gemacht haben, die möglicherweise langfristige negative Folgen hatten.

In jedem Fall führen die aktuellen Forschungsbemühungen dazu, dass die Kinder des Krieges mehr in den Fokus der öffentlichen Aufmerksamkeit rücken und in Zukunft mehr für diese Gruppe getan werden wird.

Literatur

Abel, H. (2010) Identität, Wiesbaden

Aßmann, A. L., Kaiser, M., Schomerus, G., Kuwert, P., Glaesmer, H. (im Druck). Stigmatisierungserfahrungen deutscher Besatzungskinder. Trauma & Gewalt

Eichhorn, S., Kuwert, P. (2011). Das Geheimnis unserer Großmütter. Eine empirische Studie über sexualisierte Kriegsgewalt um 1945, Gießen

Erjavec, K., Volcic, Z. (2010a). »Target«, »cancer« and »warrior«: Exploring painful metaphors of self-presentation used by girls born of war rape. Discourse & Society, 21, 524–543

Erjavec, K., Volcic, Z. (2010b). Living with the sins of their fathers: An analysis of self-representation of adolescents born of war rape. Journal of Adolescent Research, 25, 359–386

Glaesmer, H. (2014). Traumatische Erfahrungen in der älteren deutschen Bevölkerung – Bedeutung für die psychische und körperliche Gesundheit auf Bevölkerungsebene. Zeitschrift für Gerontologie und Geriatrie, 47 (3), 194–201

Glaesmer, H., Kaiser, M., Freyberger, H. J., Brähler, E., Kuwert, P. (2012). Die Kinder des Zweiten Weltkrieges in Deutschland – Ein Rahmenmodell für die psychosoziale Forschung. Trauma & Gewalt 6 (4), 319–328

Johr, B. (1995). Die Ereignisse in Zahlen. In: Sander, H., Johr, B. (Hg.). Befreier und Befreite. Krieg, Vergewaltigung, Kinder, Frankfurt am Main, 46–73

Kaiser, M., Kuwert, P., Glaesmer, H. (im Druck). Aufwachsen als »Besatzungskind des Zweiten Weltkrieges« in Deutschland – Hintergründe und Vorgehen einer Befragung deutscher »Besatzungskinder«. Zeitschrift für Psychosomatische Medizin und Psychotherapie

Kaiser M., Kuwert P., Braehler E., Glaesmer H. (eingereicht). Depression, Somatization and Posttraumatic Stress in Children Born of Occupation after WWII in comparison with a general population sample

Kunitz, D. (2014). »Kind des Feindes?« – Eine Untersuchung zu den Identitätsbildern der deutschen »Besatzungskinder« des Zweiten Weltkrieges. Masterarbeit, Universität Leipzig, Psychologisches Institut

Kuwert, P., Glaesmer, H., Eichhorn, S., Grundke, E., Pietrzak, R. H., Freyberger, H. J., Klauer, T. (2014). Long-term effects of wartime rape compared with non-sexual war trauma in female World War II survivors: A matched pairs study. Archives of Sexual Behaviour, 43, 1059–1064

Lee, S. (2009). Children of American Soldiers in Europe: A Comparison of British and German GI Children. Historical Social Research/Historische Sozialforschung, 34 (3), 321–351

Lee, S. (2011). A Forgotten Legacy of the Second World War: GI Children in postwar Britain and Germany. Contemporary European History, 20 (2), 157–181

Lee, S. (2012). Kinder des Krieges. Vergessene Sekundäropfer einer veränderten Kriegslandschaft im 20. Jahrhundert? Trauma & Gewalt, 6 (2), 94–107

Messerschmidt, J. W. (2006). Review Symposium: The Forgotten Victims of World War II: Masculinities and Rape in Berlin, 1945, 706–712

Mochmann, I. C., Lee, S., Stelzl-Marx, B. (2009). The Children of the Occupations Born During the Second World War and Beyond – An Overview. Historical Social Research/Historische Sozialforschung, 34 (3), 263–282

Satjukow, S. (2009). »Bankerte!« Verschwiegene Kinder des Krieges. In: Bonwetsch, B. (Hg.). Kinder des Krieges. Bulletin des Deutschen Historischen Instituts in Moskau Nr. 3, 57–69

van Ee, E., Kleber, R. J. (2012). The art of medicine. Child in the shadowlands. The Lancet, 380, 642–643

van Ee, E., Kleber, R. J. (2013). Growing up under a shadow: Key issues in research on and treatment of children born of rape. Child Abuse Review 22 (6), 386–397

Besatzungskinder aus Deutschland und Österreich – zwölf Porträts

»Wenn ich groß bin, fahre ich nach Amerika und suche Papas Grab.«

Reiner Braun,
***1953, Bad Kreuznach, amerikanische Besatzungszone**

Im September 2009 begleitet Reiner Braun seinen Neffen zum amerikanischen Generalkonsulat in Frankfurt am Main. Dieser muss seinen Pass verlängern lassen, er ist amerikanischer Staatsbürger. Der Neffe will mit seiner Familie in naher Zukunft nach Kalifornien auswandern. Reiner überlegt, mitzukommen. In Deutschland hält ihn nichts mehr, schon sehr lange hat er davon geträumt, im Land seines Vaters zu leben. Jetzt will er sich nach den Voraussetzungen erkundigen, um eine Green Card zu beantragen. Im Gespräch mit der Konsulatsbeamtin erwähnt er, dass er einen amerikanischen Vater hat. Die Beamtin erklärt ihm: »Dann erhalten Sie keine Green Card. Sie sind amerikanischer Staatsbürger. Sie müssen einen Pass beantragen.« Reiner Braun fehlen die Worte. Die Beamtin ergänzt: »Allerdings muss Ihr Vater die Vaterschaft anerkennen.« Reiner erzählt, dass sein Vater kurz nach seiner Geburt gestorben sei. Die Beamtin antwortet, dann müsse er nach der Familie seines Vaters suchen.

Reiner hatte mehrfach den Versuch gemacht, das Grab seines

Vaters zu finden. Es war ihm nie gelungen, die Enttäuschung darüber hatte ihn zermürbt. Auf der Rückfahrt von Frankfurt nach Hause ist er verzweifelt. Reiner vermutet, dass es im Konsulat Unterlagen über seinen Vater gibt, weil die Beamtin nach dem Namen seines Vaters gefragt und ihm kurz darauf erklärt hatte, der Nachname laute nicht Berger* sondern Barger* und die Familie stamme aus Kalifornien. Auf weitere Fragen antwortet sie nicht. Reiner ist wütend.

Sein Neffe verspricht, im Internet nach Möglichkeiten zu suchen, mit denen sich in Deutschland stationierte amerikanische Besatzungssoldaten finden lassen. Es vergehen Wochen, nichts passiert. Reiners Verzweiflung wächst, seine Gedanken werden von der Suche nach der Familie seines Vaters beherrscht. Die Erinnerungen an die vielen vergeblichen Versuche kommen wieder zurück. An das Grab seines Vaters zu treten, das ist seit Jahrzehnten sein größter Wunsch. Dann macht sein Neffe im Internet www.gitrace.org ausfindig. Er schreibt mir und bittet um Unterstützung für seinen Onkel. Ich empfehle den üblichen Weg: zuerst eine Anfrage an das NPRC, das National Personnel Record Center in St. Louis, nach der Akte von David Barger stellen. Vier Wochen später kommt die Antwort. Es ist für Reiner eine niederschmetternde Nachricht. Den letzten Satz des Briefes liest er immer wieder: David Royce Barger, verstorben 2000. Seit seiner Kindheit hatte Reiner gemeinsam mit seiner Mutter um den Vater getrauert, und jetzt erfährt er, dass dieser Mann die ganze Zeit gelebt hat. Das will er nicht akzeptieren.

Die Geschichte beginnt im Frühjahr 1952 in der Minick-Kaserne in Bad Kreuznach. David ein junger GI von 22 Jahren, verliebt sich in Elsa, drei Jahre älter, die im Kasino der Kaserne arbeitet.

* Name geändert

Elsa hat eine dreijährige Tochter, mit der sie allein lebt. David und Elsa machen bald Pläne. Er will sie heiraten und nach Beendigung seiner Dienstzeit mit ihr in Amerika leben. Doch urplötzlich verschwindet David. Elsa kann sich das nicht erklären. Sie hat keinerlei Nachricht von ihm erhalten. Sie ist schwanger und versucht verzweifelt, Auskunft über Davids Aufenthaltsort zu erhalten. Nach Wochen erst erfährt sie, dass er schwer erkrankt im Militärhospital Frankfurt am Main liegt. Kurz danach erreicht sie die Nachricht, er sei an Meningitis erkrankt und gestorben. Mehr kann sie nicht in Erfahrung bringen. Ihr bleiben ein Foto aus glücklichen Tagen, sein Name und sein Geburtsdatum.

Im Januar 1953 wird Reiner David geboren. Jetzt muss Elsa für zwei Kinder sorgen. Sie nimmt jede Arbeit an, um das Nötigste für sich und die Kinder zu verdienen. »Gehungert haben wir nie«, sagt Reiner, »aber es war bei uns zuhause sehr bescheiden. Unsere Mutter hat alles für uns getan, sie hat uns vor allem so viel Liebe geschenkt.« Materielle Unterstützung konnte Elsa damals nicht erwarten. Sowohl die US-Militärregierung als auch die deutschen Sozialämter lehnen jede Zuwendung ab.

Als Reiner alt genug ist, erzählt ihm seine Mutter von seinem Vater. Er wird zum ständigen Gesprächsthema zwischen Mutter und Sohn. Elsa macht aus dem angeblich so früh verstorbenen David für Reiner einen Traumpapa. Gemeinsam malen sie sich aus, wie das gemeinsame Leben in Amerika gewesen wäre. Reiner verspricht seiner Mutter schon als Kind: »Wenn ich groß bin, fahre ich nach Amerika, und dann suche ich Papas Grab.« Das einzige Foto von David und der Mutter wird immer wieder betrachtet.

Nach dem Hauptschulabschluss erlernt Reiner den Beruf eines Malers und Lackierers. Er wohnt noch viele Jahre bei seiner Mutter. Oft hält er sich in der nahe gelegenen Kaserne in Bad Kreuznach auf. Er sucht den Kontakt zu GIs und lernt dabei Englisch. Später macht er mehrfach Urlaub in den USA. Bei jeder Gelegenheit fragte er dort nach dem Namen Barger, ohne Erfolg.

Anfang der 1980er Jahre gründet er eine eigene Familie und macht sich als Malermeister selbständig. Seine Mutter bleibt seine wichtigste Vertrauensperson, mit ihr kann er über alles sprechen, vor allem aber immer wieder über den Vater, den beide vermissen. Elsa hat nie geheiratet, Reiner glaubt, weil sie David nicht vergessen konnte. Er ist sich sicher, sie ist über Davids Tod nie hinweggekommen.

Im April 2009 stirbt Elsa, und Reiner stürzt in eine tiefe Lebenskrise. Jetzt ist er nicht mehr nur vaterlos, er hat auch seine geliebte Mutter verloren. Zur selben Zeit zerbricht seine Ehe. Reiner suchte nun häufig bei seiner Schwester und seinem Neffen Trost. Dabei entsteht der Plan, gemeinsam in die USA zu gehen. Reiners Schwester hatte in den 1960er Jahren einen GI geheiratet und viele Jahre mit ihm in North Carolina gelebt. Der Neffe wurde in den USA geboren und verlebte dort seine Kindheit.

Die Nachricht, dass David erst vor wenigen Jahren gestorben ist, zerstört Reiners Vaterbild. Er ruft mich an, er ist verzweifelt und wütend: »Meine Mutter und ich haben all die Jahre um diesen Mann getrauert [...]. Er hat sich nie um uns gekümmert. Er hat sich nie dafür interessiert, wie es meiner Mutter ging. Ich verstehe das nicht. Was ist das für ein Mensch? Wie kann ein Vater einfach sein Kind vergessen?« Ich berichte ihm von den Erfahrungen, die ich über all die Jahre gesammelt habe, und verspreche, dass wir ihn bei der Suche nach der Familie seines Vaters unterstützen werden. Vielleicht gebe es einen Grund dafür, dass der Vater sich nicht mehr gemeldet habe. Reiner schreibt mehrere Briefe an den toten Vater, die er mir schickt. Es sind erschütternde Anklagen. Er bittet mich, die Briefe zu übersetzen und der Familie seines Vaters zu schicken, wenn wir sie gefunden haben. Ich überzeuge ihn davon, dass das nicht der richtige Weg ist, denn wahrscheinlich habe die Familie all die Jahre nichts von einem Kind in Deutschland gewusst.

Ich bitte eine Freundin in Amerika um Unterstützung bei der

Suche nach der Familie Barger. Sie findet heraus, dass die Ehefrau von David in Kalifornien lebt und dass aus dieser Ehe drei Söhne hervorgegangen sind.

Der erste Kontakt zur Witwe von David, Laura Barger, ist verständlicherweise schwierig. Laura war mit David schon auf der Highschool vor seinem Eintritt in die US-Army befreundet. Sie ist völlig überrascht, ihr Mann habe nie ein Kind in Deutschland erwähnt. Allerdings erzählt sie auch, dass David tatsächlich schwer krank aus Deutschland nach Amerika zurückkehrte und Monate in Militärhospitälern zubrachte. Er litt infolge der Meningitis an einer Amnesie, eine durchaus mögliche Folge einer Gehirnhautentzündung. Nur langsam sei die Erinnerung an seine Eltern und Geschwister wieder zurückgekehrt. Über seine Dienstzeit in der Army und Europa habe er nie gesprochen. Laura Barger hat Mitleid mit Reiner. Sie verspricht, die gesamte Familie zu informieren und von ihm zu erzählen. Wieder vergehen viele Wochen. Reiner versteht nicht, warum er erneut so lange auf Nachricht warten muss. Er quält sich. In vielen Telefongesprächen erfahre und erlebe ich, von welch existenzieller Bedeutung die Aufklärung für ihn ist. Das Bild seines Vaters ist zerstört, er, der sich diesen Vater nur in den schönsten Farben ausgemalt hatte, ist furchtbar enttäuscht. Den Gedanken, dass er ihn bei seinen Reisen in die USA noch hätte lebend treffen können, kann er kaum ertragen.

Im Juli 2010 gibt es neue Nachrichten. Davids Bruder Murphy erinnert sich, dass David in einem seiner Briefe an die Familie ein deutsches »Girlfriend« namens Elsa erwähnt und ein Foto von sich und dieser Elsa dazugelegt hatte. Murphy hat alle Briefe seines Bruders aufbewahrt und findet das Foto. Reiner schickt eine Kopie seines Fotos nach Amerika. Es ist dieselbe Aufnahme. Die amerikanische Familie schließt die Vaterschaft Davids nicht mehr aus. Alle Mitglieder der Familie Barger erklären sich bereit, eine eidesstattliche Erklärung, ein sogenanntes Avidavit, abzugeben und an das Frankfurter US-Konsulat zu senden.

David und Elsa,
Reiner Brauns Eltern,
Frühjahr 1952

Reiner Braun (l.) mit seinen drei Brüdern, 2011

Erneut wird Reiners Geduld auf eine harte Probe gestellt. Im September hat das Konsulat noch immer nicht die notwendigen Papiere aus Kalifornien erhalten. Reiner schreibt zum ersten Mal persönlich an die Familie, erhält aber nur eine kurze Antwort. Im Frühjahr 2011, er hat noch immer keine neuen Nachrichten, setzt Reiner alles auf eine Karte. Er verkauft seinen Betrieb und ruft mich an: »Ich fliege jetzt rüber, ich will an das Grab meines Vaters, ich warte nicht länger.« Reiner will die Erklärungen, warum es in der Familie seines Vaters immer wieder zu Verzögerungen beim Ausfüllen der Papiere kommt, nicht mehr akzeptieren. Er kann nicht schlafen, schreibt stundenlang Briefe, die er nicht verschickt, und er spürt, diesen Zustand hält er nicht mehr länger aus. Er kündigt den Bargers seinen Besuch schriftlich an, sein Bruder Ross antwortet ihm: »Wir freuen uns auf dich. Wir holen dich am Flughafen ab, und du kannst in meinem Haus wohnen.« Am 3. Mai 2011 fliegt Reiner nach Kalifornien. Laura und seine drei Brüder erwarten ihn am Flughafen. »Das werde ich nie vergessen«, erzählt Reiner, und fast versagt ihm die Stimme. Laura zweifelt keinen Moment, als sie Reiner sieht. Sie ist geradezu schockiert von dessen Ähnlichkeit mit ihrem verstorbenen Mann. Die Brüder sind berührt, als sie Reiner gegenüberstehen, er selbst ist überwältigt von der spontanen Herzlichkeit der Familie, damit hatte er in seinen kühnsten Träumen nicht gerechnet. Keine Scheu, keine Distanz, sie nehmen ihn einfach in die Arme, er fühlt sich endlich am Ziel. Als er wenige Stunden später seinem Onkel Murphy, dem jüngeren Bruder seines Vaters, gegenübersitzt, sind die vergangenen Jahre, Monate und Tage des Wartens vergessen. Murphy lässt seinen Tränen freien Lauf und wiederholt immer wieder: »Oh boy, you are looking like my brother David.« Niemand aus der Familie bezweifelt, dass Reiner ein Barger ist.

Laura erzählt Reiner von dem 20-jährigen David, der voller Begeisterung und Neugier in die Army eintrat. Er schickte viele Briefe nach Hause, unter anderem auch das gemeinsame Foto von Elsa und ihm. Dann erreichte die Familie die Nachricht, dass David schwer an Meningitis erkrankt sei. Als David aus dem Hospital entlassen wurde, erkannte er außer seinem Vater zu Anfang niemanden aus der Familie. Nur langsam besserte sich sein Zustand, die Erinnerungen kehrten zurück. Aber die Armeezeit und damit wohl auch Elsa blieben aus seinem Gedächtnis gelöscht. Laura Barger hilft ihm ins Leben zurück. Sie heiraten, der älteste Sohn Ross wird 1956 geboren, Quinn und Kirk folgen ein paar Jahre später. David arbeitete lange in einer Werft nahe San Francisco als Schweißer. Seine Gesundheit blieb schwierig, nur in seiner Familie fand er Halt. Im Juli 2000 starb er unerwartet an einem Herzinfarkt.

Reiners Wunsch, das Grab seines Vaters zu besuchen, bleibt unerfüllt. Laura und die Brüder gestehen ihm, dass der letzte Wunsch des Vaters noch immer unerfüllt sei. Er wollte, dass seine Asche dem Meer übergeben werde. Doch seit elf Jahren stand die Urne mit dieser Asche im Haus. Die Brüder beschließen, den letzten Willen ihres Vaters gemeinsam zu erfüllen.

Zuvor aber will Reiner zur Sicherheit aller einen Gentest durchführen lassen. Seine DNA und die von Ross werden verglichen. »Das hat mich 540 US-Dollar gekostet, aber ich wollte das. Ich hatte keine Zweifel, dass David auch mein Vater war, aber ich wollte völlige Klarheit für uns alle«, erklärt Reiner. 14 Tage später liegt das Ergebnis vor. 97,8 Prozent Übereinstimmung. Als er nach Deutschland zurückfliegt, hat er das Ergebnis des Tests und die eidesstattliche Erklärung der Familie Barger im Gepäck und gibt die Unterlagen beim US-Generalkonsulat in Frankfurt am Main ab.

Mitte September 2011, Reiner hat noch keine Rückmeldung vom Konsulat, bucht er sich einen Flug nach Kalifornien, um, wie bei seinem Abschied aus Kalifornien versprochen, die drei Monate bis zum Jahresende bei den Bargers zu verbringen. Wieder einmal ist er voller Wut wegen der schleppenden Bearbeitung. Am Tag vor seinem Abflug erfährt er, dass sein Pass bereitliegt, er nimmt ihn am nächsten Morgen im Konsulat, wenige Stunden vor dem Abflug, entgegen. Reiner reist am 12. September 2011 als amerikanischer Staatsbürger in die USA. Im Gepäck hat er ein Glas mit Erde und Blumen vom Grab seiner Mutter. Jetzt sollte wahr werden, was er im Sommer mit den Brüdern besprochen hatte.

Sie fahren gemeinsam in einem Boot in die Bucht von San Francisco. An drei Stellen, an denen ihr Vater besonders gern gefischt hatte, soll seine Asche ins Meer gestreut werden. Reiner hat aus der Urne seines Vaters etwas Asche entnommen, um diese später auf das Grab seiner Mutter zu geben. Für die Brüder sind es bewegende Momente an Bord. Sie denken darüber nach, warum sie mit dieser Zeremonie so lange gezögert haben. Worauf hatten sie gewartet? Vielleicht auf Reiner? Jetzt können alle vier Söhne von David Barger ihrem Vater gemeinsam seinen letzten Wunsch erfüllen.

Im Januar 2012 kehrte Reiner nach Deutschland zurück. Er besuchte bei eisiger Kälte das Grab seiner Mutter. Die Erde war gefroren, er schlug ein kleines Loch und versenkte die mitgebrachte Asche aus der Urne seines Vaters. Seine Schwester begleitete ihn und erinnert sich an Reiners Worte: »Mama, ich bringe dir deinen Boyfriend zurück.«

Seither lebt Reiner abwechselnd für einige Monate in Deutschland und in Amerika. In Kalifornien findet er als Maler- und Lackiermeister immer Aufträge und kann seine Brüder in deren Betrieben unterstützen. In Deutschland übernimmt er jeweils zeitlich befristete Aufträge. Das will er bis zur Rente so beibehalten. Die Zukunft lässt er offen. Laura ist für ihn weit mehr als eine Stiefmutter, betont er. »Wir sind uns so nah [...], und ich bin nur dankbar dafür, dass es sie gibt. Es gibt für sie keinen Unterschied zu den Brüdern. Wir sind alle vier ihre Söhne.« Onkel Murphy und Tante Lynn, die Geschwister seines Vaters, sind inzwischen gestorben, aber Reiner durfte sie kennenlernen, ihre Zuneigung erfahren und ihre Großherzigkeit, mit der sie ihn als Teil der Familie anerkannten.

Reiner sagt, er fühle sich seither zum ersten Mal in seinem Leben ruhig und ausgeglichen. Er kann sich kaum die Spannungen vorstellen, die sein früheres Leben geprägt haben, und er fragt sich, wie er den Druck, den er immer fühlte, mehr als 60 Jahre überhaupt aushalten konnte.

»It seems that you happen to be my older brother.«

Horst Emrich,
***1946, Darmstadt, amerikanische Besatzungszone**

Seit einigen Jahren ist die Frage nach dem unbekannten Vater aus Puerto Rico für Horst Emrich nicht mehr so drängend wie früher. Mit 66 Jahren sind viele Dinge aus der Vergangenheit, die zuvor belastend waren, verblasst. Horsts fünf Kinder aber kennen seine Biografie, und ein Großvater in der Karibik hat durchaus seinen Reiz für sie. Der jüngste Sohn Dominik, ein Computerfreak, bringt mit seinem Vorschlag, im Internet nach dem Opa in Puerto Rico zu suchen, das Thema wieder in die Familie. Horst macht sich keine Hoffnungen, er hat es vor Jahren einige Male probiert und nichts erreicht. Einmal hat er an die Adresse in Puerto Rico geschrieben, die ihm seine Mutter gegeben hatte, aber keine Antwort erhalten. Sein Brief war aber auch nicht als unzustellbar zurückgekommen. Er sagt heute dazu: »Ich habe oft gegrübelt, wie mein Vater wohl ist. Wie es wäre, wenn ich ihn noch lebend finden würde, aber dann war da die Frage, wie soll ich das jemals erreichen?«

Dominik findet einen Zeitungsartikel über GItrace auf *Die Welt Online*. Er drängt seinen Vater, an die GItrace-Kontaktadresse zu schreiben. Horst braucht Zeit, er überlegt lange. Ich erhalte seine E-Mail am 19. August 2012. Er fragt vorsichtig nach, ob eine Chance bestehen könnte, seinen Vater zu finden. Da er dessen Namen kennt, ermutige ich ihn, die Suche noch einmal zu wagen. Schon Ende September erfährt er aus der Militärakte seines Vaters, dass dieser noch lebt. Er ist 1922 in Puerto Rico geboren. Doch sein aktueller Wohnort ist nicht bekannt.

Horst Emrich wurde am 24. Februar 1946 in Wersau im Odenwald geboren. Seine Mutter Elisabeth war 1944 zusammen mit ihrer Mutter dorthin evakuiert worden, nur 15 Kilometer von ihrer Heimatstadt Darmstadt entfernt. Die beiden Frauen bekamen ein Zimmer bei einer ortsansässigen Familie, aber das Zusammenleben war schwierig, sie werden als Eindringlinge wahrgenommen und mehrfach umquartiert. Wersau ist eine kleine ländliche Gemeinde, die von den Kriegswirren verschont geblieben war. Darmstadt dagegen war von der britischen Luftwaffe immer wieder bombardiert worden. Dadurch verlor auch Elisabeth Emrich 1943 ihre Wohnung. Sie konnte nur Weniges retten, immerhin aber ihre Nähmaschine. Die ist für sie von unschätzbarem Wert. Elisabeth Emrich lebte nach der Trennung von ihrem Mann schon viele Jahre allein mit einem Sohn. Dieser wird noch in den letzten Wochen vor Kriegsende als Flakhelfer nach Darmstadt eingezogen. Als junges Mädchen hatte Elisabeth Emrich auf der Hauswirtschaftsschule Nähen gelernt und konnte mit der Näherei ihr eigenes Einkommen bestreiten. Auch in Wersau sind ihre Fähigkeiten bald gefragt, denn in jedem Haushalt müssen alte Kleider geändert und muss Neues genäht werden, besonders für die Kinder, denn zu kaufen gibt es ja so gut wie nichts. Die Versorgung mit Lebensmitteln ist stark eingeschränkt, aber auf dem Land allemal besser als in der Stadt.

Ende März 1945, kurz vor Kriegsende, wird Wersau von den Amerikanern besetzt. Die Soldaten leben in einem Feldlager vor dem Ort, sie beanspruchen keine Häuser für sich, da jedes Haus mit Flüchtlingen und ausgebombten Personen überbelegt ist. Die GIs sind in Wersau willkommen, sie verhalten sich gegenüber der Bevölkerung freundlich und hilfsbereit. Sie bekommen mit, dass Elisabeth Emrich schneidert. Ihre Uniformen sind durch den Krieg und die Kämpfe in schlechtem Zustand, und so wird Elisabeth schnell zur Anlaufstelle der GIs, wenn diese ihre Kleidung ausbessern lassen wollen. Die Rechnung wird mit den damals üblichen Zahlungsmitteln wie Kaffee, Zigaretten und Ähnlichem beglichen.

Unter diesen Umständen lernt Elisabeth Luis Guzmann kennen. Luis stammt aus Puerto Rico und ist einige Jahre jünger als Elisabeth. Zwischen ihnen entwickelt sich in den wenigen Wochen, die Luis in Wersau ist, ein Verhältnis. Luis weiß, dass er bald nach Hause, nach Puerto Rico, zurückkehren darf. Er ist seit Dezember 1940 in der US-Army. Fünf Jahre Krieg, viele schreckliche Erfahrungen. Bei Elisabeth findet er Trost, Verständnis und Liebe. Luis gibt ihr seine Heimatadresse, er will ihr schreiben, er will sie nicht vergessen, und sie soll ihm auch schreiben. Er muss gewusst haben, dass sie verheiratet war und einen fast erwachsenen Sohn hatte. Zukunftspläne machen beide nicht. Im Juni wurde Luis mit seiner Einheit nach Mannheim versetzt, von dort ging es kurz darauf zurück in seine Heimat Puerto Rico. Elisabeth Emrich konnte ihm nicht mehr sagen, dass sie ein Kind von ihm erwartete.

Was in den ersten Monaten der Schwangerschaft in ihr vorging, kann man nur ahnen. Sie war sich darüber im Klaren, dass sie von keiner Seite finanzielle Unterstützung zu erwarten hatte. Sie vermutete sicher auch, dass Luis nicht zu ihr zurückkommen würde. Und wahrscheinlich gab es im Ort noch andere Frauen, die ebenfalls von einem Besatzungssoldaten schwanger zurückgelassen wurden. Die Not in diesen ersten Nachkriegsmonaten war groß. Elisabeth Emrich musste für ihre Mutter und ihr neugeborenes Kind sorgen, noch dazu in fremder Umgebung und fast mittellos. Sie nähte Tag und Nacht für andere Leute, ihr einziges Einkommen, mit dem sie mühsam das Notwendigste bezahlen konnte. Ihr älterer Sohn hatte glücklich die letzten Monate als Flakhelfer in Darmstadt überlebt und fand Arbeit in Wersau. Bald schon heiratete er ein junges Mädchen.

Als Horst zwei Jahre alt war, konnte seine Mutter ihn zum ersten Mal fotografieren lassen. Als sie das Bild in den Händen hielt,

Horst Emrich, circa 1948

entschloss sie sich, Luis zu schreiben, und legte das Foto seines Sohnes dazu. Die Hoffnung, eine Antwort zu bekommen, erfüllte sich nicht.

Horst bemerkte früh, dass seine Spielkameraden einen Vater hatten. Warum er nicht? Er erinnert sich: »Einmal fragte ich meine Mama, und sie hat mir dann von meinem Vater erzählt. Sie wusste ja nicht viel über ihn. Sie hat mir erzählt, dass er ein amerikanischer Soldat war und aus Puerto Rico kam. Ich konnte damit damals nichts anfangen. Ich war ungefähr fünf Jahre alt.« Amerika und Puerto Rico waren für Horst in diesem Alter Begriffe, die er nicht einordnen konnte, aber entscheidend war für ihn, dass auch er einen Vater hatte.

1953 wurde Horst in Wersau eingeschult und hat an diese Zeit gute Erinnerungen. Er erklärt das: »... sicher waren wir arm, wir hatten nicht viel, aber mit meiner Mama und der Oma zusammen war alles gut. Besonders wenn wir zusammen Ausflüge in den Odenwald machten, um Pilze und Beeren zu sammeln.«

Die Großmutter starb 1951, ein großer Schmerz für Horst und seine Mutter. Jetzt bemühte sich Elisabeth Emrich, eine Wohnung in Darmstadt zu finden, doch sie musste sich bis 1955 gedulden. Der Wechsel in die Stadt war für Horst leicht, nach dem Leben auf dem Land war es für den Zehnjährigen spannend, in der Stadt zu leben. In der Schule lernte er neue Freunde kennen. Nur die Fragen von Lehrern und Schulkameraden nach dem Vater machten ihm immer wieder Probleme. »Ich habe mich immer so unwohl gefühlt. In dem Moment war ich der Außenseiter. Die Frage konnte ich ja nie richtig beantworten.«

1957 heiratete die Mutter zum zweiten Mal. Horst glaubt, dass sie sich auch aus wirtschaftlichen Gründen dazu entschlossen hatte. Zuvor hatte sie neben der Näharbeit noch viele weitere Tätigkeiten annehmen müssen, um sich und Horst über Wasser zu halten. Mit dem Stiefvater hatte Horst keine Schwierigkeiten. Er sagt: »Es war ein ruhiges Verhältnis zwischen uns. Ich habe auch ›Vater‹ zu ihm gesagt, obwohl ich ja wusste, dass er es nicht war.« 1960 beendete Horst die Volksschule und begann in Darmstadt eine Lehre als Dreher. 1966, während der Bundeswehrzeit, er hatte sich für zwei Jahre freiwillig verpflichtet, konnte er eine weitere Ausbildung und einen Abschluss zum Techniker machen. Es war mühsam, alles auf dem zweiten Bildungsweg nachzuholen, aber er war ehrgeizig und wollte Ingenieur werden, was ihm nach dem Hochschulstudium auch gelang. Seine erste eigene Wohnung bezog er nach der Bundeswehrzeit. Die enge Beziehung zur Mutter blieb unverändert bestehen. Sie hatte ihn in all den Jahren so gut es ihr möglich war auch finanziell unterstützt.

1971 heiratete Horst. Seine Frau war auch ein Besatzungskind. Zu Anfang sprachen sie häufig über ihre unbekannten amerikanischen Väter, aber im Gegensatz zu Horst, den der Wunsch, den Vater zu finden, nie ganz losließ, zeigte seine Frau kein Interesse daran, ihren Vater zu finden. Horst bedauert, dass seine Ehe 1989 auseinanderging. Die drei Kinder sollten darunter nicht leiden. Er nahm seine Vaterrolle und die damit verknüpfte Verantwortung, nicht nur in finanzieller Hinsicht, ernst. So hat er bis heute zu seinen Kindern ein gutes Verhältnis. 1994 heiratete er erneut und wurde noch einmal Vater von zwei Kindern.

Das Wissen darum, dass der Vater und Großvater in Puerto Rico noch lebt, beschäftigt nach dieser Nachricht alle in Horst Emrichs Familie. Sie hoffen, mit der Hilfe von GItrace den Wohnort von Luis Guzmann zu finden. Ich muss zugeben, dass es uns in der Vergangenheit erst einmal gelungen ist, eine Familie auf der Karibikinsel zu finden. Unsere GItrace-Freunde in Amerika setzen sich ein, aber zunächst gibt es keinen Erfolg. Horst Emrich verliert zunehmend die Hoffnung, er fürchtet sich vor der erneuten Enttäuschung.

Im Sommer 2013 lade ich Horst zum GItrace-Treffen der Besatzungskinder am 26. Oktober des selben Jahres nach Berlin ein.

Ich hoffe für ihn, dabei etwas erreichen zu können, eventuell auch über die Presse.

Die Konsulin des US-Generalkonsulats in Frankfurt am Main hat meine Einladung auch angenommen. Ihr Beitrag besteht darin, die Möglichkeit zu erläutern, als Besatzungskind die amerikanische Staatsangehörigkeit zu erhalten. Am Ende der Konferenz folgt Horst Emrich meinem Rat, die Konsulin persönlich um Hilfe zu bitten. Eventuell könne sie den Aufenthaltsort seines Vaters in Puerto Rico finden. Sie willigt spontan ein. Er aber ist skeptisch. Zu oft sind seine Hoffnungen in der Vergangenheit enttäuscht worden. Eigentlich will er endlich Ruhe finden. Nur eine Woche nach dem Treffen in Berlin teilt ihm das Konsulat mit, die aktuelle Adresse von Luis Guzmann sei ermittelt worden, und ein Brief an seinen Vater sei unterwegs. Horst bleibt sehr verhalten, er hat immer noch große Zweifel. Das Treffen der Besatzungskinder in Berlin, bei dem von vielen erfolgreichen Suchen berichtet worden war, hatte ihn eher deprimiert.

Am 14. November 2013 wendet sich alles zum Guten. Es ist eine E-Mail aus Puerto Rico. Er muss sie mehrfach lesen, um zu begreifen, wer ihm da schreibt.

»Dear Horst, My name is Luz Irma Guzmann Virella. Today I received notice to our address from US Consul Office Germany.

It seems that you happen to be my older brother. I always knew about your existence. The Red Cross helped us once with our search but it didn't brought positive results. I am so happy that you have finally contacted us. Your father is 91 years old and turns 92 on January 16, 2014. Feel free and contact me anytime as soon as you read this message.«

Die E-Mail seiner jüngeren Schwester Luz Irma schenkt Horst die größte Freude seines Lebens. Er hat seinen Vater wirklich gefunden. Und zwei Schwestern, fünf Nichten und einen Neffen. Er erfährt, dass sein Vater 1948 geheiratet hatte. Was ihn besonders berührt, ist, dass sein Vater ihn in der Familie nicht verheimlicht hat. Luis hat den Brief mit dem Foto des kleinen Horst, das Elisabeth Emrich ihm geschickt hatte, aufbewahrt, auch wenn er ihr damals nicht geantwortet hat. Er hat seinen Töchtern von seinem Sohn in Deutschland erzählt und ihnen das Foto gezeigt. Sie versuchten erfolglos, Horst über das Deutsche Rote Kreuz zu finden.

Horst schickt seiner Schwester Luz Irma das Kinderfoto noch einmal per E-Mail, Horst ist Luis' Sohn und der Bruder von Luz Irma, kein Zweifel. Wenige Tage später können sie sich über Skype sehen. Sein Vater und die Schwestern sprechen nur Spanisch, aber ein Schwager spricht Englisch und kann übersetzen. Horst findet bis heute keine Worte für die Gefühle, die diese ersten Telefonate bei ihm auslösten. Seine Kinder waren mehrfach dabei, und umgekehrt versammelt sich auch in Puerto Rico die ganze Familie vor dem Bildschirm. Sie sind hier wie dort alle überglücklich, dass nach 67 Jahren der Sohn seinen Vater gefunden hat. Die Einladung zum 92. Geburtstag seines Vaters im Januar nimmt Horst sofort an. Es gilt, keine Zeit zu verlieren. Zusammen mit seinem jüngsten Sohn Dominik, der ihn so hartnäckig bei der Suche unterstützt hatte und dem er das glückliche Ende verdankte, flog er Anfang Januar zum ersten Mal nach Puerto Rico. Die ganze Familie Guzmann wartete am Flughafen. Für Horst Emrich fühlte es sich wie eine Heimkehr an. Die Herzlichkeit, mit der sie empfangen wurden, war überwältigend. Er wohnte mit Dominik im Haus seines Vaters. Die Verständigung war in sprachlicher Hinsicht eingeschränkt. Aber er sagt: »Es war gar nicht so entscheidend, wir waren uns trotzdem ganz nah, und wir verstanden uns auch ohne viele Worte. Und über unsere Familiengeschichten konnten wir uns mit der Hilfe meines Schwagers austauschen.«

Die Fotos von diesem Besuch sprechen ihre eigene Sprache. Horst ist kein Mann der großen Worte. Was hat sich für ihn verändert? Er beantwortet das ganz schlicht: »Alles. Ich bin von einer

Horst Emrich mit seinem Vater und seiner Schwester, Puerto Rico, 2014

inneren Ruhe und Gelassenheit, die ich nie zuvor in meinem Leben so erlebt habe. Ich wünschte mir, meine Mutter hätte das noch erleben dürfen.«

»50 Jahre hatte ich keine Möglichkeit, nach meinem russischen Vater zu suchen.«

Marlis Gitt,
***1946, Frankfurt (Oder), sowjetische Besatzungszone**

In der sowjetischen Besatzungszone waren unmittelbar nach Kriegsende über 1,5 Millionen, dann ab 1946 durchschnittlich etwa 500 000 sowjetische Soldaten stationiert. Teile der Bevölkerung standen zu Anfang unter Schock und Angst. Über die massenhafte Vergewaltigung von Frauen durch sowjetische Soldaten wurde öffentlich nicht gesprochen. Viele Opfer schämten sich und verheimlichten die Tat. Auch aus diesem Grund sind genaue Zahlen zu den Vergewaltigungen nicht bekannt; ebenso unklar ist, wie viele Kinder aus Vergewaltigungen entstanden sind. Bekannt sind Zahlen von knapp 300 000 Schwangerschaften nach Vergewaltigungen durch sowjetische Soldaten, von denen wahrscheinlich 80 bis 90 Prozent abgebrochen wurden (so Ilko-Sascha Kowalczuk und Stefan Wolle in ihrem Buch »Roter Stern über Deutschland«, S. 38. Vgl. dazu auch die Beiträge von Sabine Lee und Heide Glaesmer in diesem Buch).

Bei Weitem nicht alle russischen Soldaten handelten unmenschlich. Viele hatten Mitleid mit der vom Krieg gezeichneten Zivilbevölkerung, vor allem die hungernden Kinder erregten ihr Mitgefühl. Sie gaben von dem Wenigen, über das sie selbst verfügten, oft etwas ab. Die sowjetische Militärregierung (ab Juni 1945: Sowjetische Militäradministration in Deutschland, SMAD) organisierte rasch, dass die öffentlichen Verkehrsmittel wieder benutzt werden konnten, und stellte Nahrungsmittel, wenn auch stark rationiert, für die hungernden Menschen bereit. Die Besatzer veranstalteten Tanz- und Kulturereignisse, zu denen auch die

Deutschen eingeladen wurden. So kamen die vielerorts gefürchteten »Russen« und deutsche Frauen zunehmend in Kontakt. Es entstanden Liebesbeziehungen, in deren Folge Kinder geboren wurden, die aber häufig nie von ihrem russischen Vater erfuhren. Viele dieser Kinder haben die Wahrheit im Laufe ihres Lebens entdeckt, angestoßen durch Andeutungen innerhalb der Familie oder von außen. Die Mütter versuchten meist, die Vaterschaft eines sowjetischen Soldaten zu verheimlichen, weil sie die Stigmatisierung, die sie selbst zu ertragen hatten, ihren Kindern ersparen wollten. Ihnen war ganz überwiegend bewusst, dass eine Beziehung zu einem sowjetischen Soldaten keine Zukunft hatte. Die strikten Regeln der sowjetischen Militärbehörde in solchen Fällen – keine Vaterschaftsanerkennung, keine Heiratserlaubnis – ließen eigentlich keine Hoffnung zu, die aber natürlich trotzdem nicht selten bestand.

Marlis Gitt wurde am 23. April 1946 als Kind eines russischen Offiziers in Frankfurt (Oder) geboren. Ihre Mutter, Margarete Gitt, Jahrgang 1925, lebte mit ihren Eltern in einem kleinen Holzhaus in einer Arbeitslosensiedlung, die nach dem Ersten Weltkrieg am Rand von Frankfurt (Oder) gebaut worden war. In unmittelbarer Nähe befand sich eine Wehrmachtskaserne. Frankfurt war eine Garnisonsstadt und sollte das bis zum Abzug der sowjetischen Truppen 1994 bleiben. Die ersten sowjetischen Soldaten der 370. Schützendivision der 69. Armee und der 89. Schützendivision der 33. Armee der 1. Weißrussischen Front erreichten am Morgen des 23. April 1945 Frankfurt (Oder). Durch Bombardierungen, Brandstiftung und Plünderungen, vor den Tagen nach dem Einrücken der Roten Armee einsetzte, waren schließlich 93 Prozent der Innenstadt zerstört. Die Soldaten wurden in die von der deutschen Wehrmacht verlassenen Kasernen einquartiert, die Offiziere in Wohnungen der Frankfurter Bürger. Einer dieser Offiziere war Kapitän (der sowjetische Rang eines Hauptmannes)

Marlis mit ihrer Mutter (l.) und ihrer Großmutter, circa 1949

Marlis' Mutter Margarete

Grischa Gordjenko aus der Gegend um Kiew in der Ukraine, der bei Familie Gitt unterkam. Er wohnte in dem kleinen Holzhaus, das aus nur 2 Zimmern und Küche bestand, mit ein.

Für die beiden Frauen, Mutter und Tochter, muss die Zeit unmittelbar zuvor sehr schwer gewesen sein. Sie konnten von keiner Seite Schutz erwarten, und der Ehemann beziehungsweise Vater befand sich zu diesem Zeitpunkt noch in russischer Kriegsgefangenschaft. Eine Zeitzeugin aus Frankfurt (Oder), damals acht Jahre alt, erzählt von der Angst ihrer Mutter und Tante vor den »Russen«. Sie wollten, wenn diese einmarschieren sollten, den Gashahn aufdrehen. Tatsächlich machten sie dann gute Erfahrungen mit den sowjetischen Soldaten. Allerdings glaubt die Zeitzeugin, dass die drei Kinder ihrer Mutter zu Schutz verholfen hätten. Die russischen Soldaten seien auch sehr kinderlieb gewesen. Ob Mutter und Tochter Gitt gute oder traumatische Erfahrungen machten, bleibt im Dunkeln.

Für Kapitän Gordjenko haben die Frauen gewaschen, gebügelt und gekocht. So kam es im Frühsommer 1945 zur Begegnung und

Annäherung zwischen der 20-jährigen Margarete und Grischa Gordjenko. Es entwickelte sich eine tiefe Liebe. Kapitän Gordjenko bot Mutter und Tochter durch seine Anwesenheit im Haus Schutz vor Übergriffen anderer Soldaten, von denen erwähnte Zeitzeugin erzählte. Einige seien vor allem nachts auf der Suche nach Frauen gewesen. Die beiden jungen Menschen, Grischa muss einige Jahre älter gewesen sein als Margarete, machten gemeinsam Ausflüge, gingen tanzen und besuchten mehrfach Freiluftkinoveranstaltungen für die Soldaten. So hat es Margarete ihrer Tochter Marlis im letzten Jahr vor ihrem Tod erzählt.

Engere Beziehungen zu einheimischen Frauen wurden von offizieller sowjetischer Seite eher gelitten als erlaubt. Eine Heirat war wie schon erwähnt ausgeschlossen. Wurde eine Freundin oder Geliebte schwanger, konnte das zur sofortigen Versetzung des Soldaten führen.

Im März 1946 musste Kapitän Grischa Gordjenko einen Heimtransport russischer Soldaten in die Ukraine begleiten. Margarete Gitt war hochschwanger, als sie mit ihrem Vater, der wenige Monate vorher aus der russischen Kriegsgefangenschaft zurückgekehrt war, Grischa zum Bahnhof begleitete. Dieser war sich offenbar ganz sicher, bald wieder zurück in Frankfurt zu sein, vielleicht noch vor der Geburt des Kindes. Doch sollte es ein Abschied für immer werden. Margarete hörte nie wieder etwas von Grischa. Im April 1946 wurde Marlis im Haus der Großeltern geboren. Beim Standesamt gab ihre Mutter an: »Vater unbekannt«.

Margarete wartete lange Zeit auf Grischa, dann erfuhr sie, dass der Soldatentransport auf dem Weg in die Ukraine angegriffen worden war, und glaubte, Grischa sei dabei ums Leben gekommen. »Ich vermute, Mutti hat meinen Vater nie ganz vergessen können und unter der Trennung sehr gelitten«.

1949 heiratete Margarete Gitt einen jungen Polizisten und zog mit ihm und Marlis nach Prenzlau. 1952, nach der Scheidung der Mutter, wohnten beide wieder für ein halbes Jahr bei den Großeltern von Marlis. Dann erhielt Margarete mit ihrer Tochter eine Einzimmerwohnung mit Küche.

1952 kann Marlis nicht eingeschult werden, weil sie noch so zierlich und klein ist. Sie wird ein Jahr zurückgestellt.1953 kommt Marlis dann in Frankfurt (Oder) in die Schule, die ihr großen Spaß macht. Sie ist eine fleißige Schülerin. Im Jahr der Einschulung heiratete Marlis' Mutter ein zweites Mal. Wieder einen Polizisten. Die zweite Ehe hielt bis zum Tod des Ehemannes 1981. Marlis wurde von ihrem Stiefvater adoptiert. So hatte sie einen Vater an ihrer Seite, zu dem ein liebevolles Verhältnis bestand.

Von der Zeit im Haus ihrer Großeltern erzählt Marlis viel Positives: »Gehungert haben wir damals nicht. Hinter dem Haus befand sich Feld und Garten und alles was wir brauchten wurde dort angebaut. Außerdem hatten wir Hühner, Kaninchen und eine Ziege. Die Milch habe ich gerne getrunken, weil ich den Schaum, der nach dem Melken auf der Mich war, sehr gern mochte.« Auch die nahe Kaserne mit den vielen Russen hat ihr nie Angst gemacht. »Die Kaserne befand sich unmittelbar hinter unserem Feld. Oft kletterte ich auf den Kasernenzaun und sah den Soldaten beim Marschieren zu, dabei sangen sie auch. Oder ich beobachtete sie beim Baden im Schwimmbassin. Manchmal schenkten sie mir Brot oder Machorka ([Tabak] für die Erwachsenen. Meine Oma wusch auch noch für einige Soldaten die Wäsche. Als Gegenleistung brachten sie stets etwas zu Essen oder Tabak mit.«

Schon als Kind ahnte Marlis, dass es um ihren leiblichen Vater ein Geheimnis gab. Niemand erzählte ihr davon, aber sie hat das aus Gesprächen der Erwachsenen so gedeutet. Das kleine Haus der Großeltern verfügte nur über Küche, Wohn- und Schlafzimmer. »Wenn die Erwachsenen abends im Wohnzimmer gemütlich zusammensaßen, dann lag ich nebenan im Bett und lauschte, was sie sich erzählten. Mutti hörte ich dann oft weinen. Ich habe nicht alles verstanden, mich aber nie getraut nachzufragen.«

Heute weiß Marlis, dass in ihrer Klasse 1953 noch fünf andere

»Russenkinder« gab. Nachteile gegenüber den anderen Kindern hätten die aber nicht gehabt. Marlis vermutet, dass nur wenige von ihren sowjetischen Vätern wussten. Ehemalige Klassenkameraden haben ihr jedenfalls davon erst jetzt erzählt.

Ihre Lehrerin Ute N., heute 77 Jahre alt, bestätigt das. Sie war 1957 die Klassenlehrerin von Marlis und ist sich ebenfalls sicher, dass es mehrere Kinder von sowjetischen Soldaten in dieser Klasse gab. Aber sie sagt: »Man hat darüber nicht gesprochen, es war eben so. Zu dieser Zeit waren die wesentlichsten Berührungsängste zwischen den Russen und Deutschen nicht mehr vorhanden. Russisch war unsere wichtigste Fremdsprache in der Schule.« In Frankfurt (Oder) gab es Veranstaltungen, bei denen sowjetische Kulturgruppen und Ensembles auftraten. Marlis engagierte sich begeistert bei den Jungen Pionieren. Sie erinnert sich an viel Schönes in ihrer Kindheit und beschreibt besonders die Aktivitäten in der Schule, bei den Jungen Pionieren und die Zeltlager in den Ferien.

Ihre Mutter blieb, was Marlis' Vater anging, verschlossen. Marlis fühlte sich von ihr emotional vernachlässigt, wenn es um ihre Partnerschaften ging. Das machte das Mutter-Kind Verhältnis oft schwierig und belastete beide. Besonders schwer zu ertragen waren für Marlis die Selbstmordabsichten ihrer Mutter. Wenn sie – was sie eigentlich nur sehr mäßig tat – Alkohol trank, äußerte sie immer wieder Suizidabsichten, die sie auch mehrfach umzusetzen versuchte. Als Marlis fünf Jahre alt war, wollte sich ihre Mutter mit ihr das Leben nehmen. Marlis erzählt: »Mutti hat mich auf den Arm genommen, ganz doll festgehalten und ist mit mir in Prenzlau durch einen Park gelaufen. Ich kann mich erinnern, dass ich wie verrückt schrie und strampelte, weil sie sich mit mir in der Oka ertränken wollte. Dieses schreckliche Erlebnis verfestigte sich in meinem Kopf.« Es verfolgt Marlis bis heute. Als Kind und auch als erwachsene Frau fand sie lange keine Erklärung für die wiederholten Selbstmordversuche ihrer Mutter.

Heute weiß sie, dass diese traumatisiert war. »Auch am Tag vor meiner ersten Eheschließung hat sie sich am Abend davor betrunken, in der Küche eingeschlossen und den Gashahn aufgedreht. Am nächsten Tag wollte sie nicht mit zu meiner Trauung. Das machte mich tieftraurig und ich weinte sehr.«

Als Marlis 18 Jahre alt ist und eines Abends ihren Freund, den sie zwei Jahre später heiratete, am Bahnhof treffen will, hat sie mit ihrer Mutter einen Riesenkrach. »Das war immer so, ich sollte keinen Freund haben. Ich bin aber doch gegangen und habe zum ersten Mal zur Mutti gesagt: »Was willst du denn, du sagst mir ja noch nicht einmal, wer mein leiblicher Vater ist.« Mit 19 Jahren, nach dem Abitur, wird Marlis schwanger. Ihre Mutter versucht zu verhindern, dass sie das Baby bekommt. »Meine Mutti war entsetzt, als ich ihr davon erzählte, und hat mir heißes Wasser hingestellt und Rotwein, den sollte ich trinken, um eine Fehlgeburt herbeizuführen. Ich habe es nicht getan. Ich wollte mein Kind. Das ist heute mein Sohn, den ich sehr liebe. 1974 habe ich mich scheiden lassen und bin eine neue Partnerschaft eingegangen. Wir hatten über Monate keinen Kontakt, nur Vati kam sehr oft, aber immer heimlich, sie durfte das nicht wissen.« Während sie davon erzählt, ist Marlis anzusehen, wie sehr sie das belastet. Manchmal ringt sie nach Worten, und ihr Schmerz und ihre Trauer werden spürbar. »Ich konnte meine Mutter einfach nicht verstehen, obwohl sie alles für mich tat. Eher übte sie selbst Verzicht, als meine Wünsche nicht zu erfüllen. Doch wie sehr wünschte ich mir auch, sie hätte mich öfter in den Arm genommen und mehr Verständnis für mich gehabt. Erst während ihrer Krankheit wurde unser Verhältnis langsam inniger.«

1965 macht Marlis Abitur und beginnt ein Fernstudium in Ökonomie in Ost-Berlin. Gleichzeitig arbeitet sie in Frankfurt (Oder) in der Datenverarbeitung. Später studiert sie noch Pädagogik. Bis zur Wiedervereinigung Deutschlands, im Jahre 1990, arbeitet sie viele Jahre als Ausbildungsleiterin im Fleischverarbeitungskombinat in Frankfurt. Ihre Arbeit hat ihr viel Freude gemacht. Sie hat 1966 das erste Mal geheiratet und im selben Jahr einen Sohn bekommen. Ihr Mann war bei der Hochseefischerei beschäftigt und immer nur wenige Tage zuhause. Trotzdem hat sie studiert und gearbeitet. Ein Jahr wohnte sie noch mit ihrem Sohn bei der Mutter, bevor sie in eine eigene Wohnung zog.

Marlis hat vor dem Leben keine Angst. Sie war und ist eine entschlossene Persönlichkeit, die sich ihren eigenen Problemen im Laufe des Lebens mutig gestellt und sie bewältigt hat. In all diesen Jahren hat sie immer wieder an den unbekannten Vater gedacht. Dass er ein sowjetischer Soldat gewesen sein musste, darüber war sie sich sicher. Immer wieder erinnert sie sich an die belauschten Gespräche der Erwachsenen in ihrer Kindheit. Ihr eigenes Leben und der Beruf füllen sie zwar voll und ganz aus, doch der Gedanke an den leiblichen Vater bleibt gegenwärtig. Aber »in all den Jahren sah ich keine Möglichkeit nach meinen russischen Vater zu suchen, zudem mir ja auch keine persönlichen Angaben von ihm bekannt waren«.

Nach der Wiedervereinigung hat sie wiederum andere Sorgen. Die Umstellung auf die neuen Bedingungen im Beruf ist vorrangig. Schnell und nahtlos findet sie einen anderen Arbeitsplatz. Privat läuft nicht alles so glücklich. Ihre erste Ehe war, wie erwähnt, 1974 gescheitert. Die zweite Ehe wird nach 25 Jahren 2007 geschieden. Seit 2009 ist sie ein drittes Mal verheiratet. Sie fragt sich heute, weshalb ihr Privatleben so verlaufen ist und wo die Ursachen dafür zu suchen sind.

Zu ihrer Mutter findet Marlis erst wenige Jahre vor deren Tod neue Nähe. Marlis kümmerte sich in dieser Zeit sehr um sie. Margarete wird alt und krank, sie kann nicht mehr in ihrer Wohnung bleiben. Sie muss in ein Seniorenheim ziehen. Diese letzte gemeinsame Zeit mit der Mutter wird für Marlis besonders intensiv, sie nähern sich einander an. Erst jetzt beantwortet Margarete die Fragen ihrer Tochter, die dieser schon ein ganzes Leben auf der Seele lagen. »Meine Mutter hörte mich an und versuchte mich zu verstehen. Nach und nach bekam ich Antwort auf meine Fragen.« Erst jetzt verriet sie Marlis Näheres über ihren leiblichen Vater. Ja, sie ermutigte sie sogar: »Ich glaube nicht, dass du etwas erreichen wirst. Doch wenn du Hoffnung hast, unternimm etwas und suche ihn.« Margarete wünschte sich für Marlis, dass sie noch Familienangehörige findet oder gar Halbgeschwister. In all den Jahrzehnten zuvor hatte sie Marlis' Fragen immer schroff geantwortet: »Er ist tot.« 2012 ist Margarete gestorben. »Einige Tage vor ihrem Tod sprach sie auf meinen Anrufbeantworter »Meine liebe Tochter, ich hab dich ganz, ganz, ganz doll lieb. Du bist mein Engel!« Kurz danach schreibt Marlis an das Deutsche Rote Kreuz in der Hoffnung, dort könne man ihr bei der Suche helfen. Aber die Antwort ist enttäuschend, sie lautet: »Wir suchen nur deutsche Soldaten.«

Bei einem Klassentreffen 2008 begegnet Marlis nach vielen Jahren ihrer geschätzten Lehrerin Ute N. wieder. Sie schwärmt noch heute davon, was Ute N. für eine wunderbare, verständnisvolle Lehrerin gewesen sei, die den Kindern so viel Freude am Lernen vermittelt habe. Es beginnt eine intensive Freundschaft zwischen Ute und Marlis. Ute wird zur wichtigsten Vertrauten. Mit ihr spricht Marlis über die Vergangenheit, über ihre Mutter und auch über den unbekannten Vater. Beide überlegen, ob die Suche nach ihm möglich sein könnte. Im November 2013 lesen Marlis und Ute in der *Märkischen Oderzeitung* einen ganz kleinen Artikel über das Treffen der Besatzungskinder im Berliner Reichstag. Marlis entschließt sich, mir zu schreiben. Es dauert vier Monate, bis sie ihren Entschluss in die Tat umsetzt und ich ihre Nachricht bekomme. Sie hat diese Zeit gebraucht. Derzeit wird Marlis bei der Suche nach ihrem Vater Grischa von Barbara Stelzl-Marx vom Ludwig Boltzmann Institut für Kriegsfolgen-Forschung an der Universität Graz in Österreich unterstützt. Ob sie ihren Vater finden wird, ist ungewiss, aber sie hat sich auf den Weg gemacht.

Marlis ist sich bewusst, dass es an ein Wunder grenzen würde, den Vater noch lebend zu finden, und ob er weitere Kinder hatte, ist bis jetzt ebenfalls völlig ungewiss. Wie lange es dauern wird, bis sie aus dem Moskauer Militärarchiv eine Antwort auf ihren Brief bekommt, kann ihr niemand sagen. Der erste Hinweis darauf, dass die Deutsche Botschaft in Moskau ihren Brief weiterleiten würde, stellte sich inzwischen als falsch heraus. Eine Bitte um Auskunft nach dem russischen Vater muss in russischer Sprache direkt an das Archiv geschickt werden. Marlies hat in der Schule viele Jahre Russisch gelernt und ist jetzt in der glücklichen Lage, diese Bitte um Auskunft ohne fremde Hilfe zu formulieren.

Marlis sagt, allein das Wissen um die Tatsache, dass sie ihr Schicksal mit so vielen anderen Menschen teilt, helfe ihr, das eigene mit allen Unwägbarkeiten anzunehmen.

»Es ist eine Vertrautheit, die ich nie für möglich gehalten hätte.«

Renate Homa,
***1955, Trier, amerikanische Besatzungszone**

Es ist ein kalter Sonntagmorgen im Februar 2011. Ich sitze um kurz vor acht Uhr morgens in einem ICE Richtung Frankfurt am Main. Mein Ziel ist Hanau. Dort werde ich von Werner Homa abgeholt, zum Familientreffen der besonderen Art. Es gibt zwischen uns keine Verwandtschaft, aber auf besondere Weise gehöre ich inzwischen zu seiner Familie.

In den vergangenen drei Jahren bin ich tief in die Familiengeschichte eingetaucht und habe mich mit ihrer Vergangenheit eingehend beschäftigt. Ich war einbezogen in Hoffnung, Freude, Enttäuschung, Trauer und Erlösung. Während der vierstündigen Bahnreise habe ich Gelegenheit, die Ereignisse noch einmal Revue passieren zu lassen.

Ende Dezember 2007 erhielt ich einen Brief von Renate Homa, in dem sie die vage Hoffnung äußerte, ich könne ihr helfen, ihren amerikanischen Vater zu finden. Ihr Mann Werner, Leser des Wochenmagazins *Der Spiegel,* hatte sie auf einen Artikel über GItrace aufmerksam gemacht, in dem Besatzungskinder von ihrer Suche nach ihrem amerikanischen Vater berichteten. Im Januar 2008 führten wir ein erstes, langes Telefongespräch, in dem sie mir Folgendes erzählte:

Renate wusste bis vor Kurzem nichts über ihren Vater, nicht einmal seinen Namen. Erst als im Juni 2006 ihre Mutter Alma starb, entdeckt sie beim Ausräumen der Wohnung in einem Schrank eine alte, schwarze Handtasche, der sie zuerst keinerlei

Bedeutung zumisst. Aber als sie diese öffnet, findet sie in Päckchen verschnürte alte Briefe. Sie ahnt, dass sie auf ein Geheimnis gestoßen ist. Beim flüchtigen Durchsehen stellt sie fest, dass alle Briefe die gleiche Handschrift und den gleichen Absender haben: Otto W. Und alle Briefe waren aus Amerika. Otto W., das musste ihr Vater sein. Schockiert und aufgewühlt stopft sie die Briefe zurück in die Handtasche und nimmt sie mit nach Hause. Lesen kann sie die Briefe zu diesem Zeitpunkt nicht.

Viele Monate später, als sie sich von dem Schmerz und der Trauer über den Tod der Mutter etwas erholt hat, findet sie den Mut, die Tasche erneut zu öffnen. Sie liest Brief um Brief, insgesamt sind es 80. Ihre Mutter hatte sie chronologisch geordnet. Renate begreift, dass ihr Vater immer von ihrer Existenz wusste. Aus seinen Briefen kann sie entnehmen, dass er zu einem bestimmten Zeitpunkt gewünscht hatte, dass ihre Mutter und sie zu ihm nach Amerika kommen sollten. In einem letzten Brief von 1956 teilte er dann aber mit, dass er nun eine Frau heiraten werde, die ein Kind von ihm erwarte.

Sie findet auch zwei Fotos von ihm, die einen gutaussehenden jungen Mann in einem eleganten Anzug zeigen, der an einem Sessel lehnt. Zu diesem Zeitpunkt verspürt sie eine große Befriedigung, endlich zu wissen, wer ihr Vater war. Nun tritt immer drängender der Wunsch in den Vordergrund, diesen Vater auch zu finden.

Ich erklärte Renate, dass der erste Schritt bei der Suche eine Anfrage an das zentrale amerikanische Militärarchiv, das NPRC, in St. Louis sei. Die Antwort von dort ist wichtig, um private Daten über den Gesuchten zu erhalten, die für die konkrete Suche nach dem Vater oder der Familie von großer Bedeutung sind. Nur zwei Wochen später, ungewöhnlich schnell, bekam Renate Antwort von dort. Ottos Akte wurde gefunden, und das Wichtigste: Er lebt noch. Als Renate mich anrief, um mir das mitzuteilen, spürte ich, wie aufgewühlt sie war. Jetzt rückte die Möglichkeit,

Otto W., circa 1956

ihrem Vater nach 55 Jahren noch zu begegnen, in greifbare Nähe. Ich versprach ihr, mich umgehend darum zu kümmern, seinen aktuellen Wohnsitz herauszufinden. Aus den Unterlagen des NPRC ging hervor, dass er 1991 im Staat New York, lebte. Aber das war lange her. Sein Familienstatus war mit alleinlebend angegeben. Diese Information stammte allerdings aus dem Jahr 1954, als er aus der Armee entlassen wurde. Zwei Dinge waren jetzt wichtig zu recherchieren: sein derzeitiger Wohnort und sein aktueller Familienstand. Sollte er tatsächlich verheiratet sein und Kinder haben, mussten wir besonders sensibel sein. Renate wollte sich auf keinen Fall in seine Familie einmischen oder Unruhe stiften. Aber sie wollte etwas über sein Leben erfahren. Zu diesem Zeitpunkt wussten wir auch nichts über seinen Gesundheitszustand, auch das musste berücksichtigt werden. Er war 80 Jahre alt. Meine englische Freundin Sally Vincent fand nur wenige Tage später über eine amerikanische Personen-Suchmaschine heraus, dass Otto im Staat New York lebte. Er war verheiratet und hatte zwei Söhne.

Ich teilte Renate diese Informationen telefonisch mit und bot ihr an, ihrem Vater zu schreiben und ihm von ihrer Suche nach ihm zu berichten. Renate nahm mein Angebot an. Ich schrieb Otto W. einen Brief, erklärte ihm meine ehrenamtliche Arbeit für GItrace, erwähnte darin auch, dass ich selbst einen amerikanischen Vater aus der Besatzungszeit habe, und appellierte an sein Mitgefühl. Da er Professor für Psychologie (gewesen) war, hoffte ich, er würde mein Argument, wie wichtig es für jeden Menschen sei, eine Mutter und einen Vater zu haben, verstehen. Er antwortete mir umgehend.

Und sein Brief erschütterte mich zutiefst. Noch nie zuvor hatte ich bei einer Recherche in den USA so schnell eine Antwort erhalten. Noch nie zuvor war darin so viel Mitgefühl für das suchende Kind zu spüren. Und noch nie zuvor hatte ich erlebt, dass ein Vater sich so schuldig fühlte. Schuldig, weil er von seiner Tochter Renate wusste, aber seine Verantwortung für dieses Kind nicht wahrgenommen hatte. Er wusste offenbar nicht, wie und ob er seine Versäumnisse wieder gutmachen konnte. Er erwähnte einen seiner Söhne, der oft in Europa beruflich unterwegs sei und sich möglicherweise mit Renate treffen wolle. Sein letzter Satz enthält Grüße an Renate. Er wünsche ihr nur das Allerbeste für ihr weiteres Leben.

Das alles beschäftigt mich auf der Zugreise nach Hanau. In wenigen Stunden würde ich diesem Mann gegenüberstehen, von dem ich inzwischen so viel erfahren habe. Der mich berührt und neugierig gemacht hatte. Deshalb hatte ich zugestimmt, zu kommen.

Renate hatte ihrem Vater nach seinem ersten Brief mehrfach selbst geschrieben, jedoch nie eine Antwort erhalten. In größeren zeitlichen Abständen telefonierten wir miteinander, und so wusste ich um ihre Enttäuschung darüber, dass Otto W. keinen direkten Kontakt zu ihr aufnahm. Gesundheitlich war sie angeschlagen.

Die Ärzte hätten ihr geraten, sie solle ihre Vaterproblematik klären. Aber wie? Die Enttäuschung über die unbeantworteten Briefe an ihren Vater saß tief. Sie erwähnte, ihr Mann hätte ihren Bruder im Internet gefunden. Ich ermunterte sie, ihm zu schreiben. Ihre Antwort war: »Ich kann es nicht. Die Angst vor weiteren Enttäuschungen ist zu groß.« Ich bot ihr an, es für sie zu versuchen, was sie dankbar annahm.

Ich schrieb eine E-Mail an Steven W. in Seattle und fragte ihn, ob er mit Otto W. verwandt sei. Ich hätte dessen E-Mail-Adresse verloren, wolle ihn aber dringend kontaktieren, wir hätten schon einmal Kontakt gehabt. Was ja stimmte, wenn auch nicht per E-Mail. In meiner E-Mail-Signatur ist auch die Homepage von GItrace und den Besatzungskindern eingetragen. Auch hier kam eine Antwort umgehend, nur wenige Stunden später. Ja, Otto W. sei sein Vater. Er werde die E-Mail sofort an diesen weiterleiten. Unter »P. S.« hatte Steven mit Bezug auf mein Engagement bei GItrace geschrieben: »WOW, du machst einen interessanten Job.«

Eine Woche wartete ich auf eine Rückmeldung von Otto. Dann war mir klar, dass er sich nicht wieder bei mir melden würde. Wenn ich Renate helfen wollte, musste ich ihrem Bruder Steven die Wahrheit sagen. Zwei Tage formulierte ich an dem Brief. Ich schrieb ihn immer wieder neu, legte ihn zur Seite, las ihn nach Stunden wieder. So lange, bis ich mehr oder weniger mit dem Inhalt zufrieden war. Aber was wäre, wenn es ihn überhaupt nicht interessierte? Diese Fragen ließen mich nicht los, ich hoffte, die richtigen Worte für mein Anliegen gefunden zu haben. Schließlich gab ich mir einen Ruck und drückte auf »Senden«. Ich versuchte, mich abzulenken, aber meine Spannung auf die Antwort war zu groß.

Sechs Stunden später erhielt ich gleich zwei E-Mail-Nachrichten – eine von Steven und eine andere von seinem Bruder Mike aus San Francisco. Beide schrieben spontan, dass sie sich freuten,

Die Geschwister Mike und Renate bei ihrem ersten Treffen, Juni 2010

eine Schwester in Deutschland zu haben, und dass sie umgehend mit ihrem Vater telefonieren würden. Jetzt überschlugen sich die Ereignisse. Zuerst rief ich Renate an: »Du hast zwei Brüder, und beide freuen sich, dass es dich gibt. Sie werden mit Otto sprechen, und er muss jetzt Ja zu dir sagen.« Dann schickte ich ihr die E-Mails, die ich erhalten hatte. In derselben Nacht begannen Renate und ihre Brüder, sich über das Internet auszutauschen, und einen Tag später erhielt Renate endlich auch eine Antwort ihres Vaters.

Auch ich erhielt eine lange E-Mail von Otto W. Unter anderem schrieb er: »My life was not exactly what it should be and that is why I wasn't ready, at the moment of your invitation, to communicate freely with my daughter Renate.«

Überraschend teilte Renates Bruder Mike mit, er sei Mitte Juli 2010 in Deutschland und wolle, sofern das möglich sei, Renate treffen. Sie verabredeten sich für ein Wochenende in Bad Wiessee, und Renate bat mich, dabei zu sein. Gemeinsam holten wir Mike in seinem Hotel ab. Wir verbrachten zwei Tage mit ihm in Bad Wiessee. Mike berichtete, dass Otto auch gern mitgekommen wäre, dass aber der kurzfristige Termin für ihn nicht möglich gewesen wäre. Für ihn war die Situation noch so neu und die Wendung der Dinge unglaublich, er brauchte noch Zeit. Renate und Mike haben sich vom ersten Moment an gemocht. Die Freude der beiden Geschwister mitzuerleben, war schön. Mike erzählte viel über Otto, seine Kindheit und Jugend in New York und über Immy, die zweite Frau seines Vaters. Zusammen brachten wir Mike zum Flughafen, und da nannte er den nächsten Besuchstermin, dieses Mal bestimmt mit dem Vater, wenn er im kommenden Februar wieder in Europa sei.

In den folgenden E-Mails von Otto an mich sprach er immer davon, dass ich bei seinem Besuch auch dabei sein sollte. Deshalb bin ich jetzt auf dem Weg nach Hanau und sehr gespannt auf die Begegnung.

Werner Homa holt mich am Bahnhof ab. Wir fahren direkt zu einem Restaurant, wo die Familie schon auf uns wartet. Renate sitzt strahlend neben ihrem Vater, neben ihm seine Frau Immy und Mike. Als Otto aufsteht, um mich zu begrüßen, ist er sichtlich gerührt. Wortlos schließt er mich in seine Arme und drückt mich lange. Nur ein Satz: »Thank you, Ute.« Otto W. ist ein beeindruckender Mann. In seinen Augen lese ich große Freude, aber auch Wehmut und einen tiefen Ernst. Wenn er erzählt, wird er sehr lebhaft und lacht viel und herzlich. Wenn er Renate anschaut und ihre Hand streichelt, sieht er besonders glücklich aus. Der lange Flug von New York nach Deutschland war anstrengend für den 82-Jährigen. Allein hätte er aus gesundheitlichen Gründen die Reise nicht machen können. Er hat Immy und Mike gebeten, ihn bei dieser schweren Mission zu begleiten. Mike ist wieder einmal auf Geschäftsreise in Europa. Er ist schon früher angereist und mit Renate zum Flughafen gefahren, um den Vater abzuholen. Ottos erste Worte waren: »Renate, du erinnerst mich an deine Mutter. Du siehst ihr so ähnlich.«

Ich frage Otto W., was ihn gehindert habe, mit Renate gleich nach meinem ersten Brief 2008 Kontakt aufzunehmen. Er tut sich sichtlich schwer mit der Antwort. Er habe nicht gewusst, wie er das seinen Kindern und seiner Frau erklären sollte und wie sie reagieren würden. Er habe nie mit ihnen darüber gesprochen, und nach 55 Jahren sei es ihm enorm schwergefallen, dieses Schweigen zu brechen. Dazu kamen seine Schuldgefühle gegenüber Renate.

Abends sitzen wir alle zusammen im Haus von Renate und Werner. Otto erzählt mir von seinem Leben. Wie seine deutschen Eltern, beide 1925 in die USA eingereist, sich bei einem englischen Sprachkurs in New York kennenlernten. Wie sie kurz darauf heirateten und zuerst in Brooklyn wohnten, wo Otto 1929 geboren wurde. Er hat noch drei jüngere Geschwister. Seine Eltern zogen mehrfach um, der Vater betrieb verschiedene kleine Geschäfte. 1946 kaufte er ein Restaurant in Wolfboro, New Hampshire, Otto machte dort 1947 seinen Highschool-Abschluss. Die Familie sprach bis 1935 zuhause Deutsch. Doch bald nach der Machtübernahme durch die Nationalsozialisten lehnten die Eltern es ab, mit ihren Kindern weiterhin Deutsch zu sprechen. Otto hat sich aber einen kleinen Wortschatz aus der Kinderzeit bis heute bewahrt.

Nach einem Semester auf dem College ging er 1947 nach New York, um Arbeit zu suchen, weil die Eltern sein Studium nicht weiter finanzieren konnten. Den ersten Job fand er in einem Verlag. Die Arbeit machte ihm Spaß, aber er war fest entschlossen, an der Columbia Universität weiter zu studieren, sobald er genügend Geld gespart hätte. Die US-Army kam ihm zuvor. Im Dezember 1950 erhielt er seine Einberufung in die Air Force. Nun hoffte er, vielleicht während seiner Armeezeit studieren zu können. Sein Ziel war die Meteorologie, aber das erreichte er nicht. Er war enttäuscht. Die Meteorologie blieb zeitlebens sein Hobby. Das erzählte Renates Bruder Mike. Er sagte: »Es gibt keinen Brief und keine E-Mail von Vater ohne den aktuellen Wetterbericht und die Wetterprognose für die nächste Zeit.«

Im November 1953 kam Otto mit der US-Army ins rheinland-pfälzische Spangdahlen. Das Leben in der Kaserne und das Miteinander unter den GIs war nicht seine Welt. Er wollte den Dienst hinter sich bringen und dann schnell zurück, um in den USA zu studieren. Otto erzählt mir, dass er sich an freien Wochenenden lieber allein vergnügte. So fuhr er im Sommer 1954 an einem Samstag nach Trier, um sich die Stadt anzuschauen. Ein Restaurant fiel ihm auf, in dem eine kleine Kapelle spielte und in dem getanzt wurde. Er ging hinein und forderte Renates Mutter Alma zum Tanz auf. Sie verabredeten sich an jedem Wochenende und waren sehr verliebt ineinander. Eine sprachliche Barriere gab es zwischen ihnen zum Glück nicht, da Otto ja etwas Deutsch konnte. Alma lud ihn nie zu sich nach Hause ein. Sie hatte auch ihren Eltern nichts von den Verabredungen erzählt. Niemand in ihrem Umfeld wusste von der Liebe zu Otto, dem US-Soldaten.

Im Dezember 1954 war der Armeedienst für Otto beendet, und er musste zurück in die Vereinigten Staaten. Er versprach Alma, sie nachzuholen. Sie wollten zusammenbleiben. Er erzählt mir, dass er damals sogar daran gedacht habe, wegen Alma in Deutschland zu studieren, aber seine deutschen Sprachkenntnisse seien für ein Studium nicht ausreichend gewesen. Sie schrieben sich viele Briefe. Dass Alma seine aufbewahrt hat, hätte er nicht für möglich gehalten. Otto erzählt weiter, dass er im Frühjahr 1955 von Almas Schwangerschaft erfuhr und seine Eltern um eine kleine monatliche Unterstützung bat, damit sie mit dem Baby zu ihm kommen könne. Aber das lehnten diese entschieden ab. Selbst aus Deutschland stammend, wollten sie nach dem Krieg keine Deutsche in der Familie.

Als Renate die Handtasche mit seinen Briefen holt, die sie im Nachlass der Mutter gefunden hatte, atmet Otto schwer. Seine eigenen Briefe an die frühere Geliebte nach so langer Zeit wieder in der Hand zu halten, ist eine große emotionale Herausforderung für ihn. Wir sitzen alle ganz stumm dabei.

Erst am nächsten Tag habe ich Gelegenheit, mit Renate allein zu sprechen. Sie möchte mir so viel erzählen. Ihr Vater ist mit seiner Frau Immy und Mike schon im Flugzeug zurück nach New York. Sie ist dankbar, wie einfach Otto ihr den Umgang gemacht hat. Und sie ist erleichtert, dass seine Frau Immy so verständnisvoll war. Sicher können die beiden nichts nachholen, aber die Nähe zwischen ihnen, die hatten sie schon bei der ersten Umarmung gespürt. Renate sagt: »Ich war ganz ruhig und gar nicht aufgeregt, als wir auf Otto warteten. Das hat mich selbst erstaunt. Wir sprachen zuerst fast gar nichts. Ich glaube, das Erste, was Otto sagte, war: ›Du siehst aus wie Alma.‹ Ich habe mich in seinen Armen so wohl gefühlt, gar nicht so, als wäre es das erste Mal. Und dieses Gefühl blieb die ganze Zeit über. Es ist eine Vertrautheit, die ich nie im Leben für möglich gehalten hätte.«

Jetzt erst erzählt mir Renate ausführlicher von ihrer Mutter und ihrer Kindheit. Alma verheimlichte ihre Schwangerschaft gegenüber den Eltern bis zum letzten Tag. Sie ging bis kurz vor der Geburt ins Büro, und niemand bemerkte etwas. Renates Tante hat ihr erst kürzlich erzählt, dass Renates Großvater eines Abends mit dem Fahrrad losraste. Ein paar Stunden später erfuhr sie, warum er es so eilig hatte. Da war Renate schon auf der Welt. Er hatte die Hebamme im Ort angefleht, sofort zu kommen. Für Renates Mutter müssen diese Monate und Wochen der heimlichen Schwangerschaft entsetzlich gewesen sein.

Renate wurde im Mai 1955 geboren; sie wuchs in ihrer Familie in Trier auf. Sie habe ihren Vater als Kind nicht vermisst, sagt sie heute. »Ich hatte meinen Opa. Der war selbständiger Installateur mit der Werkstatt am Haus und somit immer für mich da. Es gab einen großen Garten, Haustiere und im Nebenhaus wohnten weitere Familienmitglieder.« Ganz besonders hing Renate an der liebevollen Großmutter. Die Kinderfotos, die sie vor mir ausgebreitet hat, bezeugen es. Es hat ihr in den ersten Lebensjahren an nichts gefehlt.

Vielleicht hat Renates Mutter zu Anfang noch daran gedacht, nach Amerika zu ziehen. Das kann man aus Ottos Briefen entnehmen, und er hat es auch im Gespräch bestätigt. Er wollte Alma und Renate bei sich haben. Aber Alma hat sich nicht zu diesem Schritt durchringen können. Außerdem wurde sie wahrscheinlich auch von ihren eigenen Eltern beeinflusst, die Tochter und Enkelkind nicht verlieren wollten. Allerdings haben sie nie Ottos Briefe an Alma unterschlagen, wie es so viele andere Familien sowohl in Deutschland wie auch in Amerika getan haben. Alma hatte in Trier eine gute Anstellung in der Justizverwaltung, Renate war bestens betreut und umsorgt von der Oma, und sie hatten ihre eigene Wohnung im Haus der Großeltern. Das waren Sicherheiten, die sie aufgegeben hätte, ohne zu wissen, was sie in New Hampshire erwarten würde.

Für Renate änderte sich die glückliche Kindheit, als ihre Mutter einen anderen Mann kennenlernte und ihn heiraten wollte. Die damals achtjährige Renate sollte von ihm nach der Hochzeit adoptiert werden, damit sie alle denselben Familiennamen hätten. Das wollte ihre Mutter, um sie vor Fragen zu schützen. Renate mochte den Mann nicht. Sie wollte nicht von ihren Großeltern wegziehen. Sie wollte auch ihren Nachnamen behalten. Ihre Großmutter erklärte, ihr richtiger Vater sei ein Amerikaner gewesen, den ihre Mama aber nicht geheiratet habe. Er sei zurück in die USA, mehr wisse sie nicht. Dass sie nun wusste, wer ihr leiblicher Vater war, beruhigte sie etwas, aber die Hochzeit der Mutter blieb ein großer Einschnitt. Die Ehe ihrer Eltern wurde nicht glücklich. Es gab häufig Streit. »Zum Glück wohnten wir nicht weit entfernt von den Großeltern, und ich konnte weiterhin tagsüber bei ihnen sein.« Obwohl ihre Mutter versuchte, sie zu beschützen, wurde die Situation im neuen Zuhause für Renate zu einer Belastung. Nach dem Abitur machte sie zuerst eine Ausbildung in der Verwaltung der Stadt Trier, und später studierte sie. Erst als sie mit 23 Jahren ihren Mann Werner kennenlernte und heiratete, ging es ihr besser. Sie war nicht mehr gezwungen, mit dem Stiefvater unter einem Dach zu leben.

Renate und Otto W. bei einem Besuch Renates in den USA, 2011

Renate hat nie versucht, ihren Vater zu finden, aber in Gedanken habe sie sich viel mit dem Unbekannten in Amerika beschäftigt. Er war ihr ein Trost, wenn sie traurig war. Wie wäre es gewesen, wenn sie mit ihm hätte aufwachsen können? Ihre Mutter hat sie auf Otto W. nie angesprochen. Sie sagt: »Meine Mutter war sehr verschlossen und hat sich nicht gern mitgeteilt und nie über Vergangenes gesprochen.« Als sie alt und sehr krank wurde, holte Renate sie in die Nähe ihres Wohnortes. Einmal erwähnte die Mutter bei einem Spaziergang im Wald: »Ich muss dir noch etwas über deinen richtigen Vater erzählen.« Renate antwortete: »Aber nicht jetzt, nicht hier, später.« Heute bedauert sie sehr, dass sie es versäumt hat, das Gespräch zuhause wieder aufzunehmen. »Meine Mutter war damals schon so krank, es war nicht der richtige Zeitpunkt«, sagt sie. Wenige Monate später starb Alma.

Für Renate ist der Wunsch, den Vater zu suchen und ihn wenn möglich noch zu treffen, in Erfüllung gegangen. Otto W. lagen die verdrängten Schuldgefühle jahrzehntelang schwer auf der Seele. Er war nicht in der Lage, diesen Zustand zu verändern. Und deshalb ist er seiner Tochter so dankbar, dass sie ihn gesucht und gefunden hat.

»Wir haben deinen Bruder gefunden.«

Erich Hones,
***1946, Melsungen, amerikanische Besatzungszone**

Die Diagnose Nierenkrebs war ein Schock für Erich Hones. Mit 48 Jahren, noch voller Pläne für die Zukunft, schien für ihn 1994 mit einem Schlag alles vorbei zu sein. Aber aufgeben kam für Erich nicht infrage. Es wurde eine Niere entfernt, und nach langen Wochen des Bangens fasste er wieder Mut und Kraft. In dieser Situation hatte er reichlich Zeit, über grundsätzliche Dinge nachzudenken. Die Frage nach seinem unbekannten Vater, einem amerikanischen Besatzungssoldaten, trat in den Vordergrund. Warum hatte er nie ernsthaft versucht, ihn zu finden? Als Erich wieder nach Hause zurückkehrte, war er entschlossen, die Vatersuche neu zu beginnen.

Bekannte, die von seiner Geschichte wussten, machten ihn auf einen Zeitungsartikel über die britische Organisation TRACE und deren Initiatorin Pamela Winfield in London aufmerksam. Interessiert las er, diese Dame sei seit vielen Jahren engagiert, englischen GI-Kindern bei der Suche nach ihren Vätern in den USA zu helfen. Erich schrieb ihr von seiner Suche nach Mack W., seinem Vater. Es vergingen Monate, in denen seine Hoffnung auf den Nullpunkt sank. Dann endlich erreichte ihn der ersehnte Brief aus London in Englisch. Er verstand nichts, aber seine jüngste Tochter konnte helfen. Es wurden ihm ein Name und eine Adresse genannt, die er anschreiben sollte, doch der dorthin abgesandte Brief kam ungeöffnet wieder zurück.

Enttäuscht ließ er die Vatersuche wieder ruhen. Seine Gesundheit hatte Priorität. Aber wirklich zur Ruhe kam er nicht. Immer wieder suchte Erich im Internet nach Möglichkeiten, seinen Besatzungsvater zu finden – ohne Erfolg. Im Januar 2001 schrieb er noch einmal an Pamela Winfield. Zu seiner Überraschung kam die erhoffte Antwort dieses Mal sehr schnell. Sie schrieb, er solle sich an einen Rechtsanwalt in Miami, Florida, wenden, ein ehrenamtlicher Helfer von TRACE. Aus Miami kam tatsächlich eine schnelle Antwort. Erich Hones musste einen umfangreichen Fragebogen ausfüllen.

Wieder wartete er zermürbende Wochen auf eine Antwort. Die alten, bekannten Fragen, schon tausend Mal gedacht, tauchten wieder auf: Ob das alles überhaupt einen Sinn ergibt? Was ist, wenn mein Vater nichts von mir wissen will? Wie geht es mir dann? Noch schlechter? Eine neue Enttäuschung? Halte ich das aus?

Aber Erich gibt nicht so schnell auf. Seine Kindheit hat ihn gelehrt, sich durchzusetzen. Es war nicht viel Hilfe oder Unterstützung von seiner Mutter möglich gewesen. Er bewundert heute noch, was sie trotz Entbehrungen und Enttäuschungen geleistet hat.

Im Sommer 1945 wurde Erichs Mutter Anna P., 31 Jahre alt, gezwungen, ihre Heimat im Sudetenland über Nacht mit drei kleinen Kindern, sechs, vier und zwei Jahre alt, zu verlassen. Ihre Eltern verlor sie unterwegs aus den Augen, und so übernahm sie zusätzlich die Verantwortung für ihre beiden jüngeren Schwestern, 18 und 20 Jahre alt. Nach wochenlanger Fahrt in einem Viehwaggon erreichten sie Melsungen. Sie wusste zu diesem Zeitpunkt weder, was aus ihren Eltern geworden war, noch, ob ihr Mann, der in Stalingrad in russische Gefangenschaft geraten war, noch lebte.

Anna blieb keine Zeit, über die Vermissten lange nachzudenken. Es galt, fünf Mäuler zu stopfen. Die Unterkunft, die ihnen zugewiesen wurde, war katastrophal. Anna suchte verzweifelt nach Arbeit, um die Familie zu ernähren. Da bot sich ihr die Möglichkeit, bei den in Melsungen stationierten Amerikanern als Bedienung zu arbeiten. Das verbesserte, zumindest was die fehlende Nahrung betraf, ihre Situation erheblich. In dieser Zeit lernte sie Mack W. kennen, der in der Küche arbeitete. Er war 19 Jahre alt und erst im August 1944 von der Army eingezogen worden. Aufgrund seines Asthmas war er nie in der kämpfenden Truppe gewesen, sondern in einer Versorgungseinheit. Es ist anzunehmen, dass er Anna mit Lebensmitteln versorgt hat und sie sich dadurch näherkamen. Sie verbrachten später häufiger ein Wochenende gemeinsam in Borken, während Annas Schwestern die Kinder hüteten. Das hat eine der Schwestern später Erich erzählt.

Die Liebesbeziehung hatte Folgen, Anna wurde schwanger. Bevor sie dies Mack sagen konnte, war er schon im März 1946 mit seiner Einheit zurück in die USA verlegt worden. Aber er hatte Anna seine Heimatadresse in Florida aufgeschrieben. Ob sie Pläne hatten zu heiraten, wissen wir nicht. Aber das wäre auch aufgrund des Fraternisierungsverbots, welches zu dem Zeitpunkt noch Gültigkeit hatte, aussichtslos gewesen. Außerdem war Anna ja verheiratet und hatte drei Kinder. Wenn Beziehungen zwischen US-Soldaten und deutschen Frauen überhaupt genehmigt wurden, war die Bedingung, dass die Frauen unverheiratet waren und keine Kinder hatten.

Am 26. November 1946 wurde Erich geboren, sein Vater hat das nie erfahren. Anna P. gab in der Geburtsurkunde an: Vater unbekannt. Obwohl sie zu diesem Zeitpunkt verheiratet war, lehnte sie es offenbar ab, das Kind als ehelich registrieren zu lassen. Von ihrem Ehemann hatte sie zu dieser Zeit noch immer keine Nachricht. Ob er noch lebte, wusste sie nicht. Immer wieder suchte sie über das Rote Kreuz nach ihm, ohne Erfolg. Mit Mut, Kraft und Organisationstalent schaffte es Anna, sich mit den Kindern durchzubringen.

Und dann erhielt sie 1948 einen Brief ihrer Schwägerin. Darin teilt diese ihr mit, dass Annas Ehemann schon 1946 aus russischer Kriegsgefangenschaft entlassen worden sei und in Bayern mit einer Frau zusammenlebe. Anna P. machte sich unverzüglich auf den Weg, um ihren Ehemann zur Rede zu stellen. Sie hatte viele Versuche unternommen, um ihn zu finden – offenbar hatte er das nicht getan. Das Zusammentreffen der Eheleute war nicht glücklich. Anna warf ihrem Mann vor, sich weder um sie noch um seine drei Kinder gekümmert zu haben, und sie erzählte ihm auch von Erich. Zu viel war zwischen den Eheleuten geschehen, und vielleicht hatten auch beide zu viel Schreckliches erlebt, als dass der Bruch hätte verhindert werden können. Unglücklich fuhr Anna zurück nach Melsungen und ging davon aus, dass sie weiterhin allein für die Kinder verantwortlich wäre.

Kurze Zeit später erhielt sie einen Brief des Jugendamtes im neuen Wohnort ihres Mannes, in dem ihr mitgeteilt wurde, ihr Mann habe wegen Ehebruchs den Antrag gestellt, dass die gemeinsamen Kinder ihm zugesprochen werden und bei ihm leben sollten. Zugleich reichte er die Scheidung ein. Im damaligen Scheidungsrecht galt das Schuldprinzip. Als allein schuldig gilt Anna, sie hat mit einem amerikanischen Soldaten Ehebruch begangen, und Erich war dafür der Beweis. Anna hat keine Chance, ihre Kinder zu behalten.

Innerhalb weniger Wochen werden die drei Kinder, damals acht, neun und elf Jahre alt, vom Jugendamt in Melsungen abgeholt und zum Vater nach Bayern gebracht. Anna bleibt mit dem vierjährigen Erich allein zurück. Im ersten Jahr gibt es kaum Kontakt zu ihren Kindern, doch Anna kann in Erfahrung bringen, dass sie nicht bei ihrem Vater leben. Er hat sie in verschiedenen Pflegefamilien untergebracht. Die neunjährige Tochter ist auf einem Bauernhof im Allgäu. Erichs Mutter ist verzweifelt, hat aber keinerlei Möglichkeiten, dagegen vorzugehen. 1953 bekommt Anna einen Brief von der Schwester ihres geschiedenen Mannes. Sie schreibt Anna, dass die kleine Tochter vor Heimweh ganz krank sei. Daraufhin holt Anna das Kind aus dem Allgäu zurück nach Hause. Erst 1959 und 1963 können auch die beiden Brüder zur Mutter zurückkehren. Erich sagt, er habe von der Not seiner Mutter nicht viel mitbekommen. Aber die Tatsache, keinen Vater zu haben, hat ihm dagegen sehr zugesetzt. Seine Freunde hatten Väter. Er wurde gehänselt: Wieso hast du eigentlich keinen Vater? Jedes Kind hat einen Vater, warum du nicht? Er sagt: »Ich habe mir viel gefallen lassen, bin ja eigentlich ein Gutmütiger, aber oft bin ich einfach ausgerastet, weil es immer wieder zu bösartigen Beschimpfungen kam. Ich wurde zum Beispiel Bastard genannt. Kämpfen wollte mit mir aber keiner, weil ich größer und kräftiger war als die anderen.«

Seine Mutter gab ihm auf die Frage, wer eigentlich sein Vater sei, kurz und knapp die Antwort: Ein amerikanischer Soldat. Weitere Fragen beantwortet sie nicht.

Nach der achten Klasse Volksschule lernte Erich mit 14 Jahren den Beruf des Klempners. Später wechselte er in die Verwaltungslaufbahn und wurde Hygieneinspektor beim Gesundheitsamt Homberg (Efze). Er hat 1967 jung geheiratet, zwei Töchter bekommen und sich mit seiner eigenen Familie eingerichtet. Der fehlende Vater spielte viele Jahre keine bedeutende Rolle mehr. Mit seiner Mutter hatte er bis zu ihrem Tod 1988, sie ist 74 Jahre alt geworden, immer einen liebevollen Kontakt. Als er längst erwachsen war und sie wieder einmal nach seinem Vater fragte, gab sie ihm einen Briefumschlag mit dem Namen und der Heimatadresse seines Vaters von 1946. Seinem ältesten Bruder stand Erich nie sehr nah, da gab es eher versteckte Konflikte. Sie hatten zu wenig gemeinsam erlebt, und an der Trennung von der Mutter in ganz jungen Jahren, unter der sie alle sehr gelitten hatten, war Erich schuld. Er hatte immer bei der Mutter sein können, ihnen war das wegen der Beziehung, aus der Erich hervorging, verwehrt worden. Mit der Schwester und dem jüngeren Bruder hatte er in den späteren Jahren eine innigere Beziehung gefunden und sie haben ihm zumindest kleine Erinnerungsfetzen mitteilen können.

Erich Hones heute

Anna P., circa 1945

Anna P., 1945/1946

Mack W. in Melsungen, 1945/1946

Als der Versuch von 2001, seinen Vater zu finden, erneut erfolglos verlief, ließ Erich Hones wieder Jahre verstreichen. Das tägliche Leben mit der Familie und dem inzwischen geborenen Enkelkind lenkte ihn meist ab. Aber die Gedanken an die unbewältigte Vergangenheit wurden nicht weniger, im Gegenteil. Die Nächte, in denen die Fragen nach dem Warum und Weshalb keinen oder schlechten Schlaf brachten, stürzten ihn manches Mal geradezu in Verzweiflung. Er konnte sich nicht damit abfinden, dass die Suche nach seinem Vater gescheitert war.

Im September 2005 versucht er es erneut bei TRACE und erhält eine rasche Antwort von John Munro. Pamela Winfield hatte sich zu diesem Zeitpunkt aus Altersgründen von der aktiven Arbeit für TRACE zurückgezogen. John Munro zeigte Erich einen ganz neuen Weg auf: nämlich einen Brief an den schon mehrfach erwähnten Niels Zussblatt beim NPRC in St. Louis zu schreiben, um über die Militärakte seines Vaters mehr Details zu erfahren. Nach ganz kurzer Zeit hielt Erich detaillierte Angaben über seinem Vater Mack W. in den Händen. Die traurige Nachricht war auch dabei: Mack war im November 2001 gestorben.

Wieder wollte Erich sich damit nicht zufriedengeben. Möglicherweise gab es Halbgeschwister? Diese zumindest könnten ihm vielleicht von seinem Vater berichten. John Munro leitete Erichs Bitte an mich weiter. Schon nach wenigen Tagen war ich mit der Hilfe meiner britischen Freundin Sally Vincent sicher, dass wir die Familie W. in Florida gefunden hatten. Erich hat vier Brüder und eine Schwester. Mit dem ältesten Bruder Mack, 1948 geboren, und seiner Frau Harriet telefonierte Sally und erzählte ihnen von Erich. Mack war nicht etwa geschockt, nein, er war erfreut und neugierig auf den neuen Bruder aus Deutschland. Anfang 2006 konnte ich Erich Hones berichten: »Erich, wir haben deinen Bruder gefunden. Sally hat mit ihm telefoniert, und er möchte gern mit dir Kontakt haben. Er war überrascht, einen deutschen Halbbruder zu haben, aber er war erfreut.«

Erich schrieb mit Hilfe seiner Tochter einen langen Brief auf Englisch an seinen Bruder Mack und dessen Frau Harriet nach Florida. Er erzählte von seiner jahrelangen Suche und der Hoffnung, etwas über seine amerikanische Hälfte herauszufinden. Am meisten ist er am Vater interessiert. Wie groß ist er gewesen? Erich ist stattliche 186 Zentimeter groß und über 100 Kilogramm schwer. Ob sein Vater oder seine Brüder ähnlich gebaut waren? Ein Foto von seinem Vater stand auf seiner Wunschliste ganz oben. Ein vier Seiten langer Brief kam postwendend aus Florida. Die beigelegten Fotos fielen Erich als Erstes in die Hände: sein Vater in Uniform im Jahre 1945. Mehrere andere Fotos zeigen unter anderem auch GI-Kameraden und deutsche »Fräuleins« in lustiger Runde. Ein Foto zeigt eine Frau, die allein am Rande eines Feldes steht. Es liegt Schnee, in der Ferne sind drei Schornsteine zu erkennen. Sie ist nicht sehr groß, hat dunkle Haare und ein hübsches Gesicht. Sie trägt einen schwarzen Mantel mit einem weißen Kragen. Erich erkennt sie sofort: Das ist seine Mutter. Dieses Foto hat Erich von seiner Schwester bekommen.

Es gehen in den ersten Wochen viele Briefe und Fotos hin und her. Harriet und Mack erzählen Erich ausführlich die Familiengeschichte. Von den anderen Geschwistern bekommt er keine Post. Die Ähnlichkeit zwischen Mack und Erich ist auf den Fotos deutlich zu sehen. Beide sehen dem amerikanischen Schauspieler Bud Spencer in ihrer Fülle ähnlich. Erich wünscht sich seit Jahren einen Besuch in Amerika machen zu können, aber es ist ihm aus gesundheitlichen Gründen nicht mehr möglich, das bedauert er sehr. Und offenbar ist es seinem Bruder auch nicht möglich zu reisen. Das ist der einzige Wermutstropfen, aber vielleicht lernt er eines Tages seinen Bruder doch noch persönlich kennen?

»Traurigkeit war so ein Grundgefühl bei mir.«

Margot Jung,
***1954, Koblenz, französische Besatzungszone**

Koblenz hatte der Krieg schwer getroffen. Von April 1944 bis Januar 1945 gab es wegen der strategischen Bedeutung der Stadt (Brücken über Rhein und Mosel, Bahnanlagen) massive Luftangriffe der Alliierten. Die Amerikaner erreichten Koblenz im März 1945 und übergaben im Juni desselben Jahres Stadt und Region an die Franzosen. Die französische Besatzungsmacht zeigte zu Anfang keinerlei Mitgefühl mit der einheimischen Bevölkerung und der großen Zahl von Flüchtlingen, die die Stadt bevölkerten. Die Mindestversorgung mit Nahrungsmitteln war so unzureichend, dass die Amerikaner mit Lebensmitteln und anderen Dingen Unterstützung leisteten. Die Franzosen waren aufgrund ihres Auftretens sehr unbeliebt. Sie beschlagnahmten den wenigen noch vorhandenen Wohnraum für ihre Zwecke und verlangten zusätzlich von der Stadtverwaltung den Neubau von Häusern in bester Wohnlage auf dem Oberwerth, einer Halbinsel im Rhein. Die ersten Jahre nach dem Krieg war die französische Besatzungsmacht für Koblenz und seine Bevölkerung eine enorme Belastung. Das änderte sich erst Anfang der 1950er Jahre. Nun legte sich auch zunehmend die Abneigung gegenüber den französischen Soldaten, und es entstand manche Liebesbeziehung zu einheimischen Frauen.

Margot Jungs Mutter, Anna Elisabeth S., Jahrgang 1922, erlebte den Krieg, das Kriegsende und die Besatzung in einem Dorf nahe der Koblenzer Stadtgrenze. Sie war in bescheidenen Verhältnissen mit sieben Geschwistern aufgewachsen. Vor und während des

Krieges starben zwei ihrer jüngeren Geschwister; sowohl einer ihrer Brüder als auch ihr Vater, der noch kurz vor Kriegsende 1944 eingezogen wurde, überlebten den Krieg nicht. Annas Leben bestand nur aus Arbeit und Verzicht. Unmittelbar nach der Volksschule musste die 15-jährige Anna als Dienstmädchen in verschiedensten Häusern zum schmalen Lebensunterhalt ihrer eigenen Familie beitragen. Sie konnte keinen Beruf erlernen.

Als die Franzosen nach Koblenz kamen, fand Anna Arbeit bei einer französischen Offiziersfamilie. Dort versorgte sie den Haushalt und war für die Kinder da. Sie reiste mit der Familie für ein halbes Jahr nach Südfrankreich. 1953 kehrte sie nach Koblenz zurück. Im Elternhaus lebte zu der Zeit nur noch ihr jüngster Bruder. Margot sagt, ihre Mutter habe später viel von der französischen Familie und dem Aufenthalt in Südfrankreich erzählt. Es war für die junge Frau offensichtlich eine schöne Zeit, und sie lernte dabei auch etwas Französisch. Danach fand sie eine neue Stelle als Köchin bei der Familie eines französischen Hauptmanns. Es war ein kinderloser Haushalt.

Das Leben in Koblenz war bestimmt von der Besatzungsmacht, und zum Stadtbild gehörten die vielen französischen Soldaten. Im Herbst 1953 begegnete Margots Mutter dem Brigadier Jean B. Das einzige Foto, auf dem Jean B. und Anna S. gemeinsam zu sehen sind, zeigt deutlich die Zuneigung der beiden füreinander. Jean war 22 Jahre alt, stammte aus der Nähe von Paris und war der Fahrer eines Generals der Militärverwaltung in Koblenz. Jean und Anna hatten nur ein halbes Jahr miteinander. Als die Mutter die Schwangerschaft ihrer Tochter Anna bemerkte, war Jean bereits nach Algerien versetzt worden. Monatelang verheimlichte Anna ihren Zustand. Sie ging jeden Tag zur Arbeit und bemühte sich, ihre Aufgaben wie zuvor zu erledigen. Als Anna im achten Monat schwanger war, wurde sie von der Dame des Hauses zur Rede gestellt. Diese machte ihr große Vorwürfe, weil sie die ganzen Monate hinweg auch schwerere Arbeiten in Haus und Garten

Jean B. und Anna S., circa 1953

erledigt hatte. Die Hausfrau machte sich Sorgen um das Baby. Selbst kinderlos, bot sie Anna mit großem Verständnis und Mitgefühl an, auch nach der Geburt mit dem Kind bei ihnen zu bleiben. Sie wollte das Baby sogar adoptieren, aber das stand für Anna außer Frage. Als Margot im November 1954 im Krankenhaus geboren wurde, war im Haus von Annas Arbeitgeberin alles liebevoll für das Baby vorbereitet. Anna hatte ein Zimmer für sich und Margot. Im ersten halben Jahr wurde sie dort liebevoll umsorgt. Als Margot jedoch häufiger krank wurde, bestand ihre Großmutter darauf, dass Anna mit ihrer Tochter bei ihr wohnen sollte. Margots Mutter Anna arbeitete weiter bei dem französischen Ehepaar, bis der Mann nach Algerien versetzt wurde. Vier Jahre später, als sie in Baden-Baden stationiert waren, boten sie Anna die Rückkehr an. Und sie wollten Margot gern adoptieren. Ihre Mutter lehnte ab. Sie hatte beim Gartenamt der Stadt Koblenz inzwi-

V. l. n. r.: Jean, circa 1953; Margot mit ihrer Mutter Anna, circa 1956; Anna, circa 1953

schen eine feste Anstellung, eine Adoption kam für sie nicht infrage.

Margots Vater Jean B. hat nie von seiner Tochter gehört. Anna hat nur ein einziges Mal versucht, Jean zu finden, dann fand sie sich damit ab, Margot allein großzuziehen. Sie ging nie mehr eine neue Bindung ein. Margot erzählt, dass ihre Mutter im Bekanntenkreis von einer Situation wusste, in der ein Stiefvater mit dem angeheirateten Kind nicht zurechtkam, das wollte sie ihrem Kind ersparen. Margot erinnert sich an die ersten Jahre ihrer Kindheit und sagt: »Ich war ein scheues Kind. Ich wurde von meiner Oma gut versorgt, aber was mir immer gefehlt hat, war Körperkontakt. Es war eine Familie, in der es keine Umarmungen gab. Ich glaube, das habe ich immer vermisst, das hat mir immer gefehlt.« Mit ungefähr sieben Jahren belauscht sie ein Gespräch zwischen Mutter und Großmutter in der Küche. Es geht um »den Franzosen«. »Ab da habe ich etwas geahnt. Gefragt habe ich nicht – das konnte ich ja als Erwachsene noch nicht. Noch als ich verheiratet war und eigene Kinder hatte, war Fragen ein ganz, ganz schwieriges Thema, sehr mit Scham besetzt. Aber ich war neugierig, ich habe geforscht, bin selbst auf die Suche gegangen. Traurig war ich in diesem Moment nicht. Obwohl Traurigkeit so ein Grundgefühl bei mir war.« Der fehlende Vater beschäftigt sie sehr. Sie sucht im Haus nach Hinweisen. Wer war der Franzose? Eines Tages findet sie in einem großen weißen Kleiderschrank verschiedene Schachteln, die sie alle durchstöbert. In einer Schachtel findet sie Fotos. Zwei davon faszinieren sie sofort. Sie zeigen einen jungen Mann. Sie sagt, sie sei sich ganz sicher gewesen: »Das ist mein Vater.« Sie nimmt die zwei Fotos an sich. Eines liebt sie ganz besonders und beschreibt es so: »Ein schöner, sanfter Mann, der zärtlich einen Hund auf seinen Armen hält. Es war mein kostbarster Besitz, mein Schatz.« Zum Spielen hielt Margot sich am liebsten auf dem Dachboden auf, immer allein. Dort zwischen zwei Dachbalken versteckte sie beide Fotos, ihren Schatz. »Da oben war ich in meiner Fantasiewelt. Am liebsten spielte ich Familienspiele. Im Winter schimpfte meine Oma oft mit mir, dort oben sei es viel zu kalt. Aber mir war nie kalt. Ich habe nie gefroren. Ich habe eine andere Kälte gespürt«, erinnert sie sich.

»Einen Vater hätte ich mir sehr gewünscht. Manchmal dachte ich, der Vater meiner Cousine wäre mein Papa. In meiner Fantasie habe ich mir das so ausgemalt. In der Familie fand ich alles so perfekt. Die hatten ein Auto, fuhren in den Urlaub und hatten ein Wohnzimmer. Das hatten wir alles nicht«, fügt sie nachdenklich hinzu. Das war für sie schwer, besonders während der Schulzeit. Alle Kinder hatten einen Vater, nur sie nicht. Einmal fragte ein Pastor im Religionsunterricht die Kinder nach Vater und Mutter. Jeder musste dazu aufstehen und vor der ganzen Klasse seine Frage beantworten. Sie erinnert sich noch sehr genau an diese

Situation und sagt: »Man steht da, alle gucken einen an, und man muss sagen, ich habe keinen Vater. Es war für mich die Hölle.« Der Pastor ließ das nicht gelten und fragte weiter, jeder müsse doch einen Vater haben. Es war für sie beschämend, immer die gleiche Antwort zu geben. Solche Fragen empfand sie stets als eine Belastung. Selbst in ihrer Arbeit als Sozialarbeiterin hatte sie noch das Gefühl: Wenn ich davon erzählen muss, bin ich nicht mehr so anerkannt. Sie berichtet von einer Situation unter Kollegen: »Vor einigen Jahren war ich in einem Seminar, in dem über Väter gesprochen wurde. Ich geriet fast in Panik bei dem Gedanken: Gleich werde ich gefragt. [...] Weil ich immer dachte, es ist nicht gut für dich, wenn das jemand erfährt.«

Mit 15 Jahren versuchte Margot zum ersten Mal, ihren Vater zu finden. Eine Tante schrieb mit ihr einen Brief an die Französische Botschaft. Die kurze Antwort enthielt den Rat, einen Privatdetektiv einzuschalten. Die Tante wollte nicht mehr tun, Margot glaubt, sie habe Angst vor Margots Mutter gehabt. »In der Familie werden einige von Jean gewusst haben, aber es wurde totgeschwiegen«, sagt sie.

Nach der Volksschule beginnt Margot mit 14 Jahren eine Ausbildung zur Einzelhandelskauffrau, die sie erfolgreich abschließt, um dann in einem Büro eine Anstellung zu finden. Eine Cousine hatte nach der Volksschule noch die Handelsschule besucht. Margot hatte sich das nicht zugetraut.

1974 lernt Margot ihren Mann kennen, sie heiraten nach wenigen Monaten. Er ist nur knapp zwei Jahre älter als Margot, aber er vermittelt Stärke, wie sie es nennt. Er ist Bankkaufmann und hat große Pläne. Margot sagt, er war so zielorientiert, das habe ihr gefallen. Und ganz besonders gefiel ihr seine große Familie. Er hatte acht Geschwister, und alle nahmen sie mit offenen Armen an. Sie sagt verschmitzt: »Und sie hatten ein Wohnzimmer. Das hatte ich mir immer gewünscht. Das gab es bei uns ja nicht.« Nachdenklich und erstaunt stellt Margot fest, dass ihr das Wohnzimmer erst jetzt im Gespräch so deutlich wird. Sie sagt weiter: »Vielleicht habe ich deshalb so früh geheiratet und die leisen Zweifel, ob er der Richtige war, die ich damals durchaus hatte, einfach beiseitegeschoben, um auch so eine Familie zu haben.« Sie lacht: »Mit einem eigenen Wohnzimmer.« Sie suchte den männlichen Schutz, glaubt sie. Jemand, ihr Mann, sollte den fehlenden Vater ersetzen. Ihr Mann wusste von Margots französischem Vater, es war in dem kleinen Ort offenbar kein Geheimnis.

Eigentlich hatte das junge Paar nach Kanada auswandern wollen, aber dazu kam es nicht. Margot machte neben ihrer Arbeit auf der Abendschule ihre mittlere Reife und beendete sie erst kurz vor der Geburt der ersten Tochter 1977. Sie wollte sich unbedingt weiterbilden, was ihr Mann auch unterstützte. Erst in der Sicherheit, verheiratet zu sein, traute sie sich auch eine Weiterbildung zu. Dennoch war ihre Rolle die der Hausfrau und Mutter. Eine weitere Berufstätigkeit stand zu dem Zeitpunkt außer Frage. 1982 kam die zweite Tochter auf die Welt. In dieser Zeit, mit den kleinen Kindern, verdrängte sie den fehlenden Vater ganz. Sie machte jetzt auch noch das Abitur nach und war an den vielfältigsten Dingen interessiert. 1989 zog die Familie wegen beruflicher Veränderungen ihres Mannes in eine andere Stadt. 1991 nimmt Margot ein Studium der Sozialarbeit und Sozialpädagogik auf, welches sie 1996 mit der staatlichen Anerkennung erfolgreich abschließt, und beginnt 1997 eine Ausbildung bei der Telefonseelsorge. Diese ehrenamtliche Arbeit führt sie immer noch aus. Schnell nach dem Studium findet sie zudem eine Stelle in einem bezirklichen Jugendamt, wo sie seither mit benachteiligten Jugendlichen arbeitet.

Margot glaubt, es waren ihre Arbeit mit den Jugendlichen und auch die Aufgabe bei der Telefonseelsorge, die den Anstoß dazu gaben, dass sie sich wieder mehr mit ihrem fehlenden Vater beschäftigte. 2002 schreibt sie an das Deutsche Rote Kreuz und bittet um Hilfe – ohne Erfolg. Der Wunsch ihn zu finden wird immer drängender. Margot schreibt Briefe an den Internationalen Suchdienst, das französische Außenministerium und an die Organisation Familie International in Frankfurt. Niemand kann ihr helfen. Eine empfohlene Privatadresse in Baden-Baden verspricht Hilfe. Sie bezahlt sofort eine Bearbeitungsgebühr von 500 Euro – erfolglos.

Gespräche mit ihrer Mutter gab es zu der Vaterfrage eher nicht, obwohl Margot sie regelmäßig in Koblenz besuchte und sich um sie kümmerte. Margot traute sich nicht, sie direkt zu fragen. Ihre älteste Tochter Nina machte als Jugendliche einmal den Versuch, nach Jean zu fragen. Die Großmutter antwortete ausweichend. »Sie war in dieser Hinsicht ausgesprochen zugeknöpft, meine Mutter«, sagt Margot.

Im Januar 2006 rief Margot mich an, sie hatte einen Artikel im *Tagesspiegel Berlin* über mich gelesen. Ich konnte ihr nicht konkret weiterhelfen, aber ich versprach, mich mit Jean Paul Picaper in Verbindung zu setzen, der in dem Buch »Kinder der Schande« über die Suche von Französinnen und Franzosen nach ihren deutschen Soldatenvätern berichtet. Picaper gab mir die Adresse der französischen Organisation Herzen ohne Grenzen (Coeurs Sans Frontières). In deren Antwort wurde mir mitgeteilt, dass es von Deutschland aus ungleich schwerer sei, einen französischen Soldatenvater zu finden, als von Frankreich aus einen deutschen. Der Grund hierfür sei die mangelnde Hilfsbereitschaft der Archive in Frankreich, anders als die Dienststelle der Deutschen Wehrmacht in Berlin, die Anfragen von französischer Seite mit viel Erfolg für die Betroffenen bearbeitet.

Ich führte in dieser Zeit viele Gespräche mit Margot, wir trafen uns auch persönlich. Heute erinnert sie sich: »Ich habe ja immer am Ende gesucht, aber du hast mir gesagt, du musst dahin gehen, wo es angefangen hat. Diesen Satz hast du mir so richtig eingehämmert, und deshalb bin ich zu meiner Mutter nach Koblenz gefahren und habe sie direkt auf meinen Vater angesprochen.« Ganz zu Anfang hatten wir auch einmal über die Notwendigkeit gesprochen, die französische Sprache zu lernen. Margot suchte sich daraufhin sehr rasch eine Lehrerin, bei der sie wöchentlich Unterricht nahm. Oft fand sie den Unterricht nach einem langen Arbeitstag anstrengend, aber es war die Sprache ihres Vaters, ein Teil von ihr, und sollte sie ihn finden, wollte sie ihn verstehen.

Der Besuch bei ihrer Mutter in Koblenz, von dem sie sich aufgrund der Erfahrungen in der Vergangenheit nicht allzu viel versprochen hatte, brachte dann eine erstaunliche Wendung. Margot recherchierte in Koblenz im Stadtarchiv, um etwas über die Situation während der französischen Besatzungszeit zu erfahren, und sie besuchte mit ihrer Mutter gemeinsam die Gegend auf dem Oberwerth, in der das französische Ehepaar gewohnt hatte. Jetzt erst erzählte ihre Mutter von dem gesellschaftlichen Leben dort, den vielen Einladungen und Besuchen im Haus. Sie hätte selbständig den Haushalt geführt, und sie hätte es dort sehr gut gehabt. Ihre Mutter schien nicht mehr ganz so verschlossen wie früher. In einem Gespräch mit einer Bekannten erzählte Margot von ihrer Suche nach dem französischen Vater. Ihre Mutter war dabei und hörte interessiert zu. Am nächsten Morgen überreichte sie Margot wortlos einen kleinen Zettel. Es war die Adresse ihres Vaters in Frankreich. Der Wohnort: Louvres, etwa 30 Kilometer entfernt von Paris. Margot sagt, sie sei zuerst fassungslos gewesen. Warum hatte ihre Mutter ihr die Adresse nicht schon früher gegeben?

Während eines Dienstes in der Telefonseelsorge erinnert sie sich, dass ein Kollege einmal erfolgreich eine Personensuche im Ausland ausgeführt hatte. Sie entschließt sich, Franz um Hilfe zu bitten. Er sagt sofort zu. Die Recherche erfolgte von November bis Anfang Dezember 2006. Ein Brief an die von Margots Mutter angegebene Adresse kam als unzustellbar zurück. Nicht hilfreich waren Anfragen bei der WASt (Deutsche Dienststelle für die Benachrichtigung der nächsten Angehörigen von Gefallenen der ehemaligen deutschen Wehrmacht in Berlin), der französischen Kirche, Archiven etc. Den Durchbruch brachte eine Anfrage bei einer französischen Verwaltungsstelle. Danach erfuhr Margot am 5. Dezember 2006 von Franz, ihr Vater sei 2001 verstorben, sie habe aber eine Schwester, die eventuell weitere Auskünfte geben könne. Außerdem verfüge er über die Geburtsurkunde mit den Sterbedaten ihres Vaters.

Einige Tage danach bittet Franz seinen französischen Freund Alain um weitere Unterstützung. Er ist ebenfalls spontan bereit, Margot zu helfen. Er besucht Louvres, als er über Weihnachten zu Besuch bei seiner Tochter in Paris ist. Er findet das Haus des Vaters und spricht mit Nachbarn. Dabei erfährt er auch, dass es zwei Töchter gibt und Jean auf dem Friedhof in Louvres beerdigt ist, er war tatsächlich 2001 gestorben. Die Nachbarn erinnern sich gut an ihn und erzählen bereitwillig von ihm. Er sei sehr beliebt gewesen. Alain fotografiert das Haus des Vaters und die nähere Umgebung. Dann besucht er den Friedhof und findet das Grab von Jean B. Bei der Gelegenheit hat er auch ein Gespräch mit dem Friedhofswärter. Der ist ebenfalls gesprächig und gibt ihm spontan die Telefonnummer von Jeans Tochter Patie in Paris.

Anfang Januar 2007 ist Alain aus Paris zurück und unterrichtet Margot telefonisch von seiner erfolgreichen Recherche. Sie verabreden sich zusammen mit Franz in einem Café in der Stadt. Margot sieht zum ersten Mal Fotos vom Wohnort ihres Vaters, von seinem Haus und seinem Grab. Franz ist davon überzeugt, man sollte die Schwester Patie in Paris anrufen, und zwar sofort. In der Behindertentoilette, dem einzigen ruhigen Raum im Café, wählt Alain die Nummer von Margots Schwester. Sie steht daneben. Was würde jetzt passieren? Patie nimmt ab. Alain erklärt ihr den Grund seines Anrufes. Margot hört mit, mit welcher Erschütterung Patie die Nachricht aufnimmt. Sie weint. Dann reicht Alain das Telefon an Margot weiter. »Ich brachte außer Bonjour kaum ein Wort heraus«. Sie bittet Patie um eine E-Mail-Adresse und verspricht, ihr zu schreiben, das Gleiche verspricht Patie. In den ersten Wochen danach beginnt ein reger Austausch. Patie beschreibt das Leben des Vaters und der Familie und schickt Margot Fotos.

Ich mache Margot Mut zu einem Besuch. Zu Ostern 2007 plant sie die Reise nach Paris. Sie teilt das ihrer Schwester mit und fragt, ob sie sich treffen könnten. Patie sagt erfreut zu und erwartet sie schon am Flughafen Charles de Gaulle. Margot sagt, Patie sei in Tränen ausgebrochen, als sie vor ihr stand. Der Grund war die große Ähnlichkeit Margots mit dem Vater. Gemeinsam fahren sie zuerst zum Friedhof in Louvres, um das Grab des Vaters zu besuchen. Ein bewegender Moment für beide Frauen. Danach sind sie bei dem ältesten Freund des Vaters eingeladen, der zur Begrüßung eine Flasche Champagner bereithält. So wurde Jeans deutsche Tochter in Louvres begrüßt. »Ich bin von allen umarmt worden, das war so unglaublich. Ich fühlte mich so angenommen.« Ihre zweite Schwester Brijou konnte sie erst beim nächsten Besuch kennenlernen.

Wenige Monate später besuchte Patie ihre Schwester Margot in Deutschland, und seither hat es viele Besuche von Margot, auch mit iher Tochter Nina, bei der französischen Familie gegeben. Bei ihrem ersten Besuch im August 2007 versichert Nicolas, der Sohn ihrer Schwester Brijou, Margot, dass sein Großvater, dieser liebenswerte, herzliche, humorvolle Mann, sich zu Margot bekannt hätte, wenn er von ihrer Existenz gewusst hätte. »Dass ich die Sprache gelernt habe, war sehr wichtig. Wenn man anfängt zu suchen, soll man auf alle Fälle die Sprache lernen. Ich glaube, es war auch für meine Geschwister ganz wichtig, dass ich sie verstehen kann.«

Margots eigene Familie hat sich über die erfolgreiche Suche gefreut, obwohl sie Margot nicht konkret dabei unterstützt hat.

Auch Anna S. freute sich über die erfolgreiche Suche ihrer Tochter, zeigte sich interessiert, etwas von Jeans Leben zu erfahren. Bei einem Besuch legte sie ganz unvermittelt eine alte Zigarettenschachtel auf den Tisch und sagte, die sei noch von Jean. Eine angebrochene Schachtel Zigaretten, sieben noch vorhanden, und seine Streichholzschachtel.

Margot bat ihre Mutter um eine notarielle Beurkundung, wer ihr Vater war, und Anna stimmte zu. Margot sagt: »Das war ganz, ganz wichtig für mich, dass meine Mutter schriftlich dokumentiert, wer mein Vater war.«

Margot sagt, ihr Leben habe sich durch diese Ereignisse total verändert. »Heute habe ich keine Scham mehr. Ich kann frei über meinen Vater sprechen. Ich kann das heute gar nicht mehr verstehen, das Geheimnis. Es hat mir auch Selbstsicherheit gegeben, weil ich sehe, dass meine Schwestern ganz wunderbare Menschen sind. Dass das ein Teil von mir ist und dass es ein guter Teil ist.«

»Ja, ich bin auch ein Besatzungskind, das hätte ich früher nicht gesagt.«

Maria*,
***1946, Hessen, amerikanische Besatzungszone**

Maria hat erst kurz vor ihrer Hochzeit, mit 22 Jahren, von ihrem zukünftigen Mann erfahren, wer ihr Vater war. Ihr Mann bat damals seine Schwiegermutter in spe um Marias Geburtsurkunde für die Hochzeit. Es gab allerdings nur einen Taufschein, und auf dem fehlte der Name des Vaters. Marias Mutter erklärte daraufhin, Marias Vater sei ein amerikanischer Soldat gewesen. Für ihren Mann, glaubt Maria heute, hatte das zu dem Zeitpunkt keine Bedeutung, denn er erzählte es ihr nur beiläufig.

Maria wusste, dass der Mann ihrer Mutter eigentlich nicht ihr Vater sein konnte, sie trug einen anderen Nachnamen. Aber sie hatte nie nach dem Warum gefragt. In der Schule war sie öfter darauf angesprochen worden. Sie erinnert sich, dass ein Lehrer einmal richtig nachgebohrt hat, er verstehe nicht, warum sie anders heiße als der Rest ihrer Familie. »Vor solchen Fragereien hat es mir immer gegraut«, unterstreicht sie ihre damaligen Gefühle. Warum sie selbst bei ihrer Mutter nie nachgefragt hat, fällt ihr schwer zu beantworten: »Als ich das so erfahren habe, war das irgendwo so ein bisschen eine Erleichterung, dass das so stimmt, aber ich hatte zu dem Zeitpunkt überhaupt keine Idee: Das will ich jetzt wissen, und ich forsche da nach. [...] Und auch in den Zeiten, wenn man geheiratet hat und die Kinder gekommen sind, war man total weg von dem Thema. Und ich habe auch mit meinem Mann nie wieder darüber gesprochen.«

* Name geändert

Die Mutter von Maria wurde 1918 geboren und stammte aus Labant, einem kleinen Ort nahe dem tschechischen Pilsen. Sie wurde mit zwölf Jahren Waise und wuchs bei Verwandten auf. Mit 16 Jahren arbeitete sie gemeinsam mit einer ihrer älteren Schwestern als Hausmädchen in Amsterdam in Holland, unter anderem auch bei einer jüdischen Familie. Zu Kriegsbeginn nahm sie eine Stelle in Marienbad an und lebte dann einige Jahre in Berlin, immer als Haushaltshilfe. Maria sagt, ihre Mutter habe von der Zeit in Berlin immer geschwärmt. Obwohl sie all die Jahre nur als Hausmädchen gearbeitet habe, sei ihre Bildung erstaunlich gewesen. Die vielen Luftangriffe auf Berlin waren der Grund, warum sie Ende 1943 in ihren Heimatort im Sudetenland zurückkehrte. Dort half sie ihrer Schwägerin im Haushalt. Eine Schwester ihrer Mutter hat Maria später erzählt, dass ihre Mutter eine hübsche junge Frau war, die einige junge Männer im Dorf gern geheiratet hätten, aber sie sei sehr wählerisch gewesen. Als die Amerikaner im Mai 1945 einmarschierten, muss sie Marias Vater begegnet sein. Sie war 28 Jahre alt und ledig. Die Beziehung kann nur von kurzer Dauer gewesen sein, weil die Amerikaner schon im November 1945 das Sudentenland wieder verließen. Als sie die Schwangerschaft bemerkte, war sie sicherlich erschrocken. Sie lebte zwar mit der Familie ihrer Schwester zusammen, aber ein uneheliches Kind in dieser Zeit zu erwarten, noch dazu von einem alliierten Soldaten, war beschämend.

Maria wird im Februar 1946 geboren, im Juni desselben Jahres müssen alle Deutschen Labant binnen weniger Tage, nur mit dem Nötigsten ihrer Habe, verlassen. Die Vertriebenen erreichten nach vielen Tagen auf Güterzügen ein kleines Dorf in Nordhessen. Die große Familie hatte zusammenbleiben können, wird aber auf verschiedene Unterkünfte verteilt. Maria erzählt: »Meine Mutter hatte mit mir ein Zimmer auf einem Bauernhof bekommen. Aber der Hunger muss schrecklich gewesen sein, denn die Bauern gaben uns kaum etwas zu essen ab.« Aus Erzählungen ihrer älteren

Cousinen und Cousins weiß sie, dass die Kinder heimlich nachts in den Kuhstall geschlichen sind und sich direkt von den Kühen Milch gemolken haben. Marias Mutter verdiente sich mit Strickarbeiten, die im Dorf willkommen waren, etwas Geld oder tauschte sie gegen Lebensmittel ein.

1950 zog Maria mit ihrer Mutter aus dem Ort in eine Barackensiedlung. Sie lag drei Kilometer außerhalb im Wald und war während des Krieges für die Arbeiter einer nahen Rüstungsfabrik eingerichtet worden. Die spartanischen Holzbaracken hatten kein fließendes Wasser oder sonstige sanitäre Anlagen, die Klos waren außerhalb. Jede Familie, egal wie viele Personen dazu gehörten, bekam jeweils nur einen Raum zugewiesen. Der lange Schulweg ins Dorf war für die Kinder oft beschwerlich. Aber Maria sagt heute: »Für uns Kinder war das Leben in den Baracken gar nicht so belastend wie für die Erwachsenen. Wir haben uns bei jedem Wetter draußen aufgehalten. Und mitten im Wald zu wohnen war ein einziges Abenteuer. Ich hatte viele Cousinen und Cousins zum Spielen, für mich war das damals alles ganz normal. Und meine Mutter hat dann 1950 geheiratet. Ihr Mann kam aus der Kriegsgefangenschaft und war neun Jahre älter. Er stammte aus demselben Dorf im Sudentenland wie meine Mutter, und sie kannten sich von früher. Es war wahrscheinlich keine Liebesheirat, aber ich mochte ihn gern. Auf dem Hochzeitsfoto schmiege ich mich an ihn, und meine Mutter steht ernst, fast abweisend, etwas entfernt von uns. 1952 wurde meine Schwester geboren, aber davon habe ich nichts mitbekommen, wie das damals so war. Ich habe wohl ein oder zwei Tage bei meiner Tante geschlafen, und als ich dann nach Hause kam, war das Baby da. Das hat mich alles nicht berührt, das Spielen mit den vielen Kindern und der nahe Wald waren viel interessanter.«

Im selben Jahr, 1952, wurde Maria eingeschult. Der Schulweg war weit, aber im Sommer leichter zu bewältigen als im Winter. Bei Schnee und Eis waren die drei Kilometer zur Schule und wie-

Maria, circa 1950

Maria, circa 1954

der zurück oft sehr erschöpfend, aber auch, das meint Maria, damals ganz normal, »es war eben so«. 1954 zog die Familie wieder ins Dorf in eine eigene Wohnung. Nach der vierten Klasse wechselt sie auf die Realschule und macht danach eine Ausbildung zur Erzieherin. Dieser Beruf hat ihr bis zum Renteneintritt große Freude bereitet. Sie konnte ihn auch ausüben, als ihre beiden Kinder 1969 und 1975 geboren wurden, was für damalige Verhältnisse eine Ausnahme war. Viele Frauen konnten zumindest in den ersten Lebensjahren der Kinder nicht berufstätig sein. Nirgendwo in Westdeutschland gab es eine ausreichende Kinderbetreuung.

2002 starb ihr Mann nach langer Krankheit mit 58 Jahren. Ein Jahr später wurde Maria sehr krank. Die jahrelange Pflege ihres Mannes und sein Tod waren sicherlich ein Grund dafür. In dieser Zeit beschäftigte sie sich zunehmend mit dem unbekannten Vater. Eine behandelnde Ärztin ermuntert sie, ihre Mutter zu fragen. Aber sie erinnerte sich mutlos, dass sie es schon einmal ohne Erfolg versucht hatte. Es war an ihrem 50. Geburtstag. »Da dachte ich, jetzt muss es doch mal so weit sein, dass sie mal eine Antwort geben kann, dass sie mal richtig konkret sagt, wie es war. Und das hat sie nicht gemacht. Sie hat nichts erzählt. Nur immer so in einem Satz, ja, er war amerikanischer Soldat. Ich glaube ein Ingenieur, und er hieß Theo oder Theodor. Mehr hat sie nicht gesagt. Ich habe sie gedrängt, nun kannst du doch mal was sagen, aber sie hat sich gewunden, und dann kommt der Zeitpunkt, wo es einem leidtut. Wo sie mir leidtat. Wo ich dachte, meine Güte, die hat so große Schwierigkeiten, darüber zu reden. Und das habe ich auch später immer so empfunden. Damals war ich eigentlich sauer, aber was sollte ich machen?«

Marias Tochter Sina wollte helfen, aber auch ihr gelang es nicht, von ihrer Großmutter mehr über den amerikanischen Freund in Erfahrung zu bringen. Sina erinnert sich, ihre Großmutter habe ausführlich über die Heimat im Sudetenland und die schwere Zeit zu Kriegsende und während der Vertreibung erzählt. Sina sagt, dass das einerseits faszinierend für sie war, aber manchmal auch anstrengend. Nur über den unbekannten Vater ihrer Mutter verlor die Großmutter nie ein Wort. Sina vermutet, dass diese durch den Krieg und die Vertreibung aus dem Sudetenland im Sommer 1946 traumatisiert war. Die Ablehnung, über ihre Beziehung zu dem Amerikaner zu sprechen, erklärt sie sich mit dem Schamgefühl ihrer Großmutter. Diese hatte in ihren Erzählungen auch über die Freude berichtet, als die Amerikaner 1945 einmarschierten, und wie alle das Ende des Krieges gefeiert hätten. In Bezug auf ihre Mutter, meint Sina, wäre es für sie ein schöner Gedanke, dass sich die Oma im Trubel der Siegesfeiern verliebt habe und mal ganz entspannt war. Aber später habe sich ihre Großmutter das wohl nicht verzeihen können. Vielleicht hat sie sich deshalb entschlossen, zu schweigen? Sie wollte vergessen. Diesen Entschluss hat sie bis zum Lebensende, sie starb im Alter von 96 Jahren, beibehalten.

Sina kennt nur den Vornamen ihres amerikanischen Großvaters. In einem *Spiegel*-Artikel mit dem Thema »50 Jahre nach

Kriegsende«, in dem auch vom Schicksal der Besatzungskinder berichtet wurde, findet sie einen Hinweis auf GItrace. Mit einem Cousin von Maria, beschließt sie, ihrer Mutter aktiv bei der Vatersuche zu helfen. Im Juni 2008 erhalte ich eine E-Mail von Marias Cousin mit der Bitte um Hilfe. Er teilt als Anhaltspunkte nur Vorname: Theo, Zeitraum: Sommer 1945, Ort: in der Nähe von Pilsen mit. Die Hoffnung ist gering, allein mit diesen Informationen einen Soldaten im NPRC in St. Louis zu finden. Maria schickt ihre Bitte dennoch dorthin, und schon wenige Wochen später ist eine Antwort da. Niels Zussblatt, Mitarbeiter im NPRC, hat eine zeitaufwendige Recherche nicht nur in den Akten begonnen, sondern zuerst ermittelt, welcher amerikanische Truppenverband am Kriegsende Pilsen erreichte. Er teilt Folgendes mit: Im Mai 1945 waren nur zwei Pioniereinheiten der US-Army in der Tschechoslowakei, eine davon in Pilsen. In den »Morning Reports« (Tagesberichten) der Pilsener Einheit hat er zwei Soldaten mit dem Vornamen Theodore gefunden. Niels Zussblatt hält Theodore K. für den Gesuchten. Der andere GI war sehr viel jünger und spanisch-mexikanischer Herkunft. Zussblatt sendet die Daten von Theodore K., Jahrgang 1907. Seine Einberufung in die US-Army erfolgte im Mai 1943, sein Dienst endete im September 1945. Er hat vermutlich etwa im August 1945 Europa ab Bremerhaven verlassen. Theodore K. war 1990 verstorben.

Die Überraschung, dass Niels Zussblatt tatsächlich etwas gefunden hatte, war sowohl bei mir wie auch bei Maria und ihrem Cousin groß. Damit hatten wir nicht gerechnet. Jetzt hieß es, in den USA Familienangehörige zu finden. Meine englische Freundin Sally Vincent, eine Expertin in der Familiensuche, fand eine Tochter und einen Sohn von Theodore K., seine Ehefrau lebte nicht mehr. Anfang des Jahres 2009, als mir Sally Vincent die Adressen der beiden Geschwister mitteilte, schrieb ich an diese je einen Brief. Der Bruder antwortete mir nicht, aber die Schwester, Joice. Nur drei Tage nachdem sie meinen Brief erhalten hatte, schrieb sie mir eine E-Mail voller Verständnis für Maria. Dennoch war sie anfangs skeptisch. Ihr Vater hatte ihre Mutter erst nach dem Krieg geheiratet, und Joice ist fast auf den Tag genau nur ein Jahr jünger als Maria. Sie beschrieb ihren Vater als einen sehr verantwortungsvollen Menschen und konnte sich nicht vorstellen, dass er sich wissentlich nicht um sein Kind gekümmert hätte. Er hat noch einige Jahre nach dem Krieg eine Familie in Pilsen, die er wohl kennengelernt hatte – vielleicht hatte er auch bei ihnen gewohnt –, mit Lebensmitteln und Medikamenten aus Amerika versorgt. Sie erinnerte sich auch, dass ihre Großmutter der Pilsener Familie damals Pakete schickte. Joice hatte mit ihrem Bruder über Maria gesprochen, und er hatte zugestimmt, ihr Informationen über das Leben des Vaters sowie ein Foto zu schicken. Diese E-Mail leitete ich sofort an Maria weiter. Die Nachricht löste einerseits große Freude aus, aber Maria zweifelte auch. Hatten wir tatsächlich den richtigen Vater gefunden?

Zwischen Maria und ihrer amerikanischen Halbschwester begann ein reger E-Mail-Verkehr. Sie erzählten sich ihr Leben und tauschten Fotos der Kinder und Enkelkinder aus. Joice betonte immer wieder, wie glücklich sie sei, eine Schwester zu haben. Ihre Eltern waren tot, und sie hatte nur eine Tochter und ein Enkelkind, ihr Bruder hatte keine Kinder. So war die amerikanische Familie recht klein und freute sich sichtlich, als sie von Maria und ihren Kindern und Enkelkindern erfuhr. Die Zweifel an der Richtigkeit werden bei Maria nicht weniger. Als sie das Foto ihres Vaters in den Händen hält, beschließt sie, es beim nächsten Besuch im Altenheim ihrer Mutter zu zeigen. Die ist zu diesem Zeitpunkt zwar schon 90 Jahre alt, doch geistig noch sehr rege. Als Maria ihr das Bild zeigt, führt das bei ihrer Mutter aber zu keinerlei Gefühlsregung, sie sagt nur einen Satz: Das ist er nicht. Marias Unsicherheit wächst. Hat ihre Mutter die Wahrheit gesagt? Es sind über 60 Jahre vergangen, da verändert man sich. Würde ihre Mutter überhaupt zugeben: Er ist es? Maria vertraut ihrer Mutter nicht. Zu einem vertrauensvollen, ehrlichen Gespräch kommt es zwischen ihnen nie.

Im Mai 2009 will Maria die letzten Zweifel ausräumen und macht Joice den Vorschlag, einen DNA-Test durchführen zu lassen. Sie erkundigt sich im Internet nach einem Labor in Deutschland. Joice ist einverstanden. Das Laborergebnis ist nicht nur für Maria niederschmetternd. Es war negativ, keine Übereinstimmung der Gene. Maria brauchte Wochen, um diese bittere Wahrheit zu akzeptieren. Joice erging es ähnlich. Beide waren sich recht nahegekommen, was sie auf die gemeinsamen Wurzeln zurückführten. Obwohl sie keine Schwestern sind, versprechen sie sich, in Kontakt zu bleiben. Joice schickt in größeren Abständen immer noch Briefe und Fotos von sich und ihrer Familie. Maria hindern ihre mangelnden Englischkenntnisse daran, regelmäßig Gleiches zu tun, was sie sehr bedauert.

Maria sagt heute überzeugend, dass es für sie trotz des negativen DNA-Testes sehr wichtig war, nach dem Vater zu suchen. Jetzt erst kann sie ohne Scheu darüber sprechen, ein Besatzungskind zu sein. Einmal wurde sie von einer Bekannten darauf angesprochen, weil eine örtliche Zeitung einen Bericht über Besatzungskinder veröffentlichte. Sie war auf dem abgebildeten Foto zu erkennen. Sie sagt dazu: »Das macht mir heute nichts mehr aus, darauf angesprochen zu werden. Ich konnte ganz einfach antworten: Ja, ich bin auch ein Besatzungskind und habe einen amerikanischen Vater. Das hätte ich früher nicht mit einer solchen Selbstverständlichkeit gemacht. Es geht mir jetzt einfach viel besser, ich kann dazu stehen und bin innerlich sehr ruhig geworden, obwohl ich nicht den Erfolg habe wie andere. Ich habe mich damit abgefunden, es ist gut so.«

»Ihr wisst ja nicht, wer eure Väter sind.«

Brigitte Mast,
***1946, Esslingen, amerikanische Besatzungszone**

Hans Mast,
***1949, Spielberg, französische Besatzungszone**

Brigitte und Hans Mast sind seit 32 Jahren ein glückliches Ehepaar. Von ihren Erfahrungen, vaterlos aufgewachsen zu sein, erzählen sie ohne Bitterkeit oder Vorwürfe gegen ihre Mütter. Sie versuchen beide, die Zeit und ihre besonderen Umstände kurz nach dem Krieg zu verstehen.

Brigitte ist 1946 in Esslingen geboren und hat einen amerikanischen Vater. Hans ist 1949 in Spielberg/Schwarzwald geboren. Sein Vater war Zivilangestellter der französischen Militärregierung und im nördlichen Schwarzwald als Holzhändler tätig. Zu Beginn ihres Kennenlernens waren die unbekannten Väter kein Thema für sie. Es dauerte einige Jahre, bis sie darüber sprachen, aber dann bekamen die fehlenden Väter eine immer größer werdende Bedeutung in ihrem gemeinsamen Leben.

Brigittes Mutter Gertraude Capelle, Jahrgang 1923, wurde kurz vor Kriegsende dienstverpflichtet und mit ihrer drei Jahre jüngeren Schwester von Leipzig nach Esslingen zur Arbeit in einer Maschinenfabrik geschickt. Ihnen wurde ein Zimmer bei einem älteren Esslinger Ehepaar zugewiesen, dessen einziger Sohn im Krieg gefallen war. Die beiden jungen Frauen wurden von ihnen wie Töchter aufgenommen. Im Sommer 1945 lernte Gertraude den amerikanischen Soldaten Russel kennen und wurde kurz danach schwanger. Seine Einheit der US-Army war in der Fabrik untergebracht, in der Gertraude arbeitete. Als Brigitte am 17. Juli 1946 geboren wurde, war Russel schon nicht mehr in Esslingen, er soll aber davon erfahren haben. Das Esslinger Ehepaar, bei dem sie wohnte, nahm auch das Baby mit auf, und Gertraude konnte weiter arbeiten. Brigitte war für das Ehepaar wie ein Enkelkind. Sie spricht von »Oma« und »Opa«, denen sie so viel verdanke. Ihre Tante suchte sich sehr bald ein eigenes Zimmer, weil die Wohnung zu eng wurde. »Wir waren eine ganz normale Familie, mit Mutter, Oma und Opa«, beschreibt Brigitte die Situation.

Doch nicht alle sind so großzügig wie Brigittes Pflegegroßeltern. Aus Erzählungen weiß sie, dass ihre Mutter und Schwester später heiraten wollten, aber die Familien der Bräutigame dagegen waren, weil Gertraude ein Kind von einem Amerikaner hatte. Obwohl Brigitte ihren Opa liebte, der immer für sie da war und sie verwöhnte, fehlte ihr ein Vater. Daran erinnert sie sich sehr genau, aber warum das so war, kann sie nicht erklären. Sie fügt nachdenklich hinzu: »Es fing erst richtig in der Schulzeit an, wenn dann die Fragen kamen: ›Wie heißt dein Vater?‹ oder ›Was macht dein Vater?‹ Da hab ich einfach gesagt: ›Ich hab keinen Vater.‹ Und da hat einmal jemand zu mir gesagt: ›Schwätz nicht so blöd daher, jeder Mensch hat einen Vater.‹ Und in der ersten oder zweiten Klasse waren wir auf dem Schulhof in der Pause, da kam die Mutter von einem Mädchen her und schreit mich an: ›Weißt du überhaupt, dass dein Vater ein Ami ist?‹ Das war das erste Mal, dass ich das so gehört habe. Vorher hab ich mir nie solche Gedanken gemacht. Und dann bin ich heim und hab meine Oma gefragt, die hat gesagt: ›Ja, das stimmt.‹«

Brigitte kann sich nicht erinnern, wie oft sie ihre Mutter auch danach gefragt hat, aber sie ist sich sicher, dass immer die barsche Antwort kam: »Das geht dich gar nichts an.« An die Schulzeit hat sie keine schönen Erinnerungen. Sie bekam nach der vierten Klasse die Empfehlung fürs Gymnasium. Aber sie weigerte sich.

»Ich wollte nicht schon wieder nach dem Vater gefragt werden. In meiner Klasse wussten es ja schon alle.« Ab der sechsten Klasse wurde sie von einer Lehrerin besonders gefördert, die dafür sorgte, dass Brigitte auf die höhere Handelsschule gehen konnte. So hatte sie einen höheren Bildungsabschluss und arbeitete später im Büro.

Als sie 16 Jahre alt war, starb ihre Pflegegroßmutter, das war ein großer Verlust für Brigitte. Aber ihr blieb der Opa, der sie weiter in allem unterstützte. Besonders wichtig war für sie die Tante: »Zu ihr hatte ich einen besseren Draht als zu meiner Mutter.« Auch als Jugendliche war sie immer wieder mit der Frage nach dem Vater konfrontiert. Und einige Male wurde eine Freundschaft spontan beendet, wenn sich herausstellte, dass Brigitte ein uneheliches Kind war, noch dazu von einem Amerikaner. Das waren bittere Erfahrungen, die bis heute wehtun. In diesen Jahren dachte sie manchmal daran, ihren Vater zu suchen.

Brigitte heiratete mit 21 Jahren. Sie wollte eine eigene Familie haben. Die Familie ihres Mannes machte es ihr allerdings schwer. Kurz vor der Hochzeit bekam sie große Zweifel, aber ihr Pflegegroßvater riet ihr dringend dazu. Als uneheliches Kind eines amerikanischen GIs solle sie froh sein, bei einer alteingesessenen Esslinger Familie aufgenommen zu werden. Sie gab nach, aber die Ehe ging nicht gut. Mit ihrer kleinen Tochter Ulla, zwei Jahre alt, verließ sie ihren Mann und reichte die Scheidung ein. Es war eine schwere Zeit, allein mit dem Kind und materiellen Sorgen. Sie sagt, damals habe sie angefangen, intensiv an den unbekannten Vater zu denken. »Das waren immer solche Gedanken, aber ich wusste ja nichts über ihn. Ich wusste nicht, wo kann man suchen?« Darüber sprach sie häufig mit ihrer Tante, nicht mit der Mutter. Bei so einer Gelegenheit hatte die Tante schon früher einmal erwähnt, dass Brigittes Vater nach ihrer Geburt noch einmal nach Esslingen gekommen sei, Gertraude ihm damals aber gesagt habe, das Kind sei nicht von ihm.

Brigitte mit ihrer Mutter, circa 1951

Der Vater von Hans, Julius Nole, 1947

Brigitte und Hans Mast, 2014

Die Tante erinnerte sich an eine Freundin, die einen GI aus der selben Einheit, in der auch Brigittes Vater war, geheiratet hatte und in den USA lebte. Brigitte schrieb ihr, doch helfen konnte die Freundin nicht, sie vermittelte ihr jedoch die Adresse des Vorgesetzten ihres Vaters bei der US-Army. Diesen kontaktierte sie ebenfalls. In seinem Antwortschreiben empfiehlt er ihr, die Vergangenheit ruhen lassen und sich nicht in eine amerikanische Familie einzumischen. Ein Brief an das US-Hauptquartier in Heidelberg half ebenfalls nicht. Sie sagt bitter: »Ich habe alles Mögliche probiert, es brachte nichts. Da bist du gegen Mauern gerannt.«

Wenige Jahre später heiratete sie ein zweites Mal und bekam einen Sohn. In den ersten Jahren gab es keine größeren Probleme, aber die Ehe war dennoch nicht glücklich. Als ihr Mann plötzlich stirbt, steht sie mit zwei Kindern wieder allein da. Aber jetzt ist Hans Mast an ihrer Seite, ein Arbeitskollege ihres Mannes. Er kümmert sich um Brigitte und die beiden Kinder, und schon bald ziehen sie in eine gemeinsame Wohnung und werden eine glückliche Familie. 1982 heiraten sie, und fünf Jahre später kommt ihre gemeinsame Tochter Stephanie auf die Welt, ein Wunschkind.

Irgendwann sprechen sie immer häufiger über ihre unbekannten Väter. Hans sagt: »Es war Brigitte, die das Thema immer wieder anschnitt. Brigitte erinnert sich: »Aus den Erzählungen von dir habe ich mir so ein Bild gesammelt. Ich habe gedacht, Mensch, da sind so viele Parallelen. Wie er so reagiert und was er so sagt, und jetzt erzählt er mir, er ist mit seiner Mutter allein aufgewachsen, es war kein Vater dabei [...]. Irgendwann, da sind so viele Mosaiksteine zusammengekommen, und dann waren wir mal bei einem Freund zu Besuch und haben uns wieder so über alles unterhalten, und da habe ich Hans ganz direkt gefragt: ›Sag mal, kann das sein, dass dein Vater auch so ein Besatzungssoldat war?‹ Da sagte er: ›Ja, mein Vater war Franzose.‹« Und Brigitte hakte nach: »Und du willst gar nichts wissen von ihm? Es kann doch nicht sein, dass du dich nicht interessierst und danach guckst?«

Hans zögerte lange, aber Brigitte ließ ihm keine Ruhe. Er dachte an die längst vergessenen Briefe, die er gefunden hatte, als er ungefähr zwölf Jahre alt war und sich für Briefmarken interessierte. Zufällig entdeckte er damals in einer Schublade Briefumschläge mit französischen Briefmarken und wollte sie gern ausschneiden. Die Mutter erlaubte es, und auf die Frage, von wem die Briefe seien, wurde kurz und knapp geantwortet: »Von deinem Vater.« Er las zum ersten Mal den Namen seines Vaters: Julius Nole. Weiter hat er nicht gefragt. Er erinnert sich auch daran, dass in dem kleinen Ort von seinem Vater öfter gesprochen wurde. Die Leute hatten ihn recht gut gekannt, denn er arbeitete und lebte mit seinen zwei Söhnen ungefähr zwei Jahre in Spielberg. Er war offenbar sehr beliebt gewesen, und alle hatten gewusst, dass Hans' Mutter mit ihm ein Liebesverhältnis hatte. Er hörte auch davon, dass sein Vater ein Holzhändler gewesen sei und aus dem Elsass stammte. Aber das alles hat Hans über die Jahre verdrängt, er glaubt: »Ich war zu jung, um das Ganze zu verstehen, und meine Mutter hat ja nichts weiter erzählt, sie hat immer nur geschwiegen, und ich hab wohl resigniert.«

Brigitte schlug Hans vor, einen Brief zu schreiben. Hans argumentierte dagegen, er könne die Sprache nicht, aber Brigitte ließ nicht locker und antwortete ihm: »Daran soll es nicht liegen, ich beherrsche Französisch.« Hans gab sich geschlagen, Brigitte begann zu recherchieren. Zuerst fand sie die Telefonnummer der Familie und rief im Elsass an. Am Telefon wurde ihr bestätigt, es ist die richtige Familie, aber sie erfuhr auch, dass Julius Nole einige Jahre zuvor gestorben war. Brigitte schrieb einen Brief. Darin erklärte sie, dass Hans den Wunsch habe, seine französische Familie kennenzulernen. Die Antwort kam umgehend. Die Ehefrau des verstorbenen Vaters bestritt, die Mutter von Hans zu kennen, nannte sie eine Lügnerin und drohte mit dem Rechtsanwalt. Da wollte Hans nicht mehr weitermachen. Er sagt: »Ich dachte, das muss ich mir nicht antun.« Heute schätzt er das anders ein.

Hans' Mutter, Christel Mast, wurde 1909 geboren Sie heiratete schon vor dem Krieg und wohnte in Spielberg, einer kleinen Gemeinde von 600 Einwohnern im nördlichen Schwarzwald, in ihrem eigenen Haus. Ihr Ehemann war im Krieg vermisst, sie musste nicht arbeiten, denn sie erhielt eine Kriegerwitwenrente. Im Juli 1949 kommt Hans zur Welt. Er sagt: »Ich bin total vaterlos aufgewachsen.« Wann er zum ersten Mal davon erfuhr, dass sein Vater ein Franzose war? Er glaubt, es waren viele kleine Bemerkungen, die von Dritten kamen. Er hat seine Mutter lange nicht danach gefragt: »Mir war das gar nicht bewusst. Erst als ich in die Schule kam, wurde es mir klar, hoppla, da stimmt was nicht. Da wurde ich nach meinem Vater gefragt. Jetzt, was sagt man da? [...] Wenn wir Streit bekommen haben, dann haben andere Kinder gesagt: ›Du bist doch vom Franzosen.‹ Sie haben mich oft Franzosen-Büble gerufen, um mich zu ärgern. Ich habe meine Mutter bestimmt nach meinem Vater gefragt, aber wann genau, das weiß ich nicht mehr.«

Nach der achten Klasse Volksschule, mit 14 Jahren, beginnt Hans eine Lehre als Stahlgraveur in einer Besteckfabrik, die er erfolgreich abschließt. Bis zur Einberufung in die Bundeswehr wohnt er bei seiner Mutter. Während der Bundeswehrzeit heiratete Hans, aber die Ehe wurde nach knapp zwei Jahren geschieden. Die Frage nach dem Vater war in diesen Jahren für ihn kein Thema, sagt er. Erst Jahre später, als er schon mit Brigitte verheiratet war, erinnerte er sich in Gesprächen mit ihr, dass er sich schon einen Vater gewünscht hatte. Die Briefe vom Vater hatte er zwar, sie aber eigentlich nie gelesen. Sie sind alle in Deutsch geschrieben, Hans erklärt sich das so, dass sie jemand im Ort übersetzt haben muss, weil seine Mutter nicht Französisch konnte.

Erst mit Brigitte liest Hans die Briefe ausführlich, als Kind hatte er sie gar nicht verstanden, es habe ihn auch nicht interessiert. In jedem Brief schrieb der Vater, wie leid es ihm tue, dass er nicht da sein kann. Er erwähnt immer den kleinen Jean, den er vermisst und hoffentlich eines Tages sehen wird. Nach etwa drei Jahren brechen die Briefe ab.

Die Mutter hat mit Hans nie über den Vater gesprochen. Es gab immer nur knappe Antworten, wenn Hans zum Beispiel im Haus etwas Ungewöhnliches fand. Einmal war es eine rote Mütze. Als er bei seiner Mutter nachfragte, hieß es: »Die ist von deinem Vater.« Im nahe gelegenen Acker fand er immer wieder Miesmuscheln. »Ich hatte doch keine Ahnung, was das war. Ich hab sie öfter gefragt, was das ist. Sie hat irgendwann gesagt: ›Eine Miesmuschel, dein Vater hat gerne welche gegessen, und ich hab sie ihm gekocht, und er hat die leeren Muscheln in den Acker geschmissen.‹« Hans schüttelt den Kopf, als er das erzählt. »Was konnte ich damit anfangen? Ich kannte keine Miesmuscheln, hatte keine Ahnung, und meine Mutter sagt: ›Die sind von deinem Vater.‹ Ich war zu klein, um weiter zu fragen, aber sie hat ja auch nie mehr erzählt.«

Brigitte hat mit ihrer Schwiegermutter schwierige Erfahrungen gemacht. Sie sagt: »Sie ist nicht mal zu unserer Hochzeit gekommen, und bei Stephanies Taufe, ihrem ersten Enkelkind, hatte sie keinerlei Bedürfnis, sich mit uns zu unterhalten. Unsere Mütter haben sich höchstens zwei oder drei Mal gesehen, sie mochten sich nicht. Aber wir haben uns trotzdem immer um sie gekümmert, vor allem als sie älter wurden und uns brauchten. Hans' Mutter wollte unter keinen Umständen aus ihrem Haus, aber wir hätten sie auf jeden Fall zu uns geholt.« Es kommt nicht dazu, Hans' Mutter stirbt 1993.

Auch Brigittes Mutter war wie die Mutter von Hans nie wieder eine Beziehung eingegangen. Aber sie hatte lebhaft an Brigittes Familienleben teil und nahm das Angebot, mit ins neugebaute Haus zu ziehen, sofort an. Das Zusammenleben brachte keine Schwierigkeiten mit sich. Dass Brigitte nicht nach der Vergangenheit fragen durfte, hatte sie längst akzeptiert, obwohl es sie manches Mal ärgerte. Dieses Schweigen!

Anfang 2010 sieht Brigitte zufällig im SWR eine Fernsehdokumentation über Franzosen, die nach ihren deutschen Soldatenvätern gesucht haben. Es ist ein Treffen der Familien irgendwo in Frankreich. Sie sieht die glücklichen Menschen und hört von der französischen Hilfsgruppe Amicale Nationale des Enfants de la Guerre (A.N.E.G.). Spontan schreibt sie einen Brief. Hans erzählt sie nichts. Ihr Brief wird umgehend beantwortet: Wir helfen auch Deutschen, ihren französischen Väter zu finden. Sie wird zum nächsten Treffen von A.N.E.G. in Altensteig eingeladen, nicht weit von ihrem Wohnort. Im Brief wird Fernand Rumpler aus dem elsässischen Mühlhausen erwähnt. Er kümmere sich ganz besonders um die deutschen Besatzungskinder von französischen Vätern. An dem Treffen können Brigitte und Hans nicht teilnehmen, weil Brigittes Mutter an diesem Tag beerdigt wird. Aber sie hatte zuvor alle vorhandenen Informationen an Rumpler per Post geschickt und ist fassungslos, als sie nach wenigen Wochen die Nachricht erhält, er habe zwei Brüder von Hans gefunden – einen im Elsass, drei Jahre jünger als Hans, und einen älteren Bruder, der in Kanada lebe. Mit diesen Nachrichten ist Hans zu Anfang völlig überfordert. Er kann das alles gar nicht glauben.

Hans wird jetzt erst richtig bewusst, wie sehr ihn seine Tochter Stephanie immer bedrängt hatte, die Familie seines Vaters zu suchen: »Warum versuchst du es nicht? Vielleicht ist irgendwo jemand auf der Welt, dem ich gleich sehe.« Brigitte sagt: »Es war nicht nur unsere Stephanie, auch die anderen beiden Kinder haben immer wieder gefragt und wollten wissen, wo ihre Wurzeln sind. Die Kinder stellten immer mal wieder die Frage nach einem Großvater, und sie erinnerten uns Eltern häufig an die ungelöste Vaterfrage.« Hans schenkte diesen Fragen lange Zeit weniger Bedeutung als Brigitte. Brigitte erzählt von folgender Begebenheit: »Steffi kam wütend aus der Schule, sie war zwölf oder 13 Jahre alt. Ihre Religionslehrerin hatte als Hausaufgabe einen Stammbaum der Familie gefordert. Unsere Steffi sagte: ›Ich schreibe nichts. Was soll ich denn schreiben? Ihr wisst ja nicht, wer eure Väter sind, und ich will das nicht schreiben.‹« Da wurde Brigitte erst bewusst, wie sehr Steffi sich mit der ungeklärten Herkunft ihrer Eltern beschäftigte.

Am 10. Oktober 2010 trifft sich die deutsch-französische Familie zum ersten Mal gemeinsam mit Fernand Rumpler in Schiltach im Schwarzwald. Er hat alles vermittelt und spricht zur Freude von Hans auch Deutsch. Brigitte und Hans sind noch immer sehr bewegt, wenn sie von diesem Tag erzählen. Alle haben sich so herzlich zusammengefunden und ihre Lebensgeschichten erzählt, als hätten sie sich immer gekannt. Brigitte und Hans sagen übereinstimmend: »Was wir da erlebt haben, dafür gibt es keine Worte.«

Beiläufig erzählt Brigitte Fernand Rumpler beim Kaffeetrinken, dass auch sie Besatzungskind sei, von einem amerikanischen Soldaten, den sie nicht kenne. Darauf antwortet Fernand Rumpler ihr: »Ja dann wärst du ja jetzt dran. Ich habe eine Freundin in Berlin, der könntest du schreiben.« Brigitte erinnert sich: »Ich dachte, das ist jetzt der letzte Anker, wenn nicht, dann war es das.« Wenige Tage später erhalte ich ihre E-Mail. Brigitte hatte nur den Namen des Vaters und das ungefähre Geburtsjahr, aber Niels Zussblatt vom NPRC in St. Louis findet die Akte ihres Vaters. Er lebt noch. Er lebt in Pennsylvania und hat einen Sohn, sieben Jahre jünger als Brigitte. Die Hoffnung war groß, es würde so harmonisch werden wie mit Hans' französischer Familie. Doch weder Vater noch Bruder antworten auf die Briefe. Eine amerikanische Freundin versucht, in einem Telefongespräch mit der Frau des Bruders von Brigitte zu erzählen, aber sie wird wütend und energisch zurückgewiesen: Wir wünschen keine weitere Belästigung.

Angeblich soll Brigittes Vater Alzheimer haben – ob das stimmt, ist nicht herauszufinden. Brigitte hat immer mal wieder einen Kartengruß zu Weihnachten oder Geburtstagen geschickt, aber nie eine Antwort erhalten. Die Post ist aber auch nicht zurückgekommen. Wissen ihr Vater und Bruder überhaupt von ihr, oder hat die Schwägerin alles unterschlagen? Wenn Brigitte von ihrer amerikanischen Familie spricht, wird ihre Stimme ganz leise, und es schwingt Trauer in jedem ihrer Sätze mit. Man spürt die große Enttäuschung, und Hans leidet mit.

Manchmal überlegt Brigitte, ob sie mit ihrer Tochter einfach hinfliegen und versuchen sollte, den Vater zu sehen oder wenigstens mit dem Bruder zu reden, aber sie hat Angst davor. Was wird ihr geschehen, wenn sie abgelehnt wird? Wie soll sie damit leben?

Ihre Hoffnung ist, irgendwann zu erfahren, was sie von ihrem Vater an Eigenarten geerbt hat. Sie vergleicht die gefundene französische Familie mit Hans und der Tochter. Es gibt eine große Ähnlichkeit zwischen den Brüdern, aber auch unter den weiteren Familienmitgliedern stellen alle erstaunliche Parallelen im Aussehen und im Wesen fest. Brigitte hat nur den einen Bruder in Amerika, und es macht sie unendlich traurig, dass es offenbar keine Chance gibt, ihn kennenzulernen. Es lässt ihr keine Ruhe. Immer wieder surft sie im Internet, sucht in dem kleinen Ort in Amerika nach Hinweisen auf ihre Familie.

»Ich konnte mir unter einem Tommybengel ja nichts vorstellen.«

**Wilfried Neumann,
*1946, Berlin, britischer Sektor**

Nach der Kapitulation Deutschlands am 7. Mai 1945 teilten die Alliierten auch die deutsche Hauptstadt Berlin in vier Besatzungszonen auf. Die westlichen Stadtbezirke Charlottenburg, Spandau, Tiergarten und Wilmersdorf kamen unter britische Militärverwaltung. 3000 britische Soldaten waren in der Zone stationiert und wohnten in Kasernen der früheren Wehrmacht, aber auch in Privatquartieren.

Ilse Neumann ist 17 Jahre alt, als ihr Freundinnen von einem Tanzlokal in Charlottenburg vorschwärmen; von der tollen Musik und den jungen Soldaten. Einige der Mädchen haben dort schon einen Freund gefunden. Ilse möchte sich auch mal so amüsieren, wie es ihre Freundinnen erzählen. Sie lebt mit ihrer Mutter und einer jüngeren Schwester in Spandau, wo sie hinziehen mussten, als ihre Wohnung in Charlottenburg nach einem Bombenangriff ausbrannte. Ilses Vater befindet sich noch in russischer Kriegsgefangenschaft, seine Familie hofft auf seine Rückkehr. Ilse braucht zwar einige Überredungskünste, bis ihre Mutter den Besuch im Tanzlokal erlaubt, aber diese versteht auch, dass ein junges Mädchen mal ausgehen möchte. Die letzten Jahre hatten wenig Zeit und Raum gelassen für Vergnügen. So lange hatten die Angst vor den ständigen Fliegerangriffen und die immer schlechter werdende Versorgungslage zum täglichen Leben gehört! Jetzt endlich ist der Krieg vorüber und das Leben kann weitergehen, ganz besonders für die jungen Menschen.

Ilse wird im Tanzlokal von vielen Soldaten umschwärmt, und sie verliebt sich auf der Stelle in James B., den alle Jimmy nennen. Jimmy ist groß, hat eine sportliche Figur und ist etwas Besonderes in der Gruppe der Soldaten. Ilse bewundert ihn wegen seiner Stärke und seiner Entschlossenheit einzugreifen, wenn es im Tanzlokal Streit gibt. Es verkehren dort Soldaten aus allen vier Besatzungszonen Berlins, und immer wieder gibt es Rangeleien wegen der hübschen jungen Mädchen. Die Militärpolizei ist schnell gerufen, und das will keiner.

Ilse erzählt ihrer Mutter von James, und diese möchte den jungen britischen Soldaten kennenlernen, sie möchte wissen, mit wem ihre Tochter so oft ausgeht. Als er sich vorstellt, kann sie Ilse verstehen. James ist ihr sofort sympathisch und wird ein gern gesehener Gast. Er scherzt mit Ilses kleiner Schwester und bringt bei jedem Besuch etwas zu essen mit, was die Not an Lebensmitteln etwas lindert.

Für einige Wochen ist alles sehr schön. James nennt Ilse Anne, angeblich weil er Ilse schlecht aussprechen kann. Als sie im März 1946 bemerkt, dass sie schwanger ist, und es Jimmy sagen will, ist er plötzlich nicht mehr in Berlin. Sie erfährt von seiner Versetzung nach Wolfenbüttel von seinen Kameraden. Er hatte es ihr nicht erzählt und war einfach nicht mehr gekommen.

Das Baby, das sie erwartet, bringt Ilse in größte Not. Weil sie nicht weiß, wie es weitergehen soll, und sich James nicht mehr bei ihr meldet, reist sie in ihrer Verzweiflung nach Wolfenbüttel, um ihn zur Rede zu stellen. Das Treffen verläuft ganz anders, als sie gehofft hatte. Jimmy hat bereits eine neue Freundin, eine Frau mit sechs Kindern. Zum Treffen bringt James die Neue mit. Es kommt zu einer heftigen Auseinandersetzung, in deren Verlauf Ilse James händeringend bittet, die Vaterschaft anzuerkennen und sich um das Kind zu kümmern. Er lehnt alles ab. Ilse droht, sich das Leben zu nehmen, wenn er nicht die Verantwortung für das gemeinsame Kind übernehme. James fordert sie auf, es doch zu

Wilfried Neumanns Eltern Ilse und James, 1945/1946

tun. Nach diesem erschütternden Erlebnis fährt sie zurück nach Berlin und sucht Unterstützung bei der britischen Militärregierung. Doch auch hier wird ihr keine Hilfe zuteil. James B. meldet sich nie mehr bei Ilse.

Das Baby stellt Ilse und ihre Familie vor große Probleme und Sorgen. Sie haben kaum etwas zu essen, die Lebensmittelkarten reichen nicht aus, um satt zu werden. Die Familie hat keine Wertsachen, die sich auf dem Schwarzmarkt eintauschen ließen. Und jetzt brauchte man bei all dieser Not wenigstens das Notwendigste an Kleidung für das Baby. Im August 1946 kehrt Ilses Vater aus der russischen Kriegsgefangenschaft zurück. Er macht seiner schwangeren Tochter große Vorwürfe, dass sie sich mit einem Besatzungssoldaten eingelassen hatte.

Doch als am 26. Oktober 1946 Wilfried in Berlin-Spandau geboren wird, findet der Großvater sehr schnell großen Gefallen an dem kleinen Kerl. Er hatte sich immer einen Sohn gewünscht

Wilfried Neumann mit seiner Mutter Ilse, 2014

und liebt nun seinen Enkel über alles. Seine Großeltern sind Wilfrieds wichtigste Bezugspersonen. Er nennt beide zeit ihres Lebens »Mama« und »Papa«. Ilse ist »Mami«. Wilfried sagt: »Ich hatte so kein richtiges Gefühl – kein Muttergefühl zu ihr.« Da seine Mutter noch nicht volljährig ist (damals erst ab 21 Jahren), erhält Wilfried einen amtlichen Vormund. Das Jugendamt hat ab jetzt in allen Fragen, die das Kind betreffen, ein Mitspracherecht. Den Namen des Vaters gibt Ilse nicht an, und so wird Wilfried als vaterloses Kind registriert.

Von James B. kommt kein Lebenszeichen. In ihrer Verzweiflung und Not schreibt Ilse am 10. Dezember 1947 folgenden Brief nach London:

»Ich bitte das Englische Kriegsministerium höflichst, mir die Adresse des Korporals James B. oder die Adresse seiner Eltern mitzuteilen, da ich für das Kind allein aufkommen muss, was in Berlin unter den heutigen Verhältnissen ernährungs- und bekleidungsmäßig sehr schwer ist, habe ich mich mit obiger Bitte an das Kriegsministerium gewandt. Vielleicht ist es möglich, den Korporal J. B. zu veranlassen ein Lebenszeichen von sich zu geben und etwas zum Lebensunterhalt seines Sohnes beizutragen.«

Sie erhält keine Antwort. Mehrfach versucht sie, bei anderen offiziellen Stellen in Berlin den Aufenthaltsort von James ausfindig zu machen – ohne Erfolg. Ihr Vater schreibt ebenfalls mehrere Briefe an verschiedene Adressaten, in denen er berichtet, dass er erst kürzlich aus russischer Kriegsgefangenschaft entlassen worden sei und selbst kein Einkommen habe, weil er nicht in seinen Beruf zurückkehren könne. Deshalb sei er nicht in der Lage, auch noch für das Kind seiner Tochter aufzukommen: »Der Junge ist jetzt 10 Monate alt und braucht Wäsche und Anziehsachen, Schuhe usw. Es ist hier in Deutschland nichts zu haben, wenn nur gegen viel Geld.« Alle Briefe bleiben unbeantwortet.

1951 heiratet Ilse. Sie war schon 1948 aus der elterlichen Wohnung ausgezogen. Als Wilfried gefragt wird, ob er zu Mami und ihrem Mann ziehen wolle, lehnt er ab. Er hat ein Zuhause und will dort bleiben. »Und mein Opa hat auch gesagt, ›nu lass uns mal den Jungen‹«, beschreibt er die Entscheidung. Das wurde von seiner Mutter ohne Probleme akzeptiert. 1952 und 1955 werden zwei Geschwister geboren, mit denen er sich gut versteht. Die regelmäßigen Besuche bei seiner Mutter und deren Familie sind für ihn in Ordnung, mehr will er nicht.

Wilfried schwärmt von seiner schönen Kindheit bei den Großeltern. Die sind sehr um Wilfried besorgt. Sie tun alles für ihn, was ihnen in ihrer schwierigen Lage möglich ist. In der Schule läuft alles zu Opas Zufriedenheit. Enkel und Großvater haben eine gemeinsame Leidenschaft: Fußball. Viele Jahre spielte Wilfried im Fußballverein Berlin-Gatow, wohin ihn Opa in den ersten Jahren stets begleitete. Das Jugendamt hält regelmäßig Kontakt zur Familie, aber Beanstandungen gibt es nie. Wilfried wird von den Großeltern nicht adoptiert, den Familiennamen trägt er ja schon.

In der Nachbarschaft gibt es viele Spielkameraden, und vor allem das Fußballspiel auf der Straße macht Spaß. »Wir sind bei Wind und Wetter draußen gewesen und haben allerhand Blödsinn verzapft. In einer ausgebombten Villa haben wir uns Buden gebaut und richtige Straßenschlachten mit anderen Jungs gehabt. Aber nie richtig böse, am anderen Tag in der Schule war alles gut. Dann sind wir oft zur englischen Kaserne und haben am Tor auf Englisch gefragt, »Do you have chewing gum?« Wir bekamen Kaugummi, Bonbons oder einen Penny, obwohl wir mit einem Penny gar nichts anfangen konnten. Und Zigarettenstummel haben wir auch vor der Kaserne gesammelt. Die Älteren haben ja schon geschmökt.«

Wilfried erzählt auch von Opas Leidenschaft, freitagabends die Kriminalgeschichten von Francis Durbridge mit Renè Deltgen als Kommissar im Radio zu hören. Er teilte die Begeisterung nicht. Sein Bett stand im Wohnzimmer, so musste er mithören und hatte regelmäßig große Angst. »Oma brachte mich ins Bett, ich war ja noch klein, und sagte: ›Nu schlaf mal schon schön‹, aber wenn Opa dann die ›Goebbelsschnauze‹ [wie der »Volksempfänger« aus der NS-Zeit genannt wurde] anschaltete, wurde mir jedes Mal himmelangst. Da ging die Phantasie mit mir durch, und die Blumen auf der Fensterbank bekamen Gesichter. Schrecklich.« Doch so klein bleiben die negativen Episoden in Wilfrieds Kindheit. Dass er schon im Kindergartenalter öfter als »Tommybengel« tituliert wurde, habe ihn dagegen nie gestört. »Ich konnte mir darunter ja nichts vorstellen. Ich habe mich nie angegriffen gefühlt. Ich hatte Mama und Papa. Ich war niemandem gram.« Wilfried kannte keine anderen Besatzungskinder in seinem Umfeld, auch nicht in der Schule. Er machte die mittlere Reife auf der Realschule und begann eine Verwaltungslehre bei der Bundesversicherungsanstalt für Angestellte. Dort konnte er nach der Lehre sein Fachabitur machen und studieren. Er arbeitete als Diplom-Verwaltungswirt bei der BfA. 1973 heiratete Wilfried eine Kollegin, und die Familie hatte bald zwei Kinder, eine Tochter und einen Sohn.

Wilfried kann heute nicht mehr genau sagen, wann er seine Mutter nach dem englischen Vater gefragt hat. Er glaubt, dass es ungefähr im Alter von 19 Jahren gewesen ist. Der Mutter ist sein Nachfragen »hochnotpeinlich«, wie er es ausdrückt. Er spricht von seiner Neugier, von dem Interesse, vielleicht doch etwas über seinen englischen Vater zu erfahren. Doch dann waren das eigene Leben, der Beruf, die Heirat und die eigenen Kinder über viele Jahre wichtiger. Erst als er in einem Bericht des *Berliner Tagesspiegels* im Januar 2006 von GItrace liest und von der Möglichkeit erfährt, über diese Organisation einen Vater zu finden, beschäftigt er sich mehr mit seiner eigenen Situation als Besatzungskind.

Im Dezember 2006, fast ein Jahr nach der Lektüre des Artikels, entschließt er sich, mir zu schreiben. Ich frage ihn später, welche Hoffnung er damit verbunden habe, und seine Antwort ist: »Sie waren meine Hoffnung, mehr war da zu diesem Zeitpunkt nicht.« Ich rate ihm in unserem ersten Gespräch, seine Mutter noch einmal detailliert nach der Zeit vor seiner Geburt zu fragen. Jede Information kann bei der Suche von großer Bedeutung sein. Wilfried erzählt seiner Mutter von der Möglichkeit, über GItrace seinen Vater ausfindig zu machen, und bittet sie, ihm doch mehr von damals zu erzählen. Sein Stiefvater ist bei diesem Gespräch dabei und unterstützt Wilfried mit großem Verständnis für sein Anliegen. Erst jetzt öffnet sich seine Mutter. Sie schildert James B. als einen sehr gut aussehenden jungen Mann, in den sie sich damals verliebt habe. Sie erzählt aber auch von ihrer Verzweiflung, als er sie schwanger so im Stich ließ. Sie überlässt ihrem Sohn ein paar Fotos, ein paar Briefe mit der angeblichen Adresse in England und wünscht ihm, dass er James finden möge.

Die von James B. eigenhändig geschriebene Heimatadresse in England, sein Name sowie der Dienstgrad und die Stationierung in Berlin 1945 erleichtern die Suche sehr. Wenn der Name nur mündlich überliefert ist, stimmt die Schreibweise nicht unbedingt.

Meiner englischen Freundin Sally Vincent gelang es innerhalb weniger Wochen, die Familie von James B. in Dudley, in der Nähe von Birmingham, zu finden. James war 1994 verstorben, aber es gab einen Sohn, Roger James B., 1948 geboren. Sally telefonierte mit ihm in den ersten Apriltagen 2007 und erzählte ihm von Wilfrieds Suche. Rogers Reaktion auf die Nachricht, einen älteren Bruder in Deutschland zu haben, ist Überraschung – der Vater hatte nie eine Andeutung gemacht –, aber auch Freude, denn es gab in England keine Geschwister. Er war sofort bereit, mit Wilfried Kontakt aufzunehmen und ihm vom Leben des gemeinsamen Vaters zu berichten. Roger wollte nicht schreiben, er wollte mit Wilfried telefonieren, und so konnte ich, als ich Sallys Informationen erhielt, Wilfried sagen: »In ein paar Minuten ruft dich dein Bruder Roger aus England an.«

In der Erinnerung an dieses erste Gespräch sagt Wilfried: »Ich war nicht gespannt. Ich war einfach leer, ich wusste gar nicht, was auf mich zukommt. Dann klingelte das Telefon, dann meldet sich jemand auf der anderen Seite auf Englisch. [...] Das Gespräch ging auch nicht lange, dennoch war es endlos. Vielleicht ein oder zwei Minuten. Wir sind dann so verblieben, dass wir uns schreiben wollen und uns Fotos schicken.« Das haben dann beide auch ausführlich getan.

Als in Berlin die ersten Fotos eintreffen, stellen Wilfrieds Frau und die Kinder eine große Ähnlichkeit zwischen den Brüdern fest. Beide sind recht groß und von kräftiger Statur und haben einen sehr freundlichen Gesichtsausdruck. Wilfried und Roger stellen in ihren Briefen viele Gemeinsamkeiten fest, dazu gehören Fußball und die Vorliebe für Bier. Vor allem aber sind sie beide Familienmenschen. Roger hat einen Sohn, zwei Töchter und ein Enkelkind. Wilfrieds Tochter ist in Kalifornien verheiratet. Sein Sohn lebt mit Frau und zwei Kindern in der Nähe von Berlin. Heute verbringt er genauso begeistert wie einst sein Opa viel Zeit mit den Enkelkindern. Die Familie ist beiden Brüdern das Wichtigste, und der neue deutsche beziehungsweise englische Familienteil gehören nun ohne Wenn und Aber dazu. Schnell wird ein Besuch zum persönlichen Kennenlernen geplant. Die Frauen der Brüder unterstützen das, alle sind neugierig aufeinander. Wenige Wochen später fliegt Wilfried mit seiner Frau nach England. Es sind nur wenige Tage, aber sie sind von so großer Herzlichkeit und Offenheit geprägt, dass schon der nächste Besuch mit Wilfrieds Kindern geplant wird. Trotz der Sprachschwierigkeiten verstehen sich alle. Das ist auf den Fotos vom ersten Treffen zu erkennen.

Wilfried erfährt von Roger, dass die Ehe des Vaters nicht glücklich war und schließlich geschieden wurde. Roger glaubt, der Vater habe unter den Folgen der Kriegserlebnisse – er war erst 18 Jahre alt, als er eingezogen wurde – sein ganzes Leben gelitten. Aber er hat nie mit Roger über diese Zeit gesprochen und dieser fand nie eine wirkliche Nähe zu seinem Vater. Roger wuchs wegen der Eheprobleme seiner Eltern bei der Großmutter auf. So haben die Brüder ähnliche familiäre Erfahrungen gemacht. Beide wurden in bescheidenen Verhältnissen groß, auch im mittelenglischen Dudley war die Nachkriegszeit wie in Berlin schwierig. Trotz der wirtschaftlichen Not aber empfanden beide ihre Kindheit als schön. Roger wuchs mit seinem Onkel auf, James' jüngerem Bruder, der noch lange mit im Haus lebte und der für ihn wie ein Bruder war. Wilfried hatte eine Tante, die zehn Jahre jüngere Schwester seiner Mutter, die in seiner Kindheit wie eine Schwester für ihn war. Wilfried und Roger sind mit ihrem Lebensverlauf und vor allem mit ihren Kindern und Enkelkindern glücklich. Und sie freuen sich, dass die Familie durch Wilfrieds Suche noch größer geworden ist.

Wilfried ist das Beispiel eines Besatzungskindes, das gar nicht unter dem abwesenden Vater litt. Der Großvater füllte die familiäre Lücke aus und ersetzte die fehlende männliche Identifikationsfigur. Die Tatsache, dass Wilfried ein »Tommybengel« war, scheint in seiner Kindheit keine negative Rolle gespielt zu haben. Insofern ist auch Wilfrieds Geschichte nach dem Auffinden seines Vaters von großer Harmonie mit der Familie des Bruders geprägt. Wilfried hat keine alten Rechnungen mit einem nicht mehr erreichbaren (toten) Vater zu begleichen und kann sich ganz auf das Kennenlernen von Roger konzentrieren.

In einem persönlichen Gespräch mit Wilfrieds Mutter im April 2014 spürte ich, wie eng das Verhältnis zwischen Mutter und Sohn inzwischen ist. Wilfrieds Mutter betonte, dass sie an seinen Vater und ihre erste große Liebe gern zurückdenkt. Sie sagte: »Ich war so jung und so verliebt, und als es passiert war, haben mir meine Eltern keine Vorwürfe gemacht. Ohne ihre Hilfe hätte ich es allerdings viel schwerer gehabt.« James' Verhalten hat sie damals sehr gekränkt, aber sie trägt es ihm nicht mehr nach. »Sonst hätte ich ja Wilfried nicht«, sagt sie. Weiter erzählte sie mir: »Aber ich wäre auch niemals mit James nach England gegangen. Meine Eltern verlassen, das wäre mir nie in den Sinn gekommen. Eine meiner Freundinnen hat damals einen Briten geheiratet, die war da so unglücklich und ist auch bald wiedergekommen.« Über Wilfrieds erfolgreiche Suche und den gefundenen Bruder freut sie sich sehr. Sie möchte Roger und dessen Familie liebend gern kennenlernen und hofft, sie kommen bald nach Berlin. Sie selbst kann nicht mehr reisen.

»Mister's mother«

Charles Reese,
***1946, Berlin, amerikanischer Sektor**

In den USA suchen adoptierte Kinder nach ihren deutschen und österreichischen Müttern. Ebenso gibt es immer häufiger amerikanische Väter, die sich nach Jahrzehnten an ihr zurückgelassenes Kind in Deutschland und Österreich erinnern und es finden wollen. Auch wurden schon zahlreiche GI-Kinder von ihren amerikanischen Halbgeschwistern gesucht. Der Grund war immer, dass sie im Nachlass des verstorbenen Vaters Briefe oder Fotos gefunden hatten, die darauf schließen ließen, dass er während seiner Militärzeit eine Beziehung und ein Kind in Deutschland oder Österreich zurückgelassen hatte.

Camille McMullen aus Tennessee wollte ihre deutsche Großmutter väterlicherseits finden. Sie fand Anfang des Jahres 2004 im Nachlass ihrer Großmutter Melinda einige Fotoalben, die sie neugierig machten. Ihre Familie ist afroamerikanisch und lebt seit Generationen in Tennessee. Camille ist 2004 Mitte 30, Rechtsanwältin, verheiratet und hat einen kleinen Sohn. Sie hatte ihre »Granny« geliebt und erinnerte sich gern an die vielen Geschichten, die diese ihr so oft erzählt hatte. Ganz besonders spannend war es, wenn sie von Deutschland und Berlin sprach. Camilles Großvater Charles Reese war während des Zweiten Weltkrieges in der US-Army und seit dem Kriegsende in Berlin stationiert gewesen. Er holte seine Frau Melinda nach Berlin. Sie waren seit 1940 kinderlos verheiratet. Es war möglich, dass Soldaten ihre Ehepartner nachholten, wenn sie voraussichtlich länger an einem Stand-

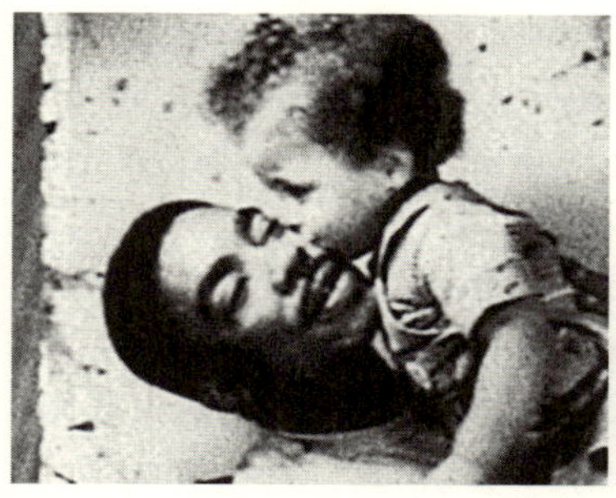

Karl mit seinem Vater, circa 1947

Karl mit seiner Mutter, circa 1947

ort blieben. Melinda und Charles wohnten in der Nähe des amerikanischen Hauptquartiers in Berlin-Zehlendorf.

In den Fotoalben aus Melindas Nachlass betrachtet ihre Enkelin Camille viele Schwarz-Weiß-Fotos des zerstörten Berlin, von ihren Großeltern mit unterschiedlichen Freunden, viele Fotos von Soldaten und von afroamerikanischen und weißen Frauen. Diese Bilder hatte ihr die Großmutter nie gezeigt. Ein Foto fasziniert sie ganz besonders, sie schaut es sich immer wieder an. Eine weiße Frau mit blonden Haaren trägt einen kleinen Jungen auf dem Arm und lächelt. Der kleine Junge lächelt nicht. Je länger sie das Foto anschaut, umso sicherer ist Camille: Der Junge ist ihr Vater. Dann entdeckt sie auf der Rückseite des Fotos in der Handschrift ihrer Großmutter zwei Worte, »Mister's mother«. Jetzt gibt es keinen Zweifel mehr, es ist ihr Vater auf dem Arm seiner Mutter. Die Großeltern hatten ihren Vater nie Charles, sondern immer »Mister« gerufen. Camille weiß, wie sehr die Großeltern »Mister« geliebt haben. Sie weiß, wie alle in der Großfamilie, dass ihr Vater ein Adoptivkind ist, weil Großmutter Melinda keine Kinder bekommen konnte. Aber weiter war nie darüber geredet worden. Camille beschließt, ihren Vater zu besuchen und ihn zu fragen, ob er mehr über die weiße Frau auf dem Foto weiß.

Erst Wochen später kommt es zu der Begegnung, denn sie wohnen einige 100 Meilen voneinander entfernt. Zu Anfang weigert sich ihr Vater, über Vergangenes zu sprechen. Sie zeigt ihm das Foto und versucht ihn zu überzeugen, wie wichtig es für sie und die gesamte Familie ist, zu wissen, wer seine Mutter war. Warum ist er hier in Tennessee? In Amerika? Ihr Vater gibt nach und beginnt zögernd, von seinen Erinnerungen zu erzählen. Er sei in einem Vorort von Berlin, in Baddensorrow, geboren, am 21. Juli 1946. Dort habe er vor der Adoption mit seiner leiblichen Mutter gelebt. Ihr Name sei Edith Lange gewesen, und sein Name habe Karl Lange gelautet. Er glaube, Charles Reese, sein Adoptivvater, sei auch sein biologischer Vater gewesen. Er habe nie den Mut gehabt, ihn danach zu fragen. Er sei wohl ein sogenanntes Brown Baby gewesen, das Kind eines afroamerikanischen Soldaten und einer deutschen Mutter. Nach der Adoption wurde Karl zu Charles. Ihr Vater erzählt Camille auch von seinen ersten Erinnerungen an Amerika. Wie fremd ihm alles war. Alle sprachen Englisch, und er konnte nur Deutsch. Als junger Soldat war er in den 1970er Jahren selbst in Deutschland stationiert. Damals habe er versucht, Baddensorrow auf der Landkarte zu finden, aber ohne Erfolg. In Deutschland habe er viel an seine Mutter gedacht, aber später nicht mehr, da habe er seine eigene Familie mit vier Kindern gehabt und vieles verdrängt. Camille erzählt mir später, dass er nach ihrem Besuch und dem langen Gespräch über die Vergangenheit damit einverstanden war, dass sie Edith Lange sucht.

Mitte Mai 2004 fand Camille im Internet GItrace und bat mich, ihr zu helfen, Edith Lange zu finden. Zu Beginn war mein größtes Problem Baddensorrow. Ich lebte noch nicht lange in Berlin und kannte die Örtlichkeiten nicht. Dann fiel mir Bad Saarow am Scharmützelsee im Südosten von Berlin ein. Beim Standesamt der Gemeinde fragte ich zuerst telefonisch nach einer Geburtsurkunde von Karl Lange. Es war ein Versuch. Zu meiner Überraschung fand die zuständige hilfsbereite Beamtin nach längerem Suchen tatsächlich Karl Hubertus Lange mit passendem Geburtsdatum im Geburtenregister. Die Urkunde konnte sie mir erst nach einer Vollmacht von Charles Reese schicken. Einige Wochen später konnte ich sie beantragen. Auf der Geburtsurkunde war seitlich eine handschriftliche Ergänzung vom 21. Oktober 1948 eingetragen. »Das Kind Karl Hubertus Lange wurde am 7. April 1948 von dem amerikanischen Ehepaar Reese adoptiert und führt von nun an den Familiennamen Reese.« Mit diesen Angaben aus der Geburtsurkunde konnte ich eine Einsicht in die Adoptionsakte beim Amtsgericht Berlin-Schöneberg beantragen. Mitte Dezember 2004 lag auch diese vor. Darin ist zu lesen, dass das Kind Karl Lange sich seit dem 1. August 1947 in der Obhut des Ehepaars Reese in Berlin-Zehlendorf befand und am 7. April 1948 Edith Lange der Adoption ihres Kindes Karl Lange zugestimmt hat. Der Wert dieses Vertrages wurde mit RM 10 000 angegeben. Das Ehepaar Reese übernahm alle Vertragskosten.

Diese Akte an Charles Reese jr. weiterzugeben, ist mir schwergefallen.

Wie zuvor schon bei ähnlichen Nachforschungen hatte ich Anfang September 2004 eine überregionale Zeitung gebeten, bei der Suche nach Angehörigen von Edith Lange oder Zeitzeugen zu helfen. Die *Märkische Oderzeitung* war dazu spontan bereit. Es erschien ein großer Bericht mit der Überschrift: »Adoptierter Sohn: Wo ist meine Mutter Edith Lange?« Dazu das Foto von Edith Lange mit dem kleinen Charles Reese, damals Karl Lange, auf dem Arm. In den folgenden Tagen bekam ich zahlreiche Anrufe. Der Zeitungsartikel hatte die Menschen angerührt, viele wollten helfen. Ein Anrufer sagte, dass er eine Erinnerung habe, die vielleicht weiterhelfen könnte. Er wäre vermutlich Ende 1946 kurz vor Bad Saarow, im russischen Sektor, gegen Abend von einem farbigen amerikanischen Soldaten angesprochen worden, der nach dem Kronprinzendamm gefragt hätte. Der Anrufer wusste, dass dort damals ein Mütter- und Säuglingsheim war. Auf seine Frage, was er dort wolle, hätte der GI geantwortet, er müsste dort dringend eine Familie besuchen. An nähere Einzelheiten erinnerte sich der Zeuge nicht mehr. War der farbige GI Charles Reese? Wollte er Edith Lange und sein Kind sehen? Wie war er nach Bad Saarow gekommen? Dann eine Anruferin aus Grünheide, nicht weit entfernt von Bad Saarow. Es war eine ältere weibliche Stimme, die es ganz offensichtlich Überwindung kostete, mich anzurufen. Der erste Satz: Edith Lange war meine Schwägerin. Ich hielt den Atem an. Frau G. berichtete, dass Edith mit ihrer Mutter aus Breslau geflüchtet war und dass sie Grauenvolles auf der monatelangen Flucht erlebt hatten. Edith Lange war verheiratet, aber von ihrem Mann hatte sie bei Kriegsende schon monatelang kein Lebenszeichen mehr erhalten, er war vermisst. Ihr einziger Bruder, der Verlobte der Anruferin, war in Russland gefallen. Edith habe sie, so Frau G., Anfang 1946 in Grünheide besucht. Sie habe zu dieser Zeit mit ihrer Mutter in West-Berlin gewohnt. Nach diesem Besuch habe sie lange nichts mehr von ihr gehört, so Frau G., erst viel später sei sie noch einmal zu Besuch nach Grünheide gekommen, ungefähr 1948, und habe ihr erzählt, dass sie einen kleinen Jungen von einem farbigen Amerikaner habe. Sie habe von ihren großen Sorgen gesprochen und der Absicht, das Kind einem amerikanischen Ehepaar zu überlassen. Edith sei damals in einer verzweifelten Lage gewesen, so Frau G. »Dieser verdammte Krieg, was hat der nur alles mit uns gemacht!« Frau G. sagte auch: »Ich habe Edith damals zugeredet, dass Kind nicht herzugeben, aber sie hat gesagt, wenn er von dem amerikanischen Ehepaar adoptiert wird, hat er ein besseres Leben als mit mir.« Der Zeitungsartikel und ganz besonders das Foto von Edith Lange mit dem kleinen Karl hatten Frau G. sehr aufgewühlt und an längst Vergessenes, Verdrängtes wieder erinnert. Ihr letzter Satz bei unserem Telefongespräch war, ihr tue das Kind so entsetzlich leid, und sie hoffe, er habe es bei seinen Adoptiveltern in Amerika wirklich gut gehabt. Das konnte ich bestätigen. Ich fragte, ob sie Edith Lange später noch einmal getroffen habe, aber sie verneinte das.

Mich hat dieses Telefonat sehr erschüttert, denn es machte deutlich, in welcher schwierigen Lage sich Edith Lange 1948 befand und warum sie sich zur Adoption entschlossen hatte. Wenn die Vermutung richtig ist, dass Charles Reese der leibliche Vater des kleinen Karl war, hoffte Edith Lange sicherlich, ihren Sohn in gute Hände zu geben, zumal Charles Reese seit 1940 verheiratet war und mit seiner Frau Melinda keine Kinder haben konnte. Vielleicht wusste Edith Lange das.

Ich teilte jeden kleinen Schritt Camille mit. Camille und ihr Vater wünschten sich natürlich, Edith Lange zu finden. Da in den vorliegenden Dokumenten kein Geburtsdatum von ihr eingetragen war und die frühere Schwägerin Frau G. sich nur vage an das Geburtsjahr erinnerte, schien es aussichtslos. In Bad Saarow war keine Edith Lange gemeldet. Das Einwohnermeldeamt Berlin teilte mir mit, ohne das Geburtsdatum von Edith Lange könnten sie nicht im Archiv suchen. Im März 2005 bat ich den DRK-Suchdienst in München um Hilfe. Edith Lange war mit ihrer Mutter aus Breslau geflüchtet, ihr Mann vermisst und der Bruder gefallen. Meine Hoffnung war, dass sie aufgrund dessen beim DRK-Suchdienst in einer Kartei zu finden sein könnte. Nach zwei Monaten kam die Antwort aus München: Wir haben Edith Lange gefunden. Geburtsdatum: 9. Mai 1917, Geburtsort: Breslau. Damit konnte ich im Archiv des Einwohnermeldeamtes Berlin erneut nach dem Wohnort von Edith Lange fragen. Es vergingen erneut viele Wochen, und immer wieder musste ich für eine neue Anfrage bei den Ämtern Gebühren entrichten. Doch endlich wusste ich: Der letzte Wohnort von Edith Lange war Berlin-Charlottenburg, sie war am 13. Mai 1993 gestorben.

Es war eine traurige Nachricht für Camille und ihren Vater. Besonders Camille hatte gehofft, ihre Großmutter noch kennenzulernen. Nun fragte sie mich, wer sie denn beerdigt hätte. Es müsse doch noch Menschen geben, die Edith gekannt hätten. Ich sah nur die Möglichkeit, frühere Nachbarn zu befragen. Tatsächlich fand ich eine alte Dame, die mir bereitwillig von Edith Lange erzählte. Sie seien Anfang der 1950er Jahre gemeinsam in das damals neugebaute Haus eingezogen. Die meisten Bewohner seien Flüchtlinge aus dem Osten gewesen. Sie erinnere sich gut an Edith Lange, eine sehr ruhige, sympathische Frau. Sie sei nicht verheiratet gewesen und habe in den ersten Jahren mit ihrer Mutter zusammengewohnt. Nach ihrem Tod 1993 habe jemand die Wohnung aufgelöst, allerdings wisse sie nicht, wer das gewesen sei. Als ich das Haus verließ, sah ich ganz in der Nähe ein Beerdigungsinstitut und fragte dort nach Edith Lange. Ich erhielt tatsächlich Auskunft, in welchem Krankenhaus sie gestorben war und auf welchem Friedhof sie beerdigt wurde, aber einen Namen von Angehörigen oder Freunden nicht.

Aber wer hatte ihre Wohnung 1993 aufgelöst? Zufällig las ich, dass die Tageszeitung *Berliner Morgenpost* in regelmäßigen Abständen in ihrer Wochenendausgabe kostenlose Personensuchen inseriert. Und so schickte ich einen kurzen Text mit der Überschrift »Edith Lange gesucht« mit meiner Telefonnummer an die Zeitung. Nach dem Erscheinen im Juni 2005 gab es nur einen Anrufer, aber er erfüllte alle Hoffnungen. Schon am Telefon erzählte er von Edith Lange, und sehr schnell lud er mich zu sich nach Hause ein, um mir Fotos, die er nach der Wohnungsauflösung 1993 aufbewahrt hatte, zu zeigen. Wenige Tage später war ich bei ihm zu Gast. Sein Bruder war ebenfalls anwesend, zwei nette ältere Herren, die viel zu erzählen hatten. Ihre Eltern, vor einigen Jahren gestorben, waren ein halbes Leben lang die engsten Freunde von Edith Lange gewesen. Alle Geburtstage und sonstige Feiertage hätten sie zusammen verbracht, viele Jahre noch zusammen mit Ediths Mutter. Edith war lange Jahre Arzthelferin gewesen. Irgendwann habe sie noch mal den Beruf gewechselt und sei Verwaltungsangestellte bei der Rentenversicherungsanstalt gewesen. Die beiden Herren kamen ins Schwärmen, Edith sei eine attraktive, humorvolle, hilfsbereite und herzliche Persönlichkeit gewe-

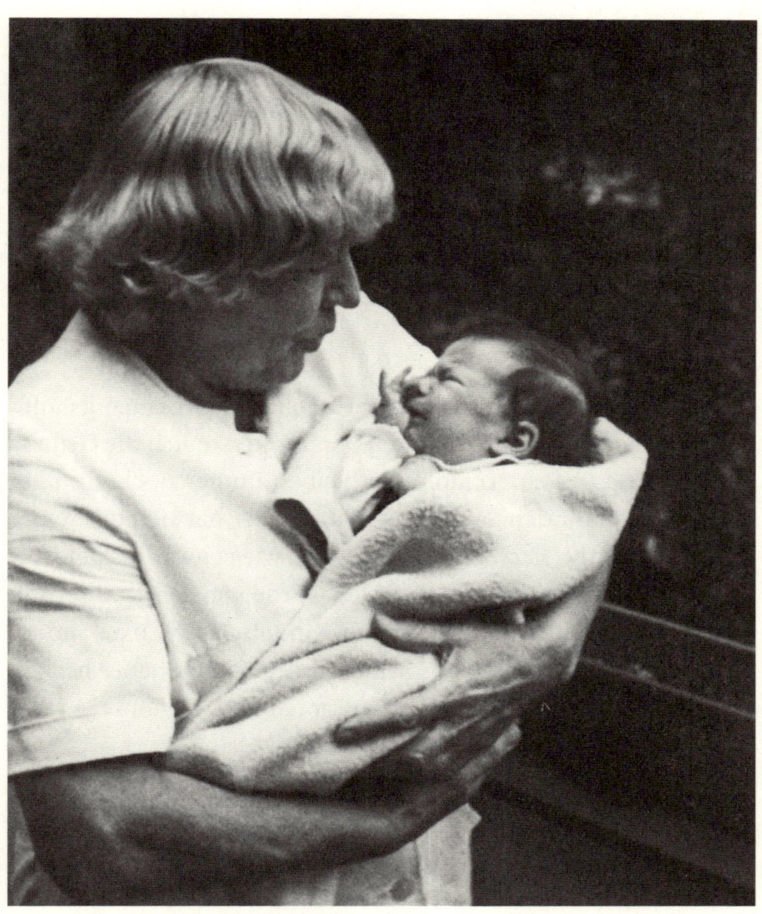

Edith Lange in späteren Jahren mit unbekanntem Säugling

sen. Die vielen Fotos auf dem Tisch belegten das. Mir fiel auf: Es gab so viele Fotos, auf denen Edith Lange mit kleinen oder größeren Kindern zu sehen war. Warum? Mein Nachfragen wurde schnell beantwortet: Na, Edith habe doch Jahrzehnte in bekannten Berliner Familien die Kinder gehütet. In ihrer Freizeit sei sie mit Begeisterung Babysitter gewesen. Ich durfte die meisten Fotos mitnehmen. Die beiden Herren meinten, jetzt habe sich das Aufheben der Fotos ja wirklich gelohnt. Ich solle Grüße in Amerika ausrichten.

Charles Reese und seine Tochter Camille hatten lange gehofft, Edith Lange kennenzulernen und von ihr persönlich die Gründe für die Adoption zu erfahren. Es bleiben immer noch ein paar offene Fragen für den Sohn bestehen. Aber er hat sich mit seiner leiblichen Mutter versöhnt, seit er weiß, wie schwer ihr der Entschluss zur Adoption gefallen ist. Er wurde von seinen Eltern in Tennessee geliebt und gibt seinen Kindern und Enkelkindern diese Liebe weiter. Die Fotos seiner Mutter, die er heute besitzt, sind für ihn sehr wertvoll. Seine Mutter hat nach 58 Jahren wieder ein Gesicht bekommen.

Edith Lange ist wie viele Frauen mit unehelichen Kindern von alliierten Besatzungssoldaten später keine Beziehung mehr eingegangen, sie blieb allein. Sie hatte nur ein Kind, und um diesem ein gesichertes Zuhause und eine bessere Zukunft, als es im Nachkriegsdeutschland denkbar war, zu ermöglichen, hat sie sich zur Adoption entschlossen. Sie hat dem Adoptivvater vertraut. Vielleicht hat sie ihn geliebt? Ihre Hoffnung war davon bestimmt, er würde Charles in Amerika mehr bieten können als sie, die 1948 in Berlin als Flüchtling tagtäglich ums Überleben kämpfen musste. Diese Hoffnung hat sich erfüllt, aber sie hat es nie erfahren. Ihre Liebe, die sie dem eigenen Kind nicht schenken konnte, hat sie an viele fremde Kinder in Berlin weitergegeben. Vielleicht erinnert sich jemand an sie?

»Was sind schon zwei oder drei Jahre, wenn man 60 Jahre nichts wusste?«

Rudi,
***1946, Kassel, amerikanische Besatzungszone**

Es ist ein schwerer Tag für Rudi und seine Frau Margit, als sie die Wohnung von Rudis Mutter Anna auflösen müssen. Wenige Wochen zuvor war Anna überraschend im Alter von 86 Jahren verstorben. Rudi war ihr einziges Kind. Ein langes Leben hinterlässt seine Spuren. Rudi kümmert sich um das Mobiliar, und Margit sichtet Papiere, Briefe und Fotos in Kisten und Schachteln. Das tut sie als ehemalige Mitarbeiterin im österreichischen Verteidigungsministerium Wien sehr gewissenhaft. Plötzlich hält sie inne. Ein Brief macht sie stutzig. Ein Luftpostbrief mit einem Wiener Poststempel vom 12. Dezember 2005, adressiert an einen Jack Nickle* in Amerika, Absender: Rudis Mutter. Der Brief war als »not deliverable as addressed, unable to forward« (unzustellbar unter der angegebenen Adresse, Übergabe nicht möglich) nach Wien zurückgekommen. Zögernd öffnet sie das Kuvert, ein kleiner handgeschriebener Zettel in Englisch und ein Schwarz-Weiß-Foto von einem jungen amerikanischen Soldaten in Uniform sind der Inhalt. Margit ruft ihren Mann, sie ruft ihn ungeduldig ein zweites Mal und reicht ihm wortlos, was sie gerade gefunden hat. Rudi weiß zuerst nichts damit anzufangen, er begreift nicht, was er in Händen hält. Margit zeigt auf das Foto: »Rudi, das muss dein Vater sein, wer sonst? Die Mutter hat ihm geschrieben und das Foto als Beweis dazugelegt, aber der Brief ist zurückgekommen, wahr-

* Name geändert

Rudis Vater Jack, Kassel, 1945/1946

Rudi mit seiner Mutter, circa 1948

scheinlich war die Adresse falsch.« Fassungslos lässt sich Rudi auf einen Stuhl fallen und sagt minutenlang kein Wort.

In weiteren Unterlagen der Mutter finden sie den Grund für den Brief an Jack Nickle. Im österreichischen Fernsehen hatte sie eine Dokumentation über die Kinder der russischen Besatzungssoldaten und deren dringenden Wunsch, den unbekannten Vater zu finden, gesehen. Offenbar war ihr bewusst geworden, dass Rudi die gleichen Sehnsüchte in sich tragen könnte, obwohl er sie nie nach dem Vater befragt hatte. Ein paar Wochen vor ihrem Tod hatte sie ihrem Sohn noch helfen wollen.

Rudi hatte geglaubt, mit den Fragen nach dem unbekannten Vater vor langer Zeit abgeschlossen zu haben. Doch mit dem Brief im Nachlass der Mutter waren alle Fragen, die er erfolgreich verdrängt hatte, zurück. Er, der immer alles im Griff hatte, auch seine Gefühle, wurde übermannt. Er sagt dazu. »In diesem Moment hat es mir buchstäblich den Boden unter den Füßen weggezogen.« Der Brief ließ den Eheleuten keine Ruhe. Rudi dachte noch nicht daran, den Vater zu suchen, aber Margit rief ehemalige Kollegen im Verteidigungsministerium an und fragte um Rat. Dort erhielt sie meinen Namen und den Hinweis auf das Ludwig Boltzmann Institut für Kriegsfolgen-Forschung in Graz.

Bei unserem ersten Kontakt im April 2007 erfahre ich, dass Rudi 1946 in Wien geboren wurde und seine Mutter während des Krieges bei ihren Schwiegereltern in Kassel wohnte. Rudis Vater, so viel weiß er, war amerikanischer Soldat. Ich empfehle, an das NPRC in St. Louis zu schreiben. Der Auszug aus der Militärakte ist der wichtigste erste Schritt, danach konnten wir Weiteres überdenken.

Margit erledigte alles Schriftliche korrekt und schnell. Ich gab ihnen den Rat, möglichst bald nach Kassel zu fahren. Dort hatte die Geschichte begonnen. Vielleicht würden sie noch frühere Familienangehörige finden, vielleicht könnte sich in Kassel jemand an Jack erinnern. Immerhin gab es ein Foto, das man zeigen konnte.

In einem persönlichen Gespräch mit Zeitzeugen gewinnt man immer ganz neue Erkenntnisse. Ältere Menschen haben ein besonders gutes Gedächtnis, wenn es um weit zurückliegende Zeiten geht. Jede Information kann helfen, auch wenn sie zunächst unwichtig erscheint.

Im April 2007 machen sich Rudi und Margit auf die Reise. Die Spurensuche beginnt in Kassel. Die Nachforschungen hatten erstaunlich schnell Erfolg, sie finden tatsächlich Annas Schwägerin und werden von ihr eingeladen. Die alte Dame ist sehr freundlich, hat viele Erinnerungen und vor allem großes Verständnis für ihr Anliegen. Bereitwillig erzählt sie, wie Anna und sie gemeinsam das Kriegsende erlebten. Sie besitzt noch Fotos von Anna aus dieser Zeit. Und: Sie erinnert sich auch gut an Jack. Die Beziehung zwischen Jack und Anna sei kein Geheimnis gewesen. Er sei ein sehr sympathischer Mensch gewesen, der oft von seinen Plänen gesprochen habe, nach der Rückkehr in die USA Maschinenbau zu studieren. Die Schwägerin erinnert sich, wie glücklich Anna war, als sie ihre Schwangerschaft bemerkte, und sie glaubt zu wissen, dass Jack noch davon erfuhr. Die ganze Familie habe sich auf das kommende Baby gefreut, niemand habe Anna Vorwürfe gemacht. »Wegen der Familie hätte Anna später nicht nach Wien zurückgehen müssen. Wir haben das alle sehr bedauert«, betont die alte Dame.

Nach der Rückkehr aus Kassel berichtete mir Rudi von diesen neuen Informationen. Allmählich fügt sich ein Bild zusammen: Anna hatte ihren Mann, einen deutschen SS-Unteroffizier, in ihrer Heimatstadt Wien geheiratet. Anfang 1944 zog sie zu den Schwiegereltern nach Kassel. Im August 1944 erreichte sie die Nachricht, dass ihr Mann in Frankreich vermisst wird. Sie bleibt in Kassel. Dort stand im Mai 1945 nach jahrelanger Bombardierung durch die Alliierten kein Stein mehr auf dem anderen. Die Stadt hatte zu Kriegsbeginn 220 000 Einwohner gehabt, im April 1945 wohnten nur noch 71 209 Menschen in Kassel. 65 000 Woh-

2 P 154/47

B e s t ä t i g u n g .

Aus dem Akte geht hervor, dass lt. Urteil des Landesger. f ZRS. v. 21.4.1947, GZ. 17 Cg 15/47 der mj. Rudolf Hans nicht aus der Ehe zwischen Otto Manfred und Anna, geb. stammt.

Eine Vaterschaftserklärung bzgl. des mj. Rudolf Hans ist im Akte nicht ersichtlich; jedoch hat die KM. Anna, geb. hg. in einem Protokoll vom 28.5.1947 angegeben, dass als Kindesvater ein amerikanischer Soldat namens Jack, dzt. angeblich in Amerika in Frage kommt. Nähere Angaben über den KV. sind aus dem Akte nicht ersichtlich.

Bezirksgericht Fünfhaus
in Wien 15, Spe rgasse 17
Abt. 2 am 17 Juni 1949
FRIEDRICH KLOTZ
Für die Richtigkeit der Ausfertigung
Der Leiter der Geschäftsabteilung:

Nst 2209/46

An Frau Anna,

Wien, 12., Stegmayergasse 9.

Das Landesgericht für ZRS. Wien hat durch den OLGR. Dr. Rudolf Schendorfer in der Bestreitungssache der ehelichen Geburt des Mj. Rudolf Hans zu Recht erkannt:

"Es wird festgestellt, dass der am 24. Juni 1946 geborene mj. Rudolf Hans nicht aus der Ehe zwischen Otto Manfred und Anna, geb., stammt."

Staatsanwaltschaft Wien,
8., Hernalsergürtel 6-12,
am 10.4.1947.

Dr. Maximilian Flasch
Für die Richtigkeit der Ausfertigung
der Leiter der Geschäftsabteilung:

Zwei Dokumente aus dem Jahr 1947, die bestätigen, dass Rudi nach Angaben seiner Mutter der Sohn von »Jack Nickler« und nicht ihres Ehemannes ist

nungen gab es vor dem Krieg, 1945 sind nur noch 19000 in einem bewohnbaren Zustand. Am 4. April 1945 marschierten die ersten amerikanischen Truppen in Kassel ein. Jack Nickle war einer von ihnen. Seine Einheit wurde in einem der erhaltenen Häuser einquartiert. Die Besitzer waren gezwungen, ins Gartenhaus umzuziehen. Immerhin konnten sie in ihrer gewohnten Umgebung bleiben. Die amerikanischen Soldaten nahmen wie überall vor allem die Dienste der Frauen der Familie in Anspruch: Kochen, Waschen, Bügeln und Putzen. Die Schwiegertochter des Hauses, Anna, lernte dabei Jack Nickle kennen. Aus ihnen wurde ein Liebespaar. Die Beziehung zwischen Jack und Anna war vor den Schwiegereltern nicht zu verheimlichen. Aber der eigene Sohn war vermisst, und Anna galt quasi als Witwe. Viele junge Frauen hatten in Kassel Beziehungen zu den GIs, das war an der Tagesordnung und brachte Erleichterungen in der allgemeinen Notlage. In den ersten Monaten herrschte auch in Kassel Chaos, die gesamte Versorgung der Bevölkerung kam nur langsam wieder in Gang. Im Januar 1946 kehrte Jack nach Michigan zurück, seine Dienstzeit in der Army war beendet. Offenbar gab Jack Anna seine Heimatadresse und ein Foto zur Erinnerung. Und wahrscheinlich konnte sie Jack noch mitteilen, dass sie ein Kind von ihm erwartet. Anna entschließt sich im siebten Monat ihrer Schwangerschaft, Anfang April 1946, zu ihren Eltern nach Wien zurückzukehren.

Am 24. Juni 1946 wird Rudolf in Wien geboren, der trotz der schweren Zeit von Anna und deren Eltern willkommen geheißen wird. Rudolf wird nach gültigem Gesetz als eheliches Kind geboren und erhält zunächst den Familiennamen von Annas vermisstem Ehemann. Am 10. April 1947 aber wird auf Veranlassung Annas bei der Staatsanwaltschaft Wien zu Protokoll genommen, dass Rudolf kein eheliches Kind sei, sondern der Sohn eines amerikanischen Soldaten mit Namen »Jack Nickler«. Mit diesem falsch geschriebenen Nachnamen wird das Protokoll in einer weiteren Akte am 17. Juni 1949 vom Bezirksgericht in Wien bestätigt.

Im Juli 1952 heiratet Anna in Wien ein zweites Mal, und Rudolf erhält den Familiennamen ihres Mannes. Rudi, wie er liebevoll genannt wird, verbringt seine ersten Lebensjahre vor allem in der Obhut der Großeltern. Anna hatte im Herbst 1947 eine Arbeit gefunden. Sie war eine fleißige Frau, die bis zu ihrer Pensionierung 1975 berufstätig blieb. Rudi erinnert sich gern an seine Kindheit im XII. Wiener Bezirk. Dass er das Kind eines amerikanischen Soldaten war, wusste er früh, und er stellte der Mutter, zu der er ein inniges Verhältnis hatte, nie Fragen nach dem unbekannten Vater. Aber er bemerkte, wie unangenehm es ihr war, darüber zu sprechen, und wollte sie nicht bedrängen.

Rudi erlernte nach dem Schulabschluss ein Handwerk. Jahrzehntelang verdrängte er die Fragen nach dem Vater. Er ist ein bodenständiger, selbstbewusster Mann, erfolgreich im Berufsleben und glücklich verheiratet mit seiner Margit – was sollten da die Fragen nach dem Vater. Mit seiner Frau sprach er hin und wieder aber doch über dieses Stück unbewältigte Vergangenheit. Dann wurde er melancholisch.

Im Sommer 2007 teilt das Militärarchiv in St. Louis mit, keinen Soldaten Jack Nickler gefunden zu haben. Rudi hatte den Namen so angegeben, wie er in den Dokumenten aus Wien stand. In dem Schreiben des NPRC wird wie üblich auf den verheerenden Brand von 1973 hingewiesen, bei dem mehr als 75 Prozent der Militärakten vernichtet wurden, was vor allem jene Soldaten betraf, die zwischen 1947 und 1964 aus der Army entlassen worden waren. Das bedeutet aber nicht das absolute Ende der Recherche. Viele Akten konnten im Laufe der Jahre wieder ergänzt werden.

Rudi traut der Auskunft des Archivs nicht. Er ist ärgerlich und vermutet: Die wollen doch gar nicht helfen. Ich versuche ihn vom Gegenteil zu überzeugen, es ist schwierig. Nachdem es jahrzehntelang so schien, als habe er seinen Frieden mit dem unbekannten Vater gemacht, ist er nun getrieben und aufgewühlt, schwankt zwischen der Hoffnung auf ein schnelles positives Ergebnis und Resignation. In seinem Kopf hat nur noch die Frage nach dem Vater Platz. Immer öfter spricht er von dem Zeitdruck, unter dem er stehe. Er sagt: »Mir läuft die Zeit davon, wenn wir nicht bald etwas erreichen. Wie alt wird mein Vater sein? Sicher über 80!« Ich empfehle, ein zweites Mal ans Archiv zu schreiben und das Foto des Vaters in Kopie beizulegen. Rudi kann sich nicht gleich dazu entschließen, er zögert. Und die zweite Anfrage ist Monate später tatsächlich eine neue Enttäuschung. Zwar wurden inzwischen vier Soldaten mit dem Namen Nickler gefunden, aber keiner konnte aufgrund von Alter und Militärzeit der gesuchte Vater sein.

Im Sommer 2008 wollte Rudi aufgeben. »Das hat doch keinen Sinn mehr«, schrieb er mir in einer seiner zahlreichen E-Mails, »... das führt doch alles zu nichts. Ich mache jetzt ein Ende.« Aber GItrace gab noch nicht auf. Unser Motto lautet: »Never give up.« Wir suchten weiter. Viele Amerikaner sind begeisterte Ahnenforscher. Die Genealogie wird in den Vereinigten Staaten, dem klassischen Einwanderungsland, gern genutzt, um die Vorfahren aus Europa zu finden. Es gibt unzählige Datenbanken, und viele unserer amerikanischen GItrace-Freunde sind bei solchen Datenbanken angemeldet und unterstützen mich bei der Suche für deutsche und österreichische Besatzungskinder. In vielen öffentlichen Einrichtungen, wie zum Beispiel in Bibliotheken und historischen Museen, suchen Menschen ehrenamtlich in alten Büchern und Registern nach Familien vor Ort. Wir gingen davon aus, dass Jack Nickler, wie es auf dem von Anna adressierten Briefumschlag stand, aus dem Städtchen Saline in Michigan stammte. Also fragten wir bei der Historischen Gesellschaft in Saline nach Jack Nickler und hofften, ihn zum Beispiel in einem der Schul-Jahrbücher zu entdecken. Doch der Name Nickler war nirgends zu finden, obwohl Saline nur etwa 8800 Einwohner hat. Wir überlegten, ob der Vorname Jack falsch oder ein Spitzname sein könnte.

Rudi und ich hatten uns inzwischen persönlich kennengelernt. Er hatte meine Einladung zum ersten österreichischen GItrace-Treffen der Besatzungskinder im August 2009 in Strobl am Wolfgangsee angenommen. Wir waren zwölf Besatzungskinder, alle in den ersten Nachkriegsjahren in Österreich geboren. Acht von uns hatten Väter oder Halbgeschwister gefunden, die anderen vier standen wie Rudi noch am Anfang ihrer Suche. Im Erfahrungsaustausch ging es um die jahrelange Nachforschung, die mit vielen Enttäuschungen verbunden sein kann, aber auch um das Glück derer, die mit ihrer Suche erfolgreich waren. Das Treffen mit Gleichgesinnten, mit Schicksalsgefährten, war für Rudi eine neue Motivation. Jetzt sagte er: »Was sind schon zwei oder drei Jahre, wenn man zuvor 60 Jahre nichts wusste?«

Das Jahr 2009 ging zu Ende, und wir hofften gemeinsam weiter auf ein Wunder.

Es ist März 2010, als mir in einer E-Mail Folgendes mitgeteilt wird:

Ein ehrenamtlicher Mitarbeiter der Historischen Gesellschaft in Saline schreibt, bei der Lektüre eines Zeitungsartikels habe er sich an unsere Frage nach Jack Nickler erinnert. Es handelt sich um einen Unfallbericht. Am 25. Februar 2010 trafen sich zwei Rentner in Saline zu ihrer wöchentlichen Golfrunde. Gegen Ende der Partie rutschte einer der beiden auf dem gefrorenen Rasen aus und prallte mit dem Kopf gegen ein Golfcart. Er war kurz bewusstlos, erholte sich aber scheinbar. Die beiden Golfer kehrten in ihr betreutes Wohnapartment zurück, nahmen wie üblich das Abendessen gemeinsam ein und verabredeten sich zum Frühstück. Als der Verunglückte am nächsten Morgen nicht erschien, informierte sein Freund eine Pflegerin. Sie fand den alten Herrn bewusstlos im Bett. Er wurde unverzüglich ins Krankenhaus gebracht. Dort starb er zwei Tage später an den Folgen des Unfalls. Vermutlich hatte er durch den Aufprall am Golfcart ein Schädel-Hirn-Trauma erlitten. Sein Name: Robert Jack Nickle.

In einem Highschool-Jahrbuch aus Saline finden wir jetzt ein Foto von Robert J. Nickle, und es ist eindeutig eine Ähnlichkeit mit dem Foto festzustellen, das Rudi von seinem Vater besaß. Die Anfrage an das NPRC mit dem jetzt bekannten Namen bringt innerhalb weniger Tage Gewissheit: Jack Nickle war 1945/1946 in Kassel stationiert. Seine Dienstzeit in der US-Armee begann im August 1943, als er 19-jährig nach Europa geschickt wurde. Er sah während dieser Zeit viele seiner Kameraden sterben. Seine Entlassung aus der Army erfolgte dann im Februar 1946.

Es ist Rudis Vater, der durch diesen Unfall auf dem Golfplatz starb. Ich lasse mir Zeit, diese Nachricht weiterzugeben. Mir ist klar, was für einen Schock sie bei Rudi auslösen würde. Wir hatten seinen Vater nur ein paar Monate zu spät gefunden. Ohne diesen unglücklichen Unfall wäre es Rudi möglich gewesen, ihn noch bei guter Gesundheit vorzufinden. Auch die unglückliche Namenverwechslung von Nickle zu Nickler hatte kostbare Zeit gekostet. Rudi hatte verständlicherweise den amtlichen Dokumenten aus Wien mehr Glauben geschenkt als seiner Mutter, die 2005 den Namen seines Vaters auf dem Kuvert richtig geschrieben hatte. Auf den beiden Wiener Dokumenten von 1947 und 1949 aber war aus Nickle Nickler gemacht worden. Rudi ist sehr erschüttert. Ich kann seine Gefühle und Gedanken nachvollziehen.

Nun fragte mich Rudi nach der Möglichkeit, Familienangehörige zu finden und eventuell von diesen etwas über das Leben seines Vaters zu erfahren. Zuerst beantragte eine Freundin in den USA eine Kopie der Sterbeurkunde von Robert Jack Nickle. Als diese vorlag, wussten wir, er war Witwer und kinderlos. Die nächste namentlich genannte Angehörige war eine Nichte. Schon der erste zaghafte Kontaktversuch wurde von ihr strikt abgelehnt. Man muss dafür, auch wenn es schwer zu akzeptieren ist, ein gewisses Verständnis haben. Eine solche Anfrage aus heiterem Himmel kann auch einen Schock auslösen. Wer ist schon bereit, persönliche Familienverhältnisse fremden Menschen jenseits des Atlantiks zu erzählen? Hätte Jack Kinder gehabt, wäre es vielleicht anders gewesen.

Monate später fanden wir im Internet noch eine weitere entfernte Verwandte in Texas, die allerdings zu der Familie Nickle in Saline seit Jahren keinen Kontakt hatte. Sie zeigte großes Verständnis für Rudis Situation und hätte ihm gern geholfen, aber sie hatte Robert Jack Nickle nicht persönlich gekannt. So konnte sie nur ein paar allgemeine Informationen zur Familiengeschichte beitragen, etwa, dass die Nickles 1758 von Württemberg nach Pennsylvania eingewandert waren, und sie ergänzte das mit zwei Fotos von Rudis Vater. Sie wusste, dass Jack ein sehr humorvoller, sportbegeisterter und allseits beliebter Mann gewesen war.

Rudi hat das Kapitel Vatersuche abgeschlossen. Er schrieb mir: »Mit meiner Suche wollte ich einzig und allein meinen Erzeuger finden, damit er mir einige Fragen beantwortet.« Das wurde leider nicht möglich, aber er hatte dennoch einiges über seinen amerikanischen Vater und dessen Leben erfahren.

»Hollywood findet nur im Kino statt.«

Dolly Weber,
***1947, Wien, amerikanischer Sektor**

»Ich habe mich vor ihm gefürchtet. Er hat mich immer auf den Kasten [Schrank] gesetzt und fand das lustig, wenn ich geschrien habe.« Das hat Dolly noch immer gut in Erinnerung von den Besuchen ihres Vaters Billy bei den Großeltern. Heute hat sie sogar ein gewisses Verständnis für den jungen Vater. Noch immer hat sie als erwachsene Frau und Mutter zweier Kinder die Suche nach dem amerikanischen Vater nicht losgelassen.

Billy, Jahrgang 1926, tritt im November 1945 in die US-Army ein, mit 19 Jahren. Als er Österreich Mitte 1950 verlässt, wird er nach Korea versetzt. Bis März 1956 bleibt er Soldat der US-Army.

Dollys Mutter war ein junges Mädchen von 16 Jahren, das noch ins Gymnasium ging, als es sich in Wien in den amerikanischen GI Billy verliebte. Den Eltern, einer traditionsbewussten Wiener Offiziersfamilie, war das gar nicht recht. Die amerikanischen Besatzungssoldaten im Stadtbild von Wien, in ihrem bürgerlichen VIII. Bezirk, waren ihnen unangenehm.

Das ehemals angenehme Leben in Wien hatte sich ins Gegenteil gewandelt. Die Bombenangriffe waren vorüber, aber es mangelte an allem. Die Lebensmittelrationen betrugen kurz nach dem Krieg pro Person und Tag 550 Kalorien (das ist etwa ein Viertel des üblicherweise heute angenommenen Kalorienbedarfs bei Erwachsenen), und es gab kein Heizmaterial. Aber in den Clubs der Amerikaner wurde geheizt, es gab zu trinken, zu essen, und vor allem gab es den Swing der 1940er Jahre. Die Jugend wollte tanzen, wollte unbeschwert sein und vergessen, was gestern war. In so einem Club beginnt die Romanze zwischen Liselotte und Billy aus Missouri.

Die Eltern sind entsetzt, als Liselotte schwanger wird, eine Schande für die Familie. Billy gibt ein handschriftliches Eheversprechen ab, bevor er im März 1947 in die Vereinigten Staaten zurück muss. Im Juni 1947 wird Dolly in Wien geboren. Billy hatte versprochen, sich erneut bei der Army zu verpflichten, und kommt tatsächlich im März 1948 wieder nach Österreich. Allerdings ist er nicht mehr in Wien, sondern im oberösterreichischen Linz stationiert. Er fährt so oft es ihm möglich ist zu Besuch nach Wien, inzwischen sind die Heiratspapiere beantragt. Liselotte soll mit ihm und der kleinen Dolly nach Ende seiner Dienstzeit mitkommen nach Amerika. Die Großeltern wollen das auf keinen Fall und versuchen, ihre Tochter von diesem Plan abzubringen, sie wollen weder Tochter noch Enkelkind verlieren, das sie liebgewonnen haben.

Dolly erinnert sich gut an die Besuche ihres Vaters. An seine grüne Uniform, daran, dass sie immer zuerst nur seine langen Beine sah, wenn er sie hochhob, und dass sie ein paar Wörter Englisch sprechen konnte. Und sie erinnert sich, dass davon gesprochen wurde, sie würden bald nach Amerika ziehen. Diese Vorstellung erfüllte sie mit Furcht. Als sie mit den Eltern im Jeep einen Ausflug machen sollte, wollte sie nicht mit. Die Großmutter überredete sie dazu. Doch im Jeep schrie sie aus Leibeskräften, aus Angst, von der Großmutter getrennt zu werden, so dass ihre Eltern Dolly nach einer kurzen Fahrt um den Häuserblock wieder zuhause ablieferten. Dolly spürt ihre damalige Angst bis heute.

Die Heiratspläne der Eltern werden nicht umgesetzt, Liselotte trennt sich von Billy. Dolly bleibt bei den Großeltern, wird geliebt und umsorgt. Die Mutter schafft die Matura (Abitur) nicht. Ihre Eltern hatten ihr ein Studium ermöglichen wollen, vielleicht auch eine Gesangsausbildung, Liselotte hatte eine schöne Stimme. Jetzt sind alle Pläne zunichte, Liselotte bleibt vorläufig bei ihren

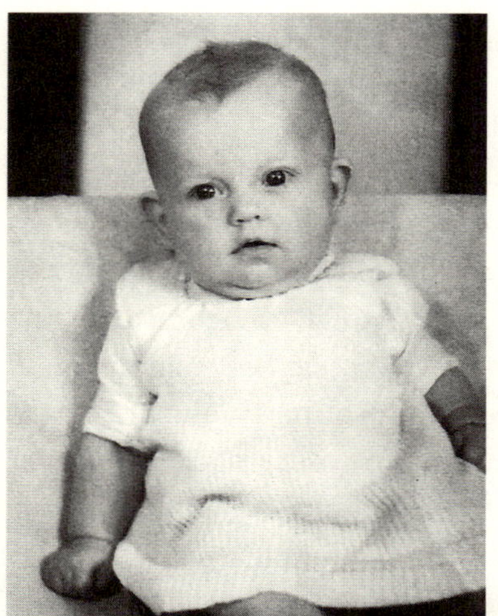

Dolly, 1947

Dollys Eltern Liselotte und Bill, circa 1949

Eltern und sucht erst nach einigen Jahren eine Arbeit. Die Großeltern übernehmen bei Dolly die Elternrolle, beide sind noch recht jung. Ihre Großmutter war bei Dollys Geburt 40 Jahre, ihr Großvater 51 Jahre alt. Dolly spricht sie später auch mit Mutti und Vati an, ihre Mutter nannte sie immer beim Vornamen. 1959 heiratet Liselotte und zieht zunächst für ein Jahr mit ihrem Mann ins Salzburger Land. Dolly wird nicht gefragt, ob sie mitwill, ganz selbstverständlich gehört sie nicht dazu. Sie habe sich wie ein Koffer gefühlt, der zurückgelassen wird, erinnert sie sich. Ein Jahr später kehrt Liselotte mit dem Ehemann zurück nach Wien, aber der Kontakt mit Dolly beschränkt sich auf wöchentliche Kurzbesuche. Eine liebevolle Bindung zur Mutter entsteht nicht. Das wird auch bis zu Liselottes Tod so bleiben.

Als Dolly eingeschult wird, denkt sie wieder öfter an Billy. Sie fragt sich, warum sie nicht wie ihre Schulkameraden den Namen ihres Vaters trägt. Dolly fragt die Großmutter, die sie damit tröstet, dass ein amerikanischer Name in Österreich nicht so geläufig wäre. Und dann erwähnt sie nebenhin, dass Billy tot sei. Für Dolly ist das zu diesem Zeitpunkt kein Schock. Sie hat zwar Erinnerungen an ihren Vater, aber sie ist froh, in Wien zu sein, und die Sache mit dem fremden amerikanischen Namen leuchtet ihr ein. Sie ist eine fleißige Schülerin, hat etliche Freundinnen und wunderbare Großeltern, die ihr viele Anregungen geben. Sie besucht mit ihnen Theater, Konzerte und Museen. Bücher liebt sie sehr, sie kann nicht genug davon geschenkt bekommen. Irgendwann erfährt sie, ihr Vater stamme aus einem kleinen Ort in Missouri. Sie kann sich nicht vorstellen, Wien dagegen einzutauschen. Nach dem Schulabschluss besucht Dolly die Handelsschule und arbeitet dann in einer Bank. Die Großeltern waren der Meinung, dass ein Mädchen kein Studium brauche, noch Anfang der 1960er Jahre ein übliches Argument. Mädchen sollten heiraten und dann zuhause bleiben.

Dann – Dolly erinnert sich sehr genau, sie war 17 Jahre alt – erwähnte ihre Großmutter wiederum nebenhin, Billy würde leben.

Jetzt möchte Dolly ihn suchen. Sie wird mit dem Hinweis, in den USA gebe es kein Meldesystem wie in Österreich, davon abgebracht. Sie stellt den Wunsch, den eigenen Vater wiederzusehen, erneut zurück. Es gibt zu dieser Zeit anderes Wichtiges in ihrem Leben. Dolly verliebt sich in einen älteren Bankkollegen. Mit 20 Jahren heiratet sie, mit dem Einverständnis der Großeltern. Kurz zuvor bittet sie diese, sie mögen sie adoptieren. Sie wollte auch in ihren Papieren klare Verhältnisse. Die ersehnten eigenen Kinder, eine Tochter und ein Sohn, sind für sie und die Großeltern wenige Jahre später ein großes Glück. Ihre Mutter Liselotte nimmt an all diesen Entwicklungen nicht teil. Viele Jahre gibt es gar keinen Kontakt zu ihr. Auch der amerikanische Vater nimmt in Dollys Leben keinen Platz mehr ein, sie denkt nicht an ihn. Der Lebensmittelpunkt ist in den 1970er Jahren ihre eigene Familie, und es sind nach wie vor die geliebten Großeltern.

Anlässlich ihrer ersten Amerikareise mit Ehemann und Kindern taucht plötzlich der Gedanke auf, im Land ihres Vaters zu sein. Die alten Wünsche holen sie wieder ein. Sie sucht in amerikanischen Telefonbüchern nach Billy. Sie schreibt sich eine Reihe von Telefonnummern auf, die infrage kommen könnten. Wenn sie zuhause ist, will sie diese Menschen kontaktieren. Es wird kein Erfolg. Wieder lässt sie einige Jahre das Anliegen ruhen, aber mehr und mehr beschäftigt sie sich mit dem Vater und stellt Überlegungen an, wie sie ihn finden könnte.

Dolly ist bewusst, dass sie allen Grund hat, zufrieden zu sein. Sie führt ein angenehmes Leben. Ihre Ehe ist glücklich, die Kinder sind erwachsen und sie arbeitet schon lange wieder in der Bank. Die kulturelle Vielfalt in Wien macht ihr große Freude, sie ist eine begeisterte Theater- und Konzertbesucherin. Alles ist stimmig, was will sie noch? Aber sie kann die Gedanken an den Vater nicht ausschalten. Sie will wissen, was für ein Mensch ihr Vater war, ob es Gemeinsamkeiten zwischen ihnen gibt, welches Leben er geführt hat. Ob er noch lebt?

Ende 1999 liest sie in einer österreichischen Tageszeitung von der Möglichkeit, für 99 Dollar innerhalb von 24 Stunden Adresse und Telefonnummer eines US-Staatsbürgers zu ermitteln, Voraussetzung sind Name und Geburtsdatum des Gesuchten. Sie erhält den Namen und die Adresse einer Witwe mit zwei Töchtern. Ein Briefverkehr beginnt, aber sehr schnell wird klar, dass Namens- und Datengleichheit ein Zufall sind, ihr Billy nicht zu dieser Familie gehörte. Ein Misserfolg. Dollys Mann und ihre Kinder werden aufmerksam, sie spüren, dass der Wunsch, den Vater zu finden, Dolly immer mehr beschäftigt. Die Tochter überlegt, wie sie helfen kann. Sie versteht ihre Mutter und ist zunehmend neugierig auf das Leben des unbekannten amerikanischen Großvaters.

Im Frühjahr 2007 gesteht Dollys Tochter, dass sie sich kürzlich an die Sendung »Nur die Liebe zählt« gewandt habe, und diese habe eine Recherche nach Billy begonnen. Dann die erhoffte Auskunft: Es wurde ein Neffe namens Randy gefunden, der seinen Onkel Billy aber seit mehr als 40 Jahre nicht gesehen hat und seinen Aufenthaltsort nicht kennt. Wieder eine Enttäuschung, mit der Dolly umgehen muss.

Im Sommer 2007 sieht Dolly zufällig eine Fernsehsendung über Besatzungskinder in Österreich. Sie hört zum ersten Mal von GItrace und einem Zentrum (Ludwig Boltzmann Institut für Kriegsfolgen-Forschung) der Universität Graz, das sich mit dem Problem der Besatzungskinder im Nachkriegsösterreich beschäftigt. Von dort erhält sie umgehend ein Formular für das NPRC (National Personnel Record Center in St. Louis) und den Namen von Niels Zussblatt sowie den Rat, sich bei GItrace anzumelden.

Dolly ist überrascht, in welchem Tempo sich nun plötzlich die so lange und vergeblich erhofften Informationen finden. Niels Zussblatt findet die Militärakte ihres Vaters. Er teilt ihr seinen Werdegang in der Army mit – und dass Billy im Oktober 1990 an einem Herzinfarkt verstorben sei. Von GItrace erhält sie meinen Namen und nimmt Kontakt zu mir auf. Im Internet findet sie außerdem einen Baptistenpriester mit dem Familiennamen ihres Vaters, der im selben Ort wie Billy wohnt. In einem Brief bittet sie ihn um die Unterstützung bei ihrem Versuch, die Familie zu kontaktieren. Es kommt nie eine Antwort.

Bei einem ersten Telefongespräch mit Dolly kann ich ihr von zahlreichen österreichischen Besatzungskindern erzählen, die mit GItrace erfolgreich waren. Gleichzeitig gab ich einige Daten von Billy an meine amerikanische Freundin Linda in Seattle weiter, weil von Amerika aus die Nachforschungen leichter zu betreiben sind. Linda gehört zu unserem GItrace-Netzwerk. Jahre zuvor hatte ich ihrem Mann helfen können, in Deutschland nach seinem Kind zu suchen.

Alles, was Linda Stück für Stück über Billys Familie erfährt, sendet sie unmittelbar an Dolly. Unter anderem auch, dass Billy zwei weitere Kinder hatte, Dollys Halbgeschwister. Ein Versuch, mit ihnen über das Kind ihres Vaters in Österreich zu sprechen, scheitert. Beide signalisieren sofort, dass sie keinen Kontakt wünschen. Dolly nimmt diese Nachricht sehr gelassen auf. Sie erinnert sich an ihre Gefühle, als sie von der Ablehnung erfuhr: »Das ist etwas, was man verstehen muss. Der Verwandtschaftsgrad suggeriert Nähe. Aber in verschiedenen Welten – diesseits und jenseits des Atlantiks – aufzuwachsen, prägt die Person. Welche Gemeinsamkeiten wären da zu finden? Nur aufgrund einer teilweisen Blutsverwandtschaft familiäre Gefühle zu erwarten, ist unrealistisch. Mir war diese Haltung recht.«

Jedoch gibt es einen Cousin Larry in Arkansas, der großes Verständnis für Dollys Anliegen hat. Larry betätigt sich als Familienhistoriker und kann Dolly viele Informationen geben. Er erzählt ihr, dass die Familie von Schottland oder Irland im 17./18. Jahrhundert in die USA gekommen sei. Über viele Generationen seien sie Farmer gewesen. Der E-Mail-Kontakt zu diesem Cousin wird immer intensiver, bis Larry eines Tages schreibt: »Wann kommst du, wir werden nicht jünger.« Bei Dolly wird der Wunsch, einmal an jenem Ort zu sein, vor dem sie sich als Kleinkind so gefürchtet hatte, immer größer. Im Mai 2010 treffen sich Larry und Dolly in Memphis (Tennessee). Larry hat auf seinem Laptop viele Familienfotos und Dokumente dabei. Sie sind sich vom ersten Augenblick an sehr sympathisch, und Dolly fühlt sich ein wenig so, als sei sie in ihrer amerikanischen Familie angekommen.

Am nächsten Tag fahren sie gemeinsam 120 Meilen zu Cousin Randy nach Missouri. Er hatte zwar zuvor die Fragen der Fernsehjournalistin von »Nur die Liebe zählt« nach Billys Adresse nicht beantworten können, aber jetzt erzählt er bereitwillig. Er hatte auf den Fotos, die Dolly ihm zuvor aus Österreich geschickt hatte, seinen Onkel Billy sofort erkannt. Dolly schildert ihren Eindruck von diesem Besuch: »Es ist eine Streusiedlung, circa zehn Kilometer außerhalb des eigentlichen Ortes. Das Kolonialwarengeschäft meines Großvaters und das Wohnhaus sind abgerissen. Nur mehr das Fundament des Fahnenmastes beim Geschäft ist noch vorhanden. Randy erzählte mir, dass die Kinder in den 1950er Jahren täglich mit einem Bus in eine etwa 15 Kilometer weit entfernte Schule gefahren werden mussten, weil der Ort keine eigene Schule besaß. Die Häuser sind aus Holz, das weiß gestrichen ist, und haben eine kleine Veranda. [...] Es sind sehr bescheidene Verhältnisse, in denen ich aufgewachsen wäre – nicht hollywood-like. Da ich vor dieser Reise schon drei Mal in den USA war, hatte ich keine überzogenen Erwartungen, und das war gut so.« Dolly ergänzt: »Nach dieser Reise bin ich vollkommen zufrieden zurückgekommen. Ich habe meinen Seelenfrieden diesbezüglich gefunden. Wesentlich ist, nicht zu hohe Erwartungen zu haben. Hollywood findet nur im Kino statt. Und meine Suche nach dem Vater hat mir neue Freunde bei GItrace beschert. Mit Larry, Debbie, und Randy bleibe ich in steter Verbindung. Wir schreiben uns regelmäßig und nutzen das Internet und Skype zum Austausch der Familienereignisse. Ohne GItrace hätte ich mein Ziel nicht erreicht.«

Kinder alliierter Soldaten ab 1955

Ab 1955 können Kinder von alliierten Soldaten eigentlich nicht mehr als Besatzungskinder bezeichnet werden, denn mit dem Eintritt der BRD in die NATO im Mai 1955 wurde das Besatzungsstatut, das die Beziehungen zwischen der Regierung der BRD und den drei westlichen Besatzungsmächten geregelt hatte, endgültig aufgehoben. An seine Stelle trat der Deutschlandvertrag, mit dem die Bundesrepublik weitgehende Souveränität erlangte. Aus den Besatzern wurden Schutzmächte und Vertragspartner. Ähnliches geschah durch einen Staatsvertrag im September 1955 auch in der DDR im Verhältnis zur Sowjetunion. Österreich hat 1955 mit dem Staatsvertrag seine Unabhängigkeit zurückerhalten. Die vier alliierten Besatzungsmächte verließen das Land.

Nach Auskunft des Statistischen Bundesamtes liegen für die Jahre 1956 bis 2014 keine neuen Erkenntnisse über die Zahl der Kinder von alliierten Soldaten nach 1955 in Westdeutschland und West-Berlin vor. Vermutlich ist diese Zahl noch einmal deutlich angestiegen. Mehrheitlich handelt es sich um Kinder amerikanischer Soldaten. Besonders die in den 1960er Jahren Geborenen haben in letzter Zeit zunehmend versucht, ihre Väter in den USA zu finden. Für die in den 1970er und 1980er Jahren Geborenen gilt das als bisher deutlich weniger ausgeprägt. Auffallend ist weiter, dass in den letzten Jahren immer mehr Enkel die Suche für ihre Mutter oder den Vater übernommen haben. Es besteht also nicht nur bei den Betroffenen selbst die Sehnsucht nach der Wahrheit über ihre

Herkunft, sondern sie ist auch für die nachfolgende Generation von großer Bedeutung. Die Enkel wollen verstehen, warum in der Familie so lange geschwiegen wurde. Sie spüren die Belastungen, unter denen die Mutter oder der Vater gelitten haben und die sie unbewusst an sie weitergegeben haben. Eine erfolgreiche Suche hat immer wieder bestätigt: Wenn über die Vergangenheit gesprochen wird, finden die Familien einen neuen Weg zueinander, besonders zu den Müttern.

Ich konnte mit dem Netzwerk GItrace schon mehrfach Kindern alliierter Soldaten, die nach 1955 geboren wurden, erfolgreich helfen und die Väter oder Familienangehörige des Vaters finden. Allein im ersten Halbjahr 2014 wurden sechs amerikanische Väter gefunden, die in den 1960er Jahren in der Bundesrepublik stationiert waren. Zwei der Kinder haben inzwischen die US-Staatsangehörigkeit erhalten, weil ihre Väter die Vaterschaft sofort anerkannt haben. Ein afroamerikanischer Soldat hatte jahrelang vergeblich nach seinem Sohn in Deutschland gesucht, bevor dieser ihn fand. Nach britischen oder französischen Vätern wird von diesen Jahrgängen eher selten gesucht. Die Regierungen von Großbritannien und Frankreich bieten immer noch keine Unterstützung für die Kinder ihrer Soldaten an. In welchem Umfang es in der DDR Beziehungen zwischen sowjetischen Soldaten und deutschen Frauen gab, ist schwer zu sagen. Ab etwa Jahresmitte 1947 waren die einfachen Soldaten einer strikten Kasernierung unterworfen, ohne Anspruch auf Urlaub oder Ausgang. Offiziere waren in der Regel mit ihren Familien in der DDR stationiert, aber ebenfalls in strenger Isolation. Private Kontakte zur Zivilbevölkerung waren untersagt. Unter diesen Umständen scheinen Beziehungen kaum möglich.

Obwohl die Kinder alliierter Soldaten in Westdeutschland und West-Berlin nach 1955 unter besseren Lebensbedingungen aufwuchsen als die unmittelbar nach dem Krieg Geborenen, bestand weiterhin eine gesellschaftliche Ausgrenzung für die Mütter und ihre (unehelichen) Kinder. Durch Wiederaufbau und Wirtschaftswachstum ging es der gesamten Bevölkerung ab Mitte der 1950er Jahre erheblich besser als in den unmittelbaren Nachkriegsjahren. Notunterkünfte und Barackenlager gab es kaum noch, zehn Jahre nach Kriegsende fand nahezu jeder eine Wohnung und Arbeit. Die Bundesrepublik befand sich im Wandel, politisch und gesellschaftlich, und auch die Moralvorstellungen veränderten sich Anfang der 1960er Jahre geradezu revolutionär, was besonders von der jungen Generation begrüßt wurde. Die 1960er Jahre brachten US-amerikanische Kultur und Musik und Elvis Presley nach Deutschland. Was aus Amerika kam, nahm Einfluss auf die junge Generation, vermittelte ein neues Lebensgefühl und Freiheit. Die Alliierten lebten an ihren Standorten zum Teil mit ihren Familien Tür an Tür zur einheimischen Bevölkerung. Die Amerikaner waren offener im täglichen Miteinander und pflegten häufig nachbarschaftliche Beziehungen zu deutschen Familien. So entstanden Freundschaften und Liebesbeziehungen. Briten und Franzosen lebten in deutlich größerer Distanz zur Bevölkerung. Junge Mädchen und junge Soldaten suchten in Lokalen und Diskotheken Kontakt zueinander. Die amerikanischen GIs waren bei jungen Mädchen besonders begehrt. Sie fuhren große Autos, und bei einem Dollar-Mark-Wechselkurs von 1:4 waren sie kaufkräftig, mehr als etwa die britischen und französischen Soldaten.

Viele junge Mädchen träumten davon, ihren GI-Freund zu heiraten und mit ihm in die USA auszuwandern. Aber wenn sie schwanger wurden, zerplatzten die Träume oft sehr schnell. Manche Soldaten waren verheiratet, lebten mit ihren Frauen und Kindern an den Standorten und hatten trotzdem eine Beziehung mit einer deutschen Frau. Besonders für die ganz jungen Frauen, zum Teil unter 18 Jahren, wurde die Situation dann dramatisch. Von Eltern und Verwandten verurteilt, gerieten sie in eine große Notlage. Die alliierten Militärbehörden schützten ihre Soldaten weiterhin vor Unterhaltszahlungen und verweigerten den Frauen und Jugendämtern jede Auskunft zum Vater. Nur in seltenen Fällen hatte eine Unterhaltsklage Erfolg, aber die Zahlungen wurden meist nur kurz oder gar nicht bezahlt. Die Kinder der alleinerziehenden Mütter standen weiterhin bis zur Vollendung des 18. Lebensjahres unter der Vormundschaft des Jugendamtes. Vor vielen dieser unehelich geborenen Kinder lag ein ähnlich schwieriger Lebensweg wie vor vielen Besatzungskindern. Auch sie waren oft nicht gewollt und haben das ein Leben lang gespürt. Viele blieben nicht in ihren Familien und wussten so später weder den Namen ihres Vaters noch den der Mutter. Immer wieder haben Kinder amerikanischer GIs erst während ihrer Suche von Stiefgeschwistern erfahren. Einige Mütter hatten mehrere Kinder von unterschiedlichen Soldaten. Diese Kinder hatten davon zuvor nichts gewusst und sind durchweg in Heimen und Pflegefamilien aufgewachsen oder waren adoptiert worden. Ihre Lebensgeschichten sind oft dramatisch. Ich weiß aus ihren Erzählungen, wie sehr sie unter den Umständen ihrer Kindheit und darüber hinaus darunter gelitten haben, nichts über ihre Herkunft zu wissen. Zu Beginn ihrer Suche nach Mutter und Vater haben die Jugendämter vielfach behauptet, die entsprechenden Akten wären nicht mehr vorhanden, was sich auf drängende Nachfrage meist als unrichtig erwies. In Archiven sind die Akten immer wieder doch gefunden worden.

So ist die Kindheit von Kindern alliierter Soldaten unserer Schutzmächte häufig nicht weniger belastend gewesen als die der Besatzungskinder aus den unmittelbaren Nachkriegsjahren. Die Stigmatisierung der Mütter war ab den 1960er Jahren zwar nicht mehr ganz so drastisch wie in den ersten Nachkriegsjahren, trotzdem hatten die Frauen einen schlechten Ruf, wenn sie mit alliierten Soldaten befreundet waren, und vor allem, wenn sie unehelich schwanger wurden. Auffallend ist, dass auch viele Kinder, die nach 1955 geboren worden sind, ohne Vater aufwuchsen.

Ihre Mütter haben offenbar bewusst auf eine Heirat verzichtet, weil sie durch den Wirtschaftsaufschwung in den 1960er Jahren bessere Chancen auf dem Arbeitsmarkt hatten und somit auch selbstbestimmter leben konnten. Die Enttäuschung aus der ersten großen Liebe kann dabei sicher auch eine Rolle gespielt haben.

Thomas Langenwalter (Jahrgang 1959) schrieb mir im November 2008, seine Mutter habe ihm erst kürzlich Einzelheiten von seinem amerikanischen Vater Jim erzählt. »Vor allem meine Kinder würden gerne etwas über ihren Opa erfahren.« Thomas wurde in Illertissen geboren. Seine Mutter hatte sich zwei Jahre zuvor in den GI Jim A. aus Oregon verliebt. Er war im nahen Ulm stationiert. Sie hatten gemeinsam Pläne für die Zukunft gemacht aber daraus wurde nichts. Im Februar 1959 endete Jims Dienstzeit. Die Schwangerschaft konnte sie ihm nur noch in einem Brief an seine Heimatadresse in Oregon mitteilen. Es kam keine Antwort. Auch weitere Briefe blieben unbeantwortet. Nach Thomas' Geburt gab sie den Vater beim Standesamt als unbekannt an. Sie befürchtete, Jim könnte eines Tages zurückkehren und ihr Thomas wegnehmen. Thomas wusste seit seiner frühen Kindheit von seinem amerikanischen Vater, aber Einzelheiten erzählte seine Mutter nicht. Thomas lebte in den ersten Jahren mit seiner Mutter im Haus seiner Großeltern. Seine Mutter arbeitete in einer Fabrik im Schichtdienst und war auf die Hilfe ihrer Eltern angewiesen. Erst als sie 1971 eine Stelle als Bürokraft fand, zog sie mit Thomas in eine eigene Wohnung.

Thomas erhielt auf seine Anfrage beim NPRC die Auskunft, sein Vater lebe in Oregon und habe zwei Söhne und eine Tochter. Thomas bat mich, an seinen Vater zu schreiben. Als ich nach drei Wochen keine Antwort erhielt, entschloss ich mich, einen weiteren Brief an Jims Sohn Mathew zu schicken. Wenige Tage danach erkundigte ich mich telefonisch ob er meinen Brief erhalten habe.

Er war erfreut über meinen Anruf und überrascht über den deutschen Bruder. Ich erfuhr, dass Jim seit Jahren in Thailand lebte und dort verheiratet war, und erhielt Jims E-Mail-Adresse. Meine E-Mail an Jim wurde von ihm postwendend beantwortet. Ich sandte ihm den Brief, den er per Post nicht erhalten hatte, und Fotos von Thomas und seiner Mutter per Email. Jim antwortete sofort:

»Yes, to the best of my knowledge I am the natural father of Thomas. I cannot count the times I have thought of him and what he may do. I would be most happy to correspond with him and answer any question he may have of me.«

Für Thomas beginnt ein neuer Lebensabschnitt. Jim will so schnell wie möglich nach Deutschland kommen um Thomas zu sehen. Er ist begeistert: Sein deutscher Sohn hat ihn gesucht. Thomas Mutter brauchte Zeit um das plötzliche Auftauchen ihres früheren Geliebten, der nach fast 50 Jahren so zum Mittelpunkt der Familie wird, zu verarbeiten. Sie hatte Thomas allein großgezogen und auf Vieles verzichtet. Sie war immer berufstätig gewesen und hatte nicht geheiratet. Als sie Jim dann nach 50 Jahren wieder gegenübersteht, bleibt eigentlich nur eine große Leere in ihr. Jim hat viele Erklärungen dafür gefunden warum er sich damals nicht wieder gemeldet hat. Für Thomas Mutter schwer zu verstehen. Im Oktober 2009 feierten alle gemeinsam den 50. Geburtstag von Thomas. Jim war mit seiner Frau aus Thailand gekommen. Die Gefühle der einzelnen Beteiligten kann man nur erahnen. Am glücklichsten waren sicherlich Thomas und seine drei Kinder. Sie hatten innerhalb weniger Monate ihren amerikanischen Vater und Großvater gefunden.

Die deutsch-amerikanische Familie hat seit 2009 regen Kontakt. Jim kommt fast jedes Jahr zu Besuch nach Illertissen. 2012 hat er unter anderem auch Berlin besucht und wir haben uns persönlich kennengelernt. Er ist dankbar, dass ich Thomas bei der Suche geholfen habe. 2013 hat er gemeinsam mit Thomas dessen

Thomas Langenwalter mit Vater Jim, 2011

Geburtsurkunde ändern lassen. Jetzt steht dort nicht mehr »Vater unbekannt«. Thomas hat die Absicht, auch die amerikanische Staatsbürgerschaft zu beantragen.

Daniel Müllers Vater Larry hat dagegen tatsächlich nichts von seinem Sohn gewusst. Als Daniel 1969 nahe Gießen geboren wurde, war sein Vater nicht mehr in Deutschland. Er war Monate vorher bei einem Unfall in der Nähe von Frankfurt am Main schwer verletzt und in ein amerikanisches Militärhospital in Amerika verlegt worden. Nach seiner Genesung wurde er nach Vietnam geschickt. Alle Erinnerungen an die Dienstzeit in Deutschland waren vergessen. Bis er 2007 von Daniel erfuhr. Zuerst war es ein Schock für ihn, einen Sohn in Deutschland zu haben, aber dann war er sehr glücklich. Er hat keine weiteren Kinder. In seinem Haus in Las Vegas stehen zwei Zimmer für den Sohn und die

Familie bereit. Sie sehen sich jedes Jahr, und seit Sommer 2014 ist Daniel amerikanischer Staatsbürger.

In beiden Fällen konnte ein Sohn seinen amerikanischen Vater relativ rasch finden, und es ergab sich zwischen Vater und Sohn schnell ein enger Kontakt. Die beiden Mütter hatten zu Anfang nichts von der Suche des Sohnes gewusst. Sie hatten sich emotional genauso verhalten wie die Mütter der Besatzungskinder und waren nicht bereit gewesen, über die Vergangenheit zu sprechen. Nach der erfolgreichen Suche aber haben beide Söhne bei ihren Müttern Verständnis für die Suche nach dem unbekannten Vater gefunden. Die beiden amerikanischen Väter sind heute stolz und froh, dass ihre deutschen Söhne sie gesucht und gefunden haben.

Einige Väter haben sich nach Jahrzehnten doch noch zu ihren Kindern bekannt und versuchen, manches gutzumachen, aber es gibt auch Väter, die dazu nicht bereit sind. Immer wieder lehnen Vater oder – ist dieser verstorben – auch Familienangehörige trotz eindeutiger Beweise jeden Kontakt ab.

Die Erfahrungen der nach 1955 geborenen Kinder alliierter Soldaten in Deutschland und Österreich, ihre Sehnsüchte und die Schwierigkeiten, denen sie bei der Suche nach dem Vater begegnen, sind in vielerlei Hinsicht sehr ähnlich wie bei den Besatzungskindern.

Die Suche nach dem Vater – Einige Hinweise und Anlaufstellen

Die Zeit des Suchens wird in aller Regel zu einer großen Belastung. Den Vater schnell zu finden und von ihm sofort mit offenen Armen begrüßt zu werden, wird nur selten gelingen. Auch wenn der Vater schon verstorben ist und Halbgeschwister gefunden werden, kann es eine starke Abwehrreaktion geben. Immer wieder erfahren wir, was für einen Schock solche Nachrichten auch bei den Familien der Väter auslösen. Unser Vater soll ein Kind haben, um das er sich nie gekümmert hat? Die noch lebenden Väter, meist sehr alt, versuchen sich an eine Freundin zu erinnern, was aber nicht immer gelingt. Fotos können diese Erinnerungen wieder wachrufen. Allerdings bleiben Unsicherheiten häufig noch über einen längeren Zeitraum bestehen. Dazu kommt, dass die Väter ihren eigenen Familien von dem fremden Kind erzählen müssen. Das fällt ihnen verständlicherweise nicht leicht.

Wenn man all das bedenkt, wird klar, dass ein Brief, der solche Neuigkeiten trägt, meist nicht unmittelbar nach Erhalt beantwortet werden kann. Viele der betroffenen Menschen brauchen Zeit. Für die Besatzungskinder ist das Warten ohne Frage schwer auszuhalten. Sie erwarten in ihrer Freude, endlich den Vater oder die Familie gefunden zu haben, häufig zu schnell zu viel. Sich erneut in Geduld üben zu müssen, bringt sie in Bedrängnis. Warum dauert das so lange? Warum akzeptieren er oder die Familie mich nicht? Warum verstehen die Familien mein Anliegen nicht? So warten wir nach dem ersten Kontaktversuch oft Monate, manchmal sogar Jahre auf eine Antwort. Unsere Briefe, die meisten von

GItrace zuerst an den Vater beziehungsweise die Familie geschickt, können auch verschwinden oder von den angeschriebenen Personen einfach nicht weitergegeben werden. Oder, wie schon einige Male geschehen, ein solcher Brief kommt zu einem Zeitpunkt in die Familien, zu dem diese selbst mit großen Problemen zu kämpfen haben. Da spielen schwere Erkrankungen und andere Nöte eine Rolle. Im Nachhinein ist es dann oft gut zu verstehen, warum die Antwort sich so viele Monate verzögerte. Ich versuche in Gesprächen von all diesen Erfahrungen zu erzählen, und manches Mal tröstet es die Wartenden ein wenig.

In solchen Phasen setzen sich die Besatzungskinder aber auch immer wieder mit ihren Selbstzweifeln auseinander. Warum will ich das überhaupt? Was soll dann anders werden? Höre ich dann endlich auf, immer an Vergangenes zu denken? Wird sich dadurch mein Leben verändern, verbessern? Am Ende stehen meist Antworten wie: Ich hoffe es. Ich möchte endlich ruhiger werden. Die Gedanken um den gesuchten Vater hören dann endlich auf. Ich kann damit abschließen.

Wie erwähnt, arbeite ich seit 2003 ehrenamtlich für GItrace und helfe Besatzungskindern aus dem deutschsprachigen Raum bei der Suche nach ihrem unbekannten Vater. Ich habe weniger Erfahrungen mit den Kindern der russischen, französischen und englischen Besatzungsmächte. Doch manchmal konnte ich in der Vergangenheit einigen helfen, ihre Väter zu finden. Die Problematik ist, dass es für die Besatzungskinder der anderen Alliierten bis heute keine offizielle Unterstützung der jeweiligen Regierungen bei der Suche nach dem Vater gibt. Allein die Regierung der USA hat sich 1990 verpflichtet – hinterlassen Soldaten der US-Army während ihrer Auslandseinsätze Kinder – diesen bei der Suche nach dem leiblichen Vater zu helfen. Dazu gehören Kinder aus Europa sowie aus Korea und Vietnam. Das schon oft erwähnte NPRC (National Personnel Record Center) in St. Louis ist gehalten, die persönlichen Daten des Vaters freizugeben.

Für die Suche nach einem alliierten Soldaten gilt in allen Ländern, dass dessen Name bekannt sein muss. Auch eventuell vorhandene Fotos sind eine große Hilfe. Zudem müssen im Ausland alle Anfragen in der jeweiligen Landessprache gemacht werden.

In Deutschland kann der Internationale Suchdienst manchmal die Suche nach Vätern im Ausland unterstützen. **ITS International Tracing Service,** Große Allee 5–9, 34454 Bad Arolsen, E-Mail: email@its-arolsen.org.

Die britische Hilfsorganisation GItrace, von Pamela Winfield unter dem Namen TRACE (Transatlantic Children's Enterprise) gegründet, hilft seit 1985 britischen GI-Kindern bei der Suche nach ihren amerikanischen Vätern. Die Amerikaner begannen in Vorbereitung auf die Invasion in der Normandie, ihre Truppen schon ab Januar 1942 in England zu stationieren. Es waren gut zwei Jahre, in denen sie sich auf die Invasion vorbereiteten, und es kam natürlich auch zum Kontakt mit der Zivilbevölkerung. Daraus entwickelten sich häufig Liebesbeziehungen, in deren Folge Kinder geboren wurden. Die Zahl der GI-Kinder in Großbritannien wird auf etwa 22000 geschätzt. Heute unterstützt GItrace auch deutsche und österreichische Kinder amerikanischer Soldaten bei der Suche nach ihrem Vater. Seit vielen Jahren leistet John Munro maßgebliche Organisationsarbeit für GItrace.

Zu erreichen ist **GItrace** unter: www.gitrace.org oder: www.besatzungsvaeter.de.

Die Suche nach einem ehemaligen US-amerikanischen Besatzungssoldaten

Für die Besatzungskinder von amerikanischen Vätern ist das Militärarchiv, **NPRC (National Personnel Record Center) in St. Louis** zuständig. Ansprechpartner ist dort Dr. Niels Zussblatt. NPRC, Room 360 (Dr. Zussblatt), 1 Archives Drive, St. Louis, MO, 3138-1002, USA.

Die Suche nach einem ehemaligen britischen Besatzungssoldaten

Die Besatzungskinder britischer Väter können Sally Vincent von GItrace um Unterstützung bitten. Eine offizielle Stelle oder Zugang zu britischen Archiven steht den Besatzungskindern in Großbritannien nicht zur Verfügung. Dennoch hat Sally Vincent in der Vergangenheit mit großem persönlichem Einsatz einigen Besatzungskindern in Deutschland und Österreich helfen können, ihre Väter oder Familien zu finden.

Die Suche nach einem ehemaligen russischen Besatzungssoldaten

Den Besatzungskindern von russischen Vätern steht nur das **Archiv des Verteidigungsministeriums der Russischen Föderation** für Anfragen zur Verfügung.

Zentralarchiv des Verteidigungsministeriums der Russischen Föderation (CAMO), ul. Kirova, d. 74, 142100 Podolsk, Moskovskoj oblasti, Russland.

Weiter gibt es einen Suchaufruf im russischen Fernsehen in der Sendung »Zhdi menja« (»Warte auf mich«) – insbesondere, wenn Fotos des Vaters vorhanden sind, ist das eine erfolgversprechende Möglichkeit: http://poisk.vid.ru.

Auskunft durch das Ludwig Boltzmann Institut für Kriegsfolgen-Forschung, Priv.-Doz. Dr. Barbara Stelzl-Marx, Schörgelgasse 43, 8010 Graz, Österreich, barbara.stelzl-marx@bik.ac.at.

Die Suche nach einem ehemaligen französischen Besatzungssoldaten

In Frankreich gibt es zwei Vereine, die Besatzungskindern von französischen Vätern bei der Suche ihre Hilfe anbieten. Es sind Kriegskindervereine, deren Mitglieder deutsche Wehrmachtssoldaten als Väter haben, die sie mit Hilfe der Deutschen Dienststelle (WASt) in Berlin gefunden haben. Die Vereine sind über ihre

Websites erreichbar: www.coeurssansfrontieres.com oder: www.anegfrance.free.fr. Fernand und Colette Rumpler, Mitglieder von A.N.E.G.-France, unterstützen ehrenamtlich die Suche nach französischen Soldatenvätern: Kontakt in deutscher Sprache: Fernand Rumpler: Edelweiss2047@gmail.com.

Weil es in Frankreich keine Namensliste der Soldaten gibt, ist es für einen unerfahrenen Sucher in den meisten Fällen sehr schwer, einen ehemaligen in Deutschland stationierten Besatzer ausfindig zu machen.* Anfragen sind am besten in Französisch zu verfassen. Sinnvoll ist es, eine Kopie der Geburtsurkunde beizulegen.

Für alle die französische Besatzung in Deutschland und Österreich betreffenden Fragen ist das **Archiv des Außenministeriums** die geeignete Adresse (Direction des Archives, 3 rue Suzanne Masson, 93126 La Courneuve). Für den Komplex »Besatzungskinder« kommt der Bestand 5PDR in Betracht. Dort liegen Dossiers der von den französischen Behörden erfassten Kinder französischer Besatzungssoldaten in Deutschland und Österreich, die geografisch nach Städten oder damaligen Landkreisen geordnet sind. In diesen Signaturen sind dann die persönlichen Dossiers alphabetisch nach dem Namen der Kinder abgelegt. Nach Ablauf der 60-Jahre-Sperrfrist (Frist läuft ab der Geburt des Kindes) sind die Akten für die Betroffenen zugänglich.

Das französische Militärarchiv besteht aus mehreren Stellen:

Le Centre des archives du personnel militaire du service historique de la défense, Caserne Bernadotte, Place de Verdun, 64023 Pau Cedex, Tel.: 00 33 (0)5 59 40 46 92.

Diese Stelle bewahrt die Wehrstammrollen (individuelle Akten) von Soldaten (Wehrpflichtige, Mannschaftsdienstgrade und Unteroffiziere) ab 1945 auf. Die Register und Akten werden 90 Jahre nach der Geburt des Betroffenen den Archiven des Departements,

* Die folgenden Informationen zu den französischen Archiven wurden freundlicherweise zur Verfügung gestellt von Dr. Michael Martin, Landau.

in welchem die Rekrutierung stattgefunden hat, überstellt. So werden also die Akten der Soldaten, die (Stand 2014) vor 1923 geboren wurden, nicht mehr beim Verteidigungsministerium verwahrt, sondern mit wenigen Ausnahmen bei den Departements-Archiven (Serie R).

Dieses Zentrum verwahrt darüber hinaus die Akten der Offiziere des Heeres und der nationalen Gendarmerie, die nach dem 1. Januar 1972 aus dem Dienst entlassen wurden, sowie die Akten der Wehrpflichtigen und einiger Freiwilliger der Luftwaffe.

Für alle anderen Staatsangehörigen der Luftwaffe, Offiziere wie Unteroffiziere, werden die Archive 100 Jahre lang im Amt für Archive und Reserven der Luftwaffe in Dijon aufbewahrt: **Bureau des archives et des réserves de l'armée de l'air,** Base aérienne 102, BP 90102, 21093 Dijon Cedex, Tel.: 00 33 (0)3 80 69 51 47.

Es ist daher für jegliche Recherche in diesen Archiven wichtig, die Identität und den Rekrutierungsort der gesuchten Person zu kennen (in der Regel das Departement der Geburt), da ein Generalverzeichnis der Akten nicht existiert.

In Vincennes bei Paris werden die Laufbahnakten der seit dem 1. Januar 1974 verstorbenen Höheren Stabsoffiziere aufbewahrt: **La centre historique des archives de la défense,** Château de Vincennes, Avenue de Paris, 94306 Vincennes Cedex, Tel.: 00 33 (0)1 41 93 21 93.

Die Akten des zivilen Personals schließlich werden verwahrt in: **Le centre des archives de l'armement et du personnel civil,** 211, Grand'rue de Châteauneuf, CS 650, 86106 Châtellerault Cedex, Tel.: 00 33 (0)5 49 20 01 20.

Ausblick

Man kann das Leben nur rückwärts verstehen,
aber leben muss man es vorwärts.

Sören Kierkegaard

Die Suche nach meinem amerikanischen Vater hat mein Leben verändert. Zu Beginn kannte ich kein anderes Besatzungskind aus Deutschland oder Österreich. Als ich 2002 von GItrace zu einem Get-together in Southampton eingeladen wurde, habe ich GI-Kinder britischer Mütter kennengelernt. Das hat mir damals sehr geholfen. Unsere Lebensverläufe waren so ähnlich: die schweigenden Mütter, der dringende Wunsch, den Vater kennenzulernen.

Mein Entschluss, mich für deutsche und österreichische Besatzungskinder zu engagieren, war schnell gefasst, als ich von GItrace gebeten wurde, im deutschsprachigen Raum mitzuarbeiten. In den ersten Jahren waren die Bitten um Hilfe zahlenmäßig noch gering, aber mit jedem Artikel in der deutschen oder österreichischen Presse nahmen die Bitten um Hilfe und Unterstützung bei der Suche nach einem unbekannten Vater zu.

Inzwischen haben wir auch in Deutschland und Österreich Treffen veranstaltet, wie sie in England seit Jahren üblich sind. Das erste fand im Sommer 2009 in Österreich, das vorerst letzte im Oktober 2013 in Berlin statt.

Seit ein paar Jahren treffen sich einige Besatzungskinder auch regelmäßig in verschiedenen Regionen von Deutschland zum Austausch. Ich habe diese Kontakte vermittelt. So hat es in den letzten Jahren eine Vernetzung der Besatzungskinder untereinander gegeben, die alle begrüßen, weil unter den Schicksalsgenossen ein wirkliches Verständnis für ihre jeweilige Situation möglich ist. Die Erfolgreichen machen Mut, nicht aufzugeben, auch wenn die Suche sich über einen langen Zeitraum hinzieht. Und auch die, welche ihre Suche endgültig aufgeben mussten, schätzen die Kontakte untereinander sehr. Ein Gespräch ist oft ein Trost.

Die europäischen Kriegskinder, deren Väter Angehörige der Deutschen Wehrmacht waren, haben sich in BOW.in (Born of War international) zusammengeschlossen. Sie werden von der WASt, der Deutschen Dienststelle für die Benachrichtigung der nächsten Angehörigen von Gefallenen der deutschen Wehrmacht in Berlin, bei der Suche nach ihren deutschen Soldatenvätern unterstützt. Sie haben ähnlich wie die Besatzungskinder im eigenen Land häufig große Probleme, ihre Geburtseintragungen aus dem Geburtsregister oder Heim- und Adoptionsakten zu bekommen.

Auch die historische und die sozialwissenschaftliche Forschung beschäftigt sich zunehmend mit den Besatzungskindern beziehungsweise den europäischen Kriegs- und Lebensbornkinder. Seit 2009 existiert das International Network for Interdisciplinary Research on Children Born of War (INIRC) (Ansprechpartnerin: Prof. Dr. Ingvill Mochmann in Köln). Die Beiträge von Sabine Lee und Heide Glaesmer in diesem Band zeigen eindrücklich, wie weit diese Forschungen inzwischen sind.

Seit 2010 unterstützt die Bundestagsabgeordnete Mechthild Rawert, SPD, unsere Wünsche an die Politik. Als Gesundheits- und Europapolitikerin hatte sie von Beginn an großes Verständnis für die Situation der europäischen Kriegskinder und der Besatzungskinder. Ihre Einladung in den Berliner Reichstag am

22. Oktober 2013 hat uns Gelegenheit gegeben, ein großes Treffen mit österreichischen und deutschen Besatzungskindern zu realisieren. Selbstverständlich waren auch britische GI-Kinder dabei. Ebenso Dr. Niels Zussblatt, die amerikanische Konsulin Henderson vom US-Generalkonsulat in Frankfurt am Main und eine Vertreterin der amerikanischen Botschaft in Berlin. Zum ersten Mal machte die Presse eine breite Öffentlichkeit in Deutschland auf uns Besatzungskinder aufmerksam.

Unser großes Anliegen ist, dass wir auch den Besatzungskindern mit britischen, französischen und russischen Vätern so erfolgreich helfen können, wie es bei den Besatzungskindern mit amerikanischen Vätern möglich ist. Die Besatzungskinder mit amerikanischen Vätern haben Zugang zu den Personalakten ihrer Väter im Militärarchiv in St. Louis und erhalten die Hilfe von Niels Zussblatt der jeden Brief persönlich beantwortet. Die Besatzungskinder der anderen Alliierten brauchen diese Art der Unterstützung auch.

Anhang

Literaturempfehlungen

Alberti, Bettina: Seelische Trümmer. Geboren in den 50er- und 60er-Jahren: Die Nachkriegsgeneration im Schatten des Kriegstraumas, München 2010

AlliiertenMuseum (Hg.): Es begann mit einem Kuß – Deutsch-alliierte Beziehungen nach 1945, Berlin 2006

Bauer, Ingrid: Welcome Ami go home. Die Amerikanische Besatzung in Salzburg 1945–1955, Salzburg, München 1998

Bellmann, Ingeborg; Biermann, Brigitte: Vatersuche. Töchter erzählen ihre Geschichte, Berlin 2005

Bode, Sabine: Die vergessene Generation. Die Kriegskinder brechen ihr Schweigen, München 2011

Chu, Victor: Lebenslügen und Familiengeheimnisse, München 2010

Domentat, Tamara: »Hallo Fräulein«. Deutsche Frauen und amerikanische Soldaten, Berlin 1998

Kowalczuk, Ilko-Sascha; Wolle, Stefan: Roter Stern über Deutschland. Sowjetische Truppen in der DDR, Berlin, 2. Auflage 2010

Mochmann, Ingvill C.; Lee, Sabine: The Human Rights of Children born of War: Case Analyses of Past and Present Conflicts/Menschenrechte der Kinder des Krieges: Fallstudien vergangener und gegenwärtiger Konflikte, in: Historical Social Research/Historische Sozialforschung 35 (2010), Heft 3, S. 268–298

Satjukow, Silke: »Besatzungskinder«. Nachkommen deutscher Frauen und alliierter Soldaten seit 1945, in: Geschichte und Gesellschaft 37 (2011), S. 559–591

Stelzl-Marx, Barbara: Stalins Soldaten in Österreich. Die Innensicht der sowjetischen Besatzung 1945–1955, Wien, München 2012

Stelzl-Marx, Barbara; Satjukow, Silke (Hg.): Besatzungskinder. Die Nachkommen alliierter Soldaten in Österreich und Deutschland, Wien, München 2015

Winfield, Pamela: Melancholy Baby. The Unplanned Consequences of the G.I.S' Arrival in Europe for World War II, Westport (Connecticut), London 2000

Webadressen

www.gitrace.org
Website von GItrace, einer britischen Hilfsorganisation, die auch deutschen und österreichischen Kindern von amerikanischen Soldaten bei der Suche nach ihrem Vater behilflich ist. In Deutschland auch zu erreichen unter: www.besatzungsvaeter.de (Kontakt zu Ute Baur-Timmerbrink, deutsche.info@gitrace.org).

www.childrenbornofwar.org
Website des International Network for Interdisciplinary Research on Children Born of War (INIRC)

www.bowin.eu
Website von BOW.in (Born of War international), einem Zusammenschluss europäischer Kriegskinder, deren Väter Angehörige der Deutschen Wehrmacht waren.

www.bik.ac.at
Website des Ludwig Boltzmann Institut für Kriegsfolgen-Forschung in Graz

Hilfe bei der Personensuche in den USA können folgende Websites bieten (teilweise kostenpflichtig!):
www.ancestry.com
www.anywho.com
www.gravelocator.cem.va.gov
www.ssdi.genealogy.rootsweb.com
www.thewall-usa.com
www.vitalchek.com
www.zabasearch.com

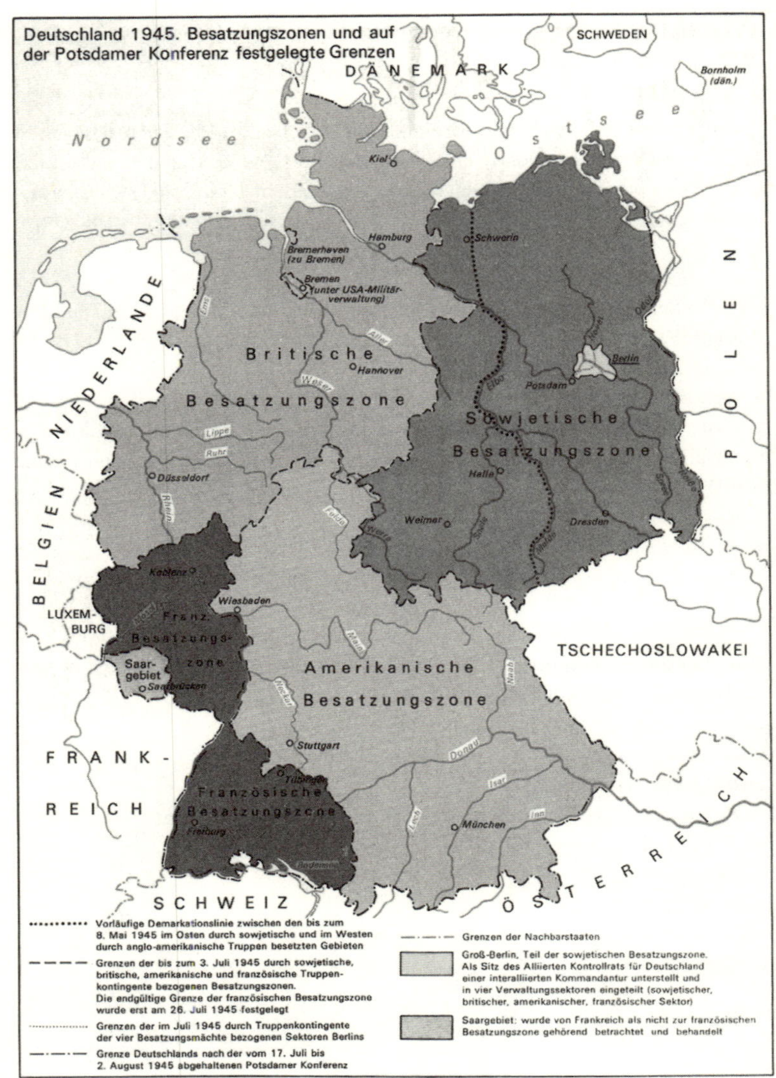
Deutschland 1945. Besatzungszonen und auf der Potsdamer Konferenz festgelegte Grenzen
SCHWEDEN
DÄNEMARK
Bornholm (dän.)
Nordsee
Ostsee
Kiel
Hamburg
Schwerin
Bremerhaven (zu Bremen)
Bremen (unter USA-Militärverwaltung)
NIEDERLANDE
BELGIEN
LUXEMBURG
Britische Besatzungszone
Hannover
Berlin
Potsdam
Sowjetische Besatzungszone
POLEN
Düsseldorf
Halle
Weimar
Dresden
Koblenz
Wiesbaden
Franz. Besatzungszone
Saargebiet
Saarbrücken
Amerikanische Besatzungszone
TSCHECHOSLOWAKEI
Stuttgart
FRANKREICH
Tübingen
Französische Besatzungszone
Freiburg
München
SCHWEIZ
ÖSTERREICH
Vorläufige Demarkationslinie zwischen den bis zum 8. Mai 1945 im Osten durch sowjetische und im Westen durch anglo-amerikanische Truppen besetzten Gebieten
Grenzen der bis zum 3. Juli 1945 durch sowjetische, britische, amerikanische und französische Truppenkontingente bezogenen Besatzungszonen. Die endgültige Grenze der französischen Besatzungszone wurde erst am 26. Juli 1945 festgelegt
Grenzen der im Juli 1945 durch Truppenkontingente der vier Besatzungsmächte bezogenen Sektoren Berlins
Grenze Deutschlands nach der vom 17. Juli bis 2. August 1945 abgehaltenen Potsdamer Konferenz
Grenzen der Nachbarstaaten
Groß-Berlin, Teil der sowjetischen Besatzungszone. Als Sitz des Alliierten Kontrollrats für Deutschland einer interalliierten Kommandantur unterstellt und in vier Verwaltungssektoren eingeteilt (sowjetischer, britischer, amerikanischer, französischer Sektor)
Saargebiet: wurde von Frankreich als nicht zur französischen Besatzungszone gehörend betrachtet und behandelt

Dank

Ich danke allen, die mich bei meinem Buchprojekt unterstützt und begleitet haben.

Sehr dankbar bin ich meinem Verleger Dr. Christoph Links für die Aufnahme meines Buches in das Programm seines Verlages. Die Unterstützung meines Lektors Dr. Patrick Oelze beim Schreiben der Texte und seine vielen wichtigen Hinweise haben mir immer wieder Mut gemacht, wenn ich unsicher war. Herzlichen Dank.

Mein besonderer Dank gilt allen in diesem Buch Porträtierten. Sie haben mir ihr Vertrauen geschenkt und von ihren Erfahrungen als Besatzungskinder erzählt, und sie waren zur Veröffentlichung ihrer Lebensgeschichten bereit und haben dafür auch noch wertvolles Bildmaterial zur Verfügung gestellt.

Ich danke auch jenen Müttern und Vätern, die nach langen Jahren einen Weg gefunden haben, mit ihren Kindern offen über deren Herkunft zu sprechen beziehungsweise den Kontakt zu ihnen aufzunehmen.

Herzlichen Dank den Wissenschaftlerinnen Prof. Dr. Sabine Lee, PD Dr. Heide Glaesmer und Prof. Dr. Ingvill Mochmann, die mich ermutigt haben dieses Buch zu schreiben. Heide Glaesmer und Sabine Lee danke ich darüber hinaus auch für ihre wichtigen Beiträge in diesem Buch.

Mechthild Rawert, MdB, die mich auf politischer Ebene seit einigen Jahren unterstützt, sage ich ebenfalls meinen herzlichen Dank.

Meiner Freundin Monika Brandschädel bin ich dankbar, dass sie 1998 den Mut fand, mir die Wahrheit über meinen Vater zu sagen und mich von der Lüge über meine Herkunft befreite. Sie hat nicht nur mir geholfen, sondern indirekt auch allen Besatzungskindern, die ich seitdem unterstützen konnte, ihre Väter oder Familien zu finden.

Meinen englischen und amerikanischen Freunden herzlichen Dank für ihre unverzichtbare und häufig entscheidende Hilfe bei den Recherchen in den USA. Ganz besonders hervorheben möchte ich Sally Vincent und John Munro von GItrace und Dr. Niels Zussblatt vom National Personnel Record Center.

Ich danke allen meinen Freunden, die mich von Anfang an begleitet haben. Ganz besonders Hella Leßmann, Agnes Waldmüller, Barbara Schuppert und Gisela Albrod.

Gisela Heidenreich danke ich dafür, dass sie den Kontakt zum Ch. Links Verlag hergestellt hat.

Meinem Mann Matthias schließlich gebührt ganz besonderer Dank. Er war mein liebevoller und verständnisvoller Begleiter durch alle Höhen und Tiefen der vergangenen Jahre. Er hat mit seiner Liebe und seiner Geduld entscheidend dazu beigetragen, dass ich meine Kraft und meine Zeit für die suchenden Besatzungskinder einsetzen konnte. Er nimmt seit Jahren Anteil an deren Schicksalen und hat vielen mehrfach mit juristischer Sachkenntnis helfen können. Ich bin glücklich, dass er an meiner Seite ist.